KB161226

바야흐로,
품격 영업

바야흐로,
품격 영업

초판 1쇄 발행 2021년 2월 17일
초판 2쇄 발행 2021년 3월 5일

지은이 강창호, 김진영, 김태영, 박응규, 정진수
펴낸이 최익성
편집 최보문
마케팅 임동건, 임주성, 홍국주, 강송희
마케팅 지원 황예지, 신원기, 박주현,이혜연, 김미나, 이현아, 안보라
경영지원 이순미, 신현아, 임정혁
펴낸곳 플랜비디자인
디자인 빅웨이브

출판등록 제 2016-000001호
주소 경기도 화성시 동탄반석로 277
전화 031-8050-0508
팩스 02-2179-8994
이메일 planbdesigncompany@gmail.com

ISBN 979-11-89580-76-6

이 도서의 국립중앙도서관 출판예정도서목록(CIP)은 서지정보유통지원시스템 홈페이지(http://seoji.nl.go.kr)와 국가자료종합목록 구축시스템(http://kolis-net.nl.go.kr)에서 이용하실 수 있습니다. (CIP제어번호 : CIP2020052342)

뉴노멀 시대에
B2B 영업의 길을 제시하다

바야흐로, 품격 영업

강창호, 김진영, 김태영, 박응규, 정진수 지음

PlanB DESIGN 플랜비디자인

다섯 사람이 모였다. 각자 분야는 달랐지만, 글로벌 기업과 국내 최고의 기업에서 B2B 영업을 했다는 공통분모를 가진 우리는 그 현장 경험만 해도 무려 150여 년에 달했다. 그 시간 안에 얼마나 많은 경험과 노하우가 녹아 있을까. 우리는 이 이야기들을 한데 모아 보기로 했다. 다들 현장에서 고군분투하고 있을 후배들에게 들려주고 싶은 이야기가 많았던 것이다.

수많은 이야기가 오가는 와중에 일치되는 의견이 하나 있었다. B2B 영업 현장에서 영업을 잘하는 사람들에게는 특별한 무언가가 있다는 사실이었다. 편안함, 친밀감, 예의, 해박한 지식, 성실함, 진실함, 믿음직한 언행 등이 그것이었다. 이는 분명 B2B 영업을 담당하고 있는 영업직원이나 장차 영업 관련 업무를 희망하는 학생과 구직자들이 눈여겨봐야 할 내용임에 틀림없다고 판단했다.

영업의 미래에 대한 논의도 이어졌다. 기업의 영업 방식은 시장/고객/기술/환경의 변화에 따라 진화해왔고, 앞으로도 그럴 것이라는 것이 다섯 명의 일치된 견해였다. 이러한 흐름 속에서 성공적인 영업성과를 만들기 위해 영업직원은 어떤 준비를 해야 할까. 우리는 온고이지신溫故而知新에서 그 답을 찾았다. 영업직원이라면 탁월한 성과를 올린 선배 영업직원들에게서 지혜를 얻고, 세월이 흘러도 변하지 않는 그들만의 영업원칙을 찾아 체득해야 한다. 영업 활동은 고객 관계, 신뢰 형성, 전략 수립, 판단력 등 인간의 지력과 감성으로 하는 일이기에 보다 현실적인 조언이 필요하기 때문이다. 실패와 성공을 수십 번 경험한 이들의 조언만큼 현장에 잘 들어맞는 것도 없다.

우리는 IBM, 오라클, 제록스, 삼성전자, LG 등의 기업에서 영업 임원을 역임했으며, 현재는 모두 현직에서 은퇴한 후 변화와 성장을 원하는 이들을 위해 전문 코치로서 활발하게 활동하고 있다. 코치는, '변화와 성장을 원하는 사람을 응원하고 기꺼이 도움을 주는 삶을 사는 사람들'인 만큼, 우리는 우리의 경험과 암묵지가 후배들에게 전승되고 축적되기를 바라는 마음으로 각자의 영업 경험과 코치로서의 경험을 이 책에 담아냈다. 이 과정에서 필자들의 경험 사례를 그대로 표현할 수 없어서 내용을 순화했고, 익명을 사용하면서 현장감이 다소 떨어졌을지 모르겠다. 그렇지만 눈이 매운 독자들은 행간에 있는 내용을 읽을 수 있으리라 믿는다. 독자들은 이 책을 통해 다양한 영업 현장을 간접 체험하고, 필자들만의 노하우까지 얻어갈 수 있을 것이다.

먼저 1장에서는 시장과 고객으로부터 꾸준히 인정받는 기업이 되기 위해 꼭 짚고 가야 할 '기업의 경영철학'과 '영업의 지향점'에 대해 다뤄 보았다. 생존을 넘어 지속 가능한 경영을 하는 기업들은 고객에 대한 남다른 시각을 가졌으며, 이를 한결같이 고수해 나간다. 이는 사업의 시작이나 위기에서도 변함없었고, 기업들은 고객 접점에서 영업이 제 역할을 할 수 있도록 최선의 노력을 기울였다. 결국, '살림'의 경제를 이끄는 본성을 활용해 세상을 이롭게 만드는 것이 이 책이 제시하는 영업의 방향성이다.

2장에서는 '사람'에 대해 다루었다. 우리는 영업 현장에서 탁월한 성과를 올린 영업직원들을 관찰하고, 그들만의 특징을 5가지 역량 특성으로 정리했다. 그들은 어려운 상황에서도 희망을 잃지 않고 기회로 만드는 '긍정 마인드', 강점은 살리고 약점을 보완하는 필살기인 '나만의 무기', 업무목표 달성을 위해 강한 추진력을 만들어내는 '성취지향', 고객의 이야기에 귀 기울이고 신뢰를 얻어내는 기술인 '질문과 경청', 자신의 일에 몰입하고 반드시 끝을 봐야 한다는 '열정과 끈기'를 가지고 있었다. 이 장을 통해 탁월한 성과를 만든 영업직원들의 공통된 특징들을 독자 자신의 것으로 만들 수 있기를 바란다.

3장은 '영업의 원칙'을 이야기한다. B2B 영업은 거래 규모가 크고 계약 기간이 길다. 영업기회 발굴부터 계약 후 사후관리까지 1~2년 이상의 시간이 걸리기도 한다. 그러나 세월이 흐르고 영업환경이 변해도 결코 변하지 않는 B2B 영업의 원칙이 있다. 영업직원이라면 고객과의 '관계'에서 '신뢰'를 쌓고, 고객의 고객까지도 '이해'할 줄 알아야 한다. 또한, 고객에게 전달할 '가치'를 찾아내 '목표' 달성을 실현하기 위한 시스템을 만들어내야 한다. 관계, 신뢰, 이해, 가치, 목표 등 다섯 가지 원칙을 알아보고, 영업 현장에 접목시켜 보기로 하자.

4장은 성과를 만들어내는 '영업 프로세스'를 소개한다. 영업은 게이머의 직관과 순발력에 의존하는 게임과는 다르게 '단계적 전술의 체계적인 집합'이라 할 수 있다. 따라서 잘 정의된 영업 프로세스에 따라 유효한 영업 활동을 수행한다면 보다 나은 영업성과가 따른다. 결국, 영업 프로세스에 따라 일하는 조직은 그렇지 않은 조직보다 매출수익, 성과, 예측 정확도가 높을 수밖에 없다. 그러나 실제로 영업 프로세스에 따라 일하는 영업직원은 그리 많지 않다. 이 장에서는 영업 프로세스의 중요성을 짚어보고, B2B 영업 프로세스에서의 단계별 주요 활동과 함께 영업 프로세스가 필요한 10가지 이유를 알아본다.

5장은 '환경의 변화로 인한 영업의 미래'에 대해 다루었다. 인공지능AI 등의 첨단기술과 Covid-19 팬데믹은 우리 생활의 모든 곳에 큰 변화를 가져왔고, B2B 영업에도 원격 영업, 디지털 영업 등의 새로운 고객접근Go-To-Market 모델이 대두됐다. 이런 변화에 발 빠르게 대응하기 위해 영업직원은 어떤 자세로 임해야 하는지 알아본다. 또한, MZ세대와 다양해진 고객접점 채널을 이해하고, 고객과의 공감을 강조하는 '디자인 싱킹', 변화에 민첩하게 대응하는 '애자일' 등의 새로운 기법과 기술도 적극 받아들여 B2B 영업에 활용할 것을 제안한다. 영업은 단순한 제품 판매에서 컨설팅 영업으로, 다시 가치기반 영업으로 진화했으며, 최근에는 영업직원의 통찰력을 더한 영업 Insight Selling으로 그 패러다임이 변화하고 있다. 품격영업을 위해 영업직원들은 반드시 통찰력을 겸비하고, 이를 영업에 활용할 수 있어야 한다.

6장에서는 우리의 생생한 영업 경험을 소개한다. 서툴렀던 '시작', 영업인으로서 자부심을 느꼈던 '최고의 순간', 좌절을 맛봐야 했던 '최악의 기억'까지 영업을 하는 사람이라면 누구나 공감할 만한 사연들이다. 우리들 역시 실수하고, 넘어지고, 좌절한 끝에 이 책을 쓸 수 있었다. 영업을 하는 독자라면, 우리의 이야기로 간접 경험하고 영업인으로서 좌절하지 않고 용기를 얻어 다시 시작하기를 바란다. 이 장에는 저자들의 신념과 계획도 함께 담았다. 우리는 모두 코치로서 선한 영향력을 행사하고 있으며, 기업의 영업과 마케팅 분야에서 교육, 코칭, 컨설팅으로 도움을 주고자 한다.

이 책을 읽는 독자들이 영업에 필요한 통찰력과 영감을 얻을 수 있기를 기대한다. 필자들의 메시지가 반드시 영업직원에게만 해당되는 것은 아니다. 리더십의 덕목과 개인의 성장에 대한 시사점도 내포하고 있으므로 기업 고객을 대상으로 하는 전문직에게도 유효하다. 나아가 삶에 임하는 자세까지도 배울 수 있다. 성공적인 영업직원의 자세와 마음가짐은 더 나은 삶을 영위하기 위해 반드시 가져야 할 인간으로서의 자세와도 닮아 있기 때문이다.

CONTENTS

PART 3

영업의 변하지 않는 5가지 기본원칙

PART 4

성과를 만들어내는 영업 프로세스

PART 5

환경의 변화와 영업의 미래

PART 6

작가들의 경험 그리고 생각과 배움

좋은 기업과 위대한 기업 사이에는 한 가지 차이가 있다.
좋은 기업은 훌륭한 상품과 서비스를 제공한다.
위대한 기업은 훌륭한 상품과 서비스를 제공할 뿐만 아니라,
세상을 더 나은 곳으로 만들기 위해 노력한다.

- 윌리엄 클레이 포드 주니어 William C. Ford Jr., 포드자동차 CEO

PART 1

영업, 그 빛남에 대하여

철학이 있는 사업, 이를 가능케 하는 영업
비즈니스의 꽃, 품격있는 '영업'
'살림'의 경제를 이끄는 B2B영업

CHAPTER 1

철학이 있는 사업, 이를 가능케 하는 영업

우리는 언론을 통해 많은 성공적인 삶을 접하게 된다. 정치인, 교수, 금융인, 언론인, 회사원, 경영자 등 분야는 제각각 다르지만, 각자의 삶에는 그들만의 스토리가 있고 우리는 그 속에서 삶에 대한 철학과 생각을 엿볼 수 있다. 필자들은 그 중에서도 요즘처럼 변화가 빠르고 미래는 불확실하며 경제도 어려워 사업환경이 더욱 복잡해진 시기에, '우리에게 도움이 될 지혜를 주고 삶을 윤택하게 만들 수 있게 기여하는 직업이 무엇일까'에 대해 토론했다. 우리는 '기업을 혁신하여 사회에 이로운 영향을 주는 경영자의 삶'을 첫손에 꼽았다. 모두가 힘들어하는 시기에 함께 일하는 직원과 가족뿐만 아니라 제품과 서비스를 통해 기업을 둘러싼 인류 공동체에 유익을 주는 성공한 경영자의 삶이야말로 위대하고 의미 있는 삶이라 생각했기 때문이다.

성공한 경영자들은 자신만의 경영 철학을 갖고 있다. IBM의 토머스 왓슨Thomas J. Watson은 CEO 취임 후 '생각하라Think'를 경영 화두로 내세웠다. 이는 고객의 문제를 해결해줄 수 있는 제품을 판매해야 한다는 왓슨의 영업 철학에서 비롯된 것으로, 그는 세상의 모든 문제는 사람들이 생각할 의지만 갖춘다면 쉽게 해결될 수 있다고 했다. 이후 'Think'는 IBM 주력 제품의 브랜드명으로 사용될 만큼 IBM을 상징하는 단어가 되었다.

제록스XEROX는 1990년 초반의 인터넷 혁명으로 경영에 심각한 타격을 입었다. 게다가 회계 부정 사건까지 터지면서 창사 이래 최대 위기에 봉착했다. 이런 악재 속에서 2001년 제록스의 새로운 CEO가 된 앤 멀케이Anne M. Mulcahy는 제록스 부활 프로젝트를 진행했고 3년 만에 회사를 부활시켰다. 당시 멀케이가 부활의 키워드로 삼은 것은 고객 중심주의를 기반으로 한 소비자의 신뢰 확보였다. 멀케이는 "우리가 일을 지속하느냐 마느냐는 고객에게 달려 있다"고 말하며 그간 제록스가 놓쳤던 고객 중심 사고를 강조했다. 영업 분야에서 잔뼈가 굵은 멀케이는 고객에게 이로움을 주는 경영, 고객가치 기반의 영업 철학을 사업 현장에 적용케 했다. 그 결과, 제록스는 '복사기 회사' 이미지를 벗고 기업의 비즈니스 프로세스와 문서 환경을 관리해주는 서비스 기업으로 거듭날 수 있었다. 제록스 부활 프로젝트의 중심에는 확고한 경영철학이 있었고, 이를 기반으로 한 고객가치 중심 경영과 영업체계 구축이 위기 극복의 열쇠가 된 것이다.

흔히 '사업'을 '치열한 먹이 사슬이 존재하는 정글'에 비유하기도 한다. 경쟁에서 살아남는 승자는 수익과 영광을 누리지만, 환경변화에 적응하지 못한 패자는 비참한 죽음만을 맞게 된다는 뜻에서 비유한 것이다. 그러나, '사업'의 어원을 살펴보면 뜻밖의 의미를 찾을 수 있다. 스웨덴 사람들은 '사업'을 내링스리브Naringliv라고 한다. 이는 영어로 Nourishment for life, 즉 '생명을 위한 자양분'이라는 뜻이다. 생명체에게 자양분을 공급하는 것처럼 사업 역시 '생명을 돌보고 살려내는 일'이라고 믿는 것이다. '죽임'의 반대인 우리말의 '살림'과도 뜻이 통한다. 즉, 사업은 우리의 삶에 필요한 기반을 만드는 일로써 뭔가를 살려내는 일이지, 상대를 죽이거나 죽게 놔두는 일이 아니다. 이런 의미를 헤아려 보면 사업은 말 그대로 생명을 지켜가는 지극히 숭고한 일임을 새삼 깨닫게 된다. 우연인지는 모르겠으나 중국어로도 사업은 생기, 활력, 생명력이라는 의미를 가진 '생의[Sheng yi]'라 하여, 스웨덴 사람들의 '내링스리브'와 닮은 표현을 쓰고 있다.[1]

대체 기업은 왜 존재하는가. 물론, 어렵고 절박한 생존 경쟁에서 사업을 키워나가려면 기업은 어떤 의미로든 이윤을 내야만 하고, 지속가능성을 위해서는 무엇보다 이윤은 중요한 일일 것이다. 그러나 기업이 '사업을 한다는 것'은 경쟁을 물리치고 이윤을 달성하는 것만을 의미하지는 않는다. 이 사회와 기업을 둘러싼 이해관계자(주주, 고객, 종업원, 사회 등)에

1 이병남, 《경영은 사람이다》, 김영사, 2014.

게 이로움을 줄 수 있을 때 비로소 오래도록 존경받는 기업으로 기억된다는 것을 우리는 잘 알고 있다.

2차 세계대전 중에 페니실린을 대량생산해 부상 군인들을 위한 치료제로 상품화시킨 세계에서 가장 오래된 제약회사 머크Merck Sharp & Dohme, MSD의 사례가 좋은 예다. 머크George William Merck, 1894-1957 회장이 1950년 버지니아 의과대학에서 한 연설은 '이로움을 주는 경영'이란 무엇인지 말해준다.

"의약품은 환자를 위한 것이지, 결코 이윤을 위한 게 아니라는 사실을 잊지 않기 위해서 우리는 부단히 노력하고 있다. 우리가 이것만 제대로 기억한다면, 이윤은 저절로 따라온다. 이것을 잘 기억할수록, 이윤은 더 커진다."

1668년 창업한 머크는 350여 년이 지난 현재까지 제약과 화학 분야 외에도 디스플레이, LED, 태양광 패널 등 다양한 분야에서 다각화와 글로벌화를 통해 외부 환경 변화에 적극적으로 대응하면서, 창업 이후 오랫동안 면밀히 계승해온 고객과 사회에 가치를 주고자 하는 고유의 경영 철학과 핵심 가치를 일관되게 유지하고 있다.

기업은 사업을 하면서 어떻게든 더 많은 이윤을 남기고 더 높은 경영 성과를 내는 쪽에 몰두해야 하지만, 진정으로 고객과 사회에 유익을 주는 길을 모색하는 철학이 있는 기업들은 오래도록 지속가능한 성과를 낸다.

CHAPTER 2

비즈니스의 꽃, 품격있는 '영업'

'영업 없이 기업 없다'No sale, no business 또는 '영업직원 없이 판매 없다'No salesman, no sales는 말이 있다. 기업은 판매하지 않고는 존속할 수 없고 영업직원이 없이는 판매가 이루어질 수 없는 것이 현실이다. 일맥상통한 표현으로 '비즈니스의 꽃은 영업이다.'라는 말도 있다. 이와 같은 표현은 영업이 비즈니스의 핵심 활동이라는 의미를 담고 있다. 사업이 성공하기 위해서는 제품이나 서비스를 팔아야만 한다. 아무리 좋은 아이디어로 품질 좋은 제품을 만들었다고 해도, 팔리지 않아서 창고에 쌓아두기만 한다면 필요한 자금의 흐름이 막혀 더 좋은 제품을 만들지 못하는 악순환에 빠지게 된다. 결국, 새로운 영업 기회를 발굴하고 제품이나 서비스를 잘 팔 수 있는 판로를 개척하는 영업은 사업 성공의 기본이자 기업 경영의 핵심 활동이다. 이런 이유로 모든 회사에는 반드시 영업부서와 영업직원이 필요할 수밖에 없다. 영업은 기업 생존에 필수적이며, 경영활동을 지속해서 영위할 수 있게 하는 매우 숭고한 직무라 할 수 있다.

이렇듯 기업 성공에 중요한 역할을 하는 '영업'이지만, 구직자나 신입사원들은 여전히 영업직을 기피하는 경향이 있다. 사실이다. 우리나라에서는 '영업'이 부정적인 이미지로 비춰질 때가 많기 때문이다. 대개 '영업직'이라는 말을 들으면 반사적으로 떠올리는 어떤 이미지들이 있다. 종합상사맨의 일상을 담아낸 드라마 '미생'의 장면을 떠올려보자. 무더운 날씨에도 넥타이를 조여 메고 한 손에는 재킷을 걸친 채 땀범벅이 되어 돌아다니는 모습, 실적 달성의 압박으로 마음 졸이고 안달하는 모습, 고객에게 늘 허리를 굽히고 사정하거나 문제가 생길 때면 고개 숙여 사과하는 모습이 생각날 것이다. 더 심하게는 영업직원 스스로가 '영원한 을乙', '장사꾼' 또는 '장돌뱅이'라며 자신을 낮추어 표현하는 경우도 있다. 언젠가 함께 일하는 직원이 찾아와 이제 영업직이 아닌 다른 업무를 하고 싶으니 부서를 옮겨달라고 요구한 적이 있다. 고객을 만날 때마다 자존심 상하는 일이 많아져서 더는 견디기 힘들다고 했다. 늘 상대해야 하는 고객이 자기와 비슷한 학벌과 나이였음에도 불구하고, 항상 낮은 자세로 부탁하거나 상대의 일정에 맞춰 마냥 기다려야 하는 게 못마땅했고, 그때마다 '나는 더 좋다는 학교를 나오고 그보다 못한 게 없는데 왜 이래야 하나'하는 생각에 자존심이 많이 상한다고 했다. '갑'의 앞에서 항상 '을'의 입장이 되어야 하는 영업직에 회의가 들었다는 것이다. 그에게

위로와 함께 자부심을 심어주고자 이런 말을 해줬다.

'고객과 영업직원의 관계를 갑과 을로만 규정짓는 것은 잘못된 생각이다. 당신은 회사를 대표하는 영업직원이자 고객에게 우리 회사 제품과 솔루션의 가치를 전달하는 고객의 파트너다. 정중하면서도 당당하게 고객을 대하는 마음가짐을 가져야 한다'

세일즈Sales라는 말은 3~5세기경 고트Goth족의 Saljan이란 단어에서 유래됐는데, 그 뜻이 바로 '희생'이라고 한다. 그 후 고대 영어에서 '준다'는 뜻을 가진 Sellan으로 바뀌었다가 중세영어에 이르러서 오늘날의 세일즈와 같은 의미를 지닌 Sell로 바뀌게 되었다.[2] 지금의 세일즈란, 구매자가 임의로 물건을 사는 경우를 제외하고, 판매자가 구매 가능자에게 어떤 노력을 함으로써 구매로 연결되는 행위와 과정을 뜻한다. 여기서 어떤 노력이란 바로 고객이 필요로 하는 가치를 전달하는 것이다. 영업이 '을'로서 희생을 하는 시대는 이미 오래 전에 끝났다. 이제 영업은 물건이 아닌 가치를 판매하는, 실로 의미있는 직군임을 기억해야 한다.

우리는 수많은 창업 경험을 접하고 있다. 그중에는 유니콘으로 성장하여 대박을 터뜨리는 벤처 기업도 있지만, 훨씬 더 많은 신생기업들이 이름도 없이 사라져간다. 벤처기업 자문 컨설턴트의 말에 의하면, 솔루

---

2 "Definition of sell". Oxford University Press. Lexico.com. 2020. https://www.lexico.com/definition/sell.

션만 좋으면 잘 팔릴 거라는 생각으로 기술 개발에 온 힘을 쏟고 솔루션 출시 이후의 마케팅과 영업에 소홀했던 것이 가장 큰 실패 요인이었다고 한다. 자신들이 만든 제품과 서비스는 기술적으로 우수하고 품질이 좋아서 굳이 돌아다니면서 팔지 않아도 누군가 사줄 것이라는 착각을 했던 것인지도 모른다. 혹은 온라인과 모바일 채널만으로도 충분한 마케팅이 가능할 거란 생각을 가졌을 수도 있다. 그것도 아니라면 앞에서 언급한 영업에 대한 부정적인 이미지가 스타트업에서도 작용했던 것은 아니었을까. 어떤 이유에서든 실패를 경험한 창업자는 고객의 행동과 불만 사항을 조사하면서 고객을 이해하고 고객 니즈에 공감하게 된다. 그때서야 비로소 고객이 원하는 솔루션을 만들게 되고 그것을 필요로 하는 고객을 찾아 나설 수 있게 된다. 결국 사업이 성공하려면 그 시작부터 끝까지 영업과 마케팅이 중요한 역할을 하고 있다는 걸 반드시 기억할 필요가 있다. 성공적인 영업활동으로 세상에 널리 알려진 인물들이 많이 있다. 실제로 포춘Fortune 500대 기업의 최고경영자 가운데 약 25%가 영업 출신이다. 앞에서 언급한 IBM의 창업자인 토머스 왓슨도 시작은 금전등록기 영업사원이었고, 엔 멀케이도 23세에 영업직원으로 시작해서 마침내 같은 회사의 CEO가 된 인물이다. 세계에서 가장 큰 커피 체인인 스타벅스의 CEO이자 회장인 하워드 슐츠Howard Schultz도 사회생활의 출발은 제록스에서 세일즈맨으로, 그 후 생필품 회사인 해마플라스트Hammarplast에서 영업으로 두각을 드러냈다. 거기서 커피 메이커를 팔았던 인연으로 스타벅스에 마케팅 이사로 입사했고, 이후 1987년 스타벅스를 인수해 최고경영자CEO가 됐다. 그는 항상 이익과 사회적 양심 사이의 균형을 강조하면서 혁신을 통한 전진과 나눔에 관심을 두고 있는데, 이것은 그가 영업직원 시절 배운 것이라고 한다. 세계 5대 부호 중 한 명인 워렌 버핏Warren Buffett도 한때 영업사원이었다. 그는 신문배달원으로 일했고 후에 버핏-포크 & 컴퍼니Buffett-Falk & Company에서 증권 영업을 했다. 그 후 세일즈 앤 인베스트먼트에서 경험을 쌓고 나중에 버크셔 해서웨이를 인수한 후에 여러 분야에 투자하며 회사를 확장시켰다.

이들 모두는 영업직원 시절 배우고 터득한 나름의 철학이 있었다. 물론, 자신과 회사의 이득을 취하기도 했지만, 기본적으로는 사회를 이롭게 하고 '고객이 중요하게 생각하는 가치를 제공한다'라는 신념이 바탕에 깔려있었음을 알 수 있다. 이런 영업직원으로서의 성공 경험을 바탕으로 고객 가치 중심의 경영을 실천하자 수익이 자연스레 따라오게 된 것이다. 과연 이들이 수행한 영업은 다른 사람들과 무엇이 달랐을까? 아마도 단순한 판매 행위가 아니라 보다 품격있는 그 무엇이 그들을 글로벌 선도 기업의 CEO로 성장시켰을 것이다.

우리나라에도 2백 년 전 실재했던 인물이 있다. 평안도 의주 상인 임상옥1779~1855은 최초의 인삼 교역권을 갖고 조선 최고의 거상이 되었다. '상업이란, 이익을 추구하는 것이 아니라 의를 추구하는 것'이라는 공자의 말씀처럼, 임상옥은 평생 인의를 중시하며 살아갔다. 그러한 마음가짐 때문에 처음엔 손해도 많이 보고, 비합리적인 것처럼 보였으나 실은 이익보다 의를 추구함으로써 후에 더 크게 돌아오는 것들이 있음을 보여줬다. 그는 일개 점원에서 마침내 조선 팔도에서는 그 누구도 당할 수 없는 거부가 되었고, 마침내 상업에 도道를 이루었다. 상즉인商卽人. '상업은 곧 사람이며 사람이 곧 상업'이라는 상도商道는 임상옥이 평생을 통해 지켜나간 금과옥조였다. 사람이야말로 장사로 얻을 수 있는 최고의 이윤이고, 따라서 신용이야말로 상업으로 얻을 수 있는 최대의 자산이다. 그렇기 때문에 '사람'에 집중해야 한다는 교훈이다.

국내외에서 존경받는 기업에서는 영업직의 위치도 남다르다. 그렇다고 영업 본연의 역할이 다르진 않을 것이다. 다만 그곳의 영업에서는 학연이나 지연보다는 사람의 마음을 움직일 수 있는 인격과 인성을 더 중요시한다. 지나친 승리욕이나 성취욕 때문에 페어플레이에 어긋나기보다는 가치로 정정당당하게 경쟁하는 영업을 추구한다. 기업과 기업 간의 B2B 비즈니스에서 '품격있는 영업'은 더욱 중요하다. 지속가능한 기업으로 영속하고자 한다면 영업은 고객이 중요하게 생각하는 가치를 전달함으로써 고객의 성공에도 기여할 수 있어야 한다. 기업 경영의 중심이 되는 영업은 목표한 실적을 달성하는 것에 만족하기보다 나와 회사를 살리는 건 물론 고객과 세상을 이롭게 한다는 마음가짐이 있을 때 비로소 참된 의미를 갖는다고 하겠다. 단순히 제품을 판매하는 역할수행자로서의 영업인을 넘어 고객에게 가치와 이로움을 주는 영업인으로 거듭나고자 한다면 흔들리지 않는 영업 원칙을 고수하고, 체계적인 프로세스를 만들어 일관성 있고 신뢰 가는, 그야말로 '품격있는 영업'을 추구해야 할 것이다.

"사업은 이익을 추구하는 것이 아니라 의를 추구하는 것이다."

"소인은 장사를 통해 이윤을 남기지만 대인은 사람을 남긴다."

- **거상 임상옥** (최인호의 상도에서)

CHAPTER 3

'살림'의 경제를 이끄는 B2B영업

영업은 누구를 대상으로 하느냐에 따라 크게 B2C와 B2B로 나누어 볼 수 있다. B2C는 소비자 대상 거래Business to Consumer, B2B는 기업 간 거래Business to Business로, 일반적으로 영업의 대상에 따라 구분한다. B2B 영업의 특성을 이해하려면, 먼저 B2B 비즈니스를 이해해야 한다. B2B 비즈니스의 예를 들어보자. 에너지 솔루션 비즈니스의 경우, 전체 가치 체인Value Chain을 보면 에너지의 사용, 효율 진단, 컨설팅 그리고 문제 해결을 위한 기술적인 설계, 설계된 제품을 만드는 제조, 제품을 설치하는 업무로 이루어진다. 설치된 이후에는 시운전과 유지보수를 수행하는 운영 및 유지보수Operation & Maintenance가 뒤따른다. 이처럼 B2B 비즈니스는 고객의 문제해결을 위한 기술적 시스템 설계에서 제조, 설치, 운영,

에너지 공급, 관리, 금융 지원에 이르기까지 에너지와 관련된 광범위한 업무가 모여 하나의 비즈니스를 구성하게 된다. 또 다른 예로는 A 기업이 B 기업에 소재나 부품을 공급하는 형태로, 자동차 부품 업체가 자동차 기업에 제품을 영업하는 식이다. 고객에게 제품이 아닌 서비스를 제공하는 경우도 포함된다. 기업고객을 위해 사건을 맡는 변호사, 기업의 세금 업무를 돕는 회계법인, 통신 네트워크와 IT 시스템을 개발하는 기술 컨설턴트, 경영 혁신을 돕는 경영 컨설팅 등이 모두 B2B 서비스의 사례다. B2B는 고객사가 영위하고 있는 사업에 대한 이해를 바탕으로 고객사의 기대와 니즈에 맞는 제품과 서비스를 제공하는 것이라고 요약할 수 있다.

B2C와 B2B를 고객 측면에서 구분하자면, B2C는 대개 유통 즉, 판매 채널을 통해서 제품을 파는 것이라고 한다면 B2B는 채널 영업Channel Sales과 직접 영업Direct Sales 즉, 영업 인력이 고객을 직접 상대하는 영업이 섞여 있다. 고객에게 제공되는 오퍼링 측면에서는, B2C는 정해진 사양에 따라 표준화된 제품을 제공하는 것이 대부분이고 B2B는 고객의 니즈에 맞춰 특정한 비즈니스 문제를 해결할 수 있는 맞춤형 제품과 서비스를 제공하는 것이다. 따라서 B2B는 제품을 만들어 놓고 파는 것이 아니라 고객의 니즈와 요구에 맞는 적합한 솔루션을 개발하여 제공한다는 측면에서 B2C와 근본적으로 차이를 보인다. 또한, B2C의 핵심역량은 브랜드를 알리고 소비자 니즈를 이해하고 이에 부합하는 제품을 제공하는 것이라면 B2B의 핵심역량은 고객 산업에 대한 이해를 바탕으로 맞춤화된

솔루션이 제공되어야 하므로 전문성이 담보되어야 한다. 이를 위해서는 고객사와의 장기적인 관계 형성이 중요하고 그들의 요구에 맞추어줄 수 있는 사용자 맞춤Customization 역량이 중요하다.

B2C와 B2B는 영업 활동에서도 차이점을 보인다. 먼저, 의사 결정 과정에 차이가 있다. B2C 영업은 제품을 구매해서 사용하고자 하는 최종 사용자에게 초점을 맞춘다. 반면, B2B 영업은 비즈니스 이슈를 가진 조직을 대상으로 판매가 이루어지고 영업의 대상이 업무 담당자에서부터 의사 결정권을 가진 임원과 최고경영자에 이르기까지 다양한 이해관계를 가진 조직과 개인을 모두 포함한다. 따라서 B2C 영업이 구매를 결정하는 소비자의 니즈와 감성에 초점을 맞춘다면 B2B 영업은 고객의 구매 프로세스에 관여하는 다양한 이해관계자를 파악하고 그들이 구매에 합리적인 의사 결정을 할 수 있도록 하여야만 한다. 고객과 관계를 형성하는 면에서도 차이점이 있다. B2C 영업은 소비자들에게 상품을 알리고 고품질의 제품을 안전하게 납품하는 것이 중요하다. 반면, B2B 영업은 나의 가망고객이 될 수 있는 리드를 생성Lead Generation[3]하는 것부터 계약 단계에 이르기까지 보다 장기적인 비즈니스 관계를 구축해야 한다. 한 번 거래가 성사되면 이후로 지속적인 거래가 이어질 수 있고, 고객의 추천으로 다른 고객과의 영업기회가 만들어질 수도 있기 때문이다. 이처

3 리드 생성Lead Generation이란 구매에 관심을 보이는 고객을 찾아 관련 정보 즉, 리드Lead를 획득한 후, 그들의 니즈를 끌어내어 영업에 적합한지를 검증하고, 검증된 리드를 영업 기회Opportunity로 연결하는 일련의 프로세스이다. 리드는 잠재 고객이 구매 니즈와 구매 타임라인을 가지고 있어 관련 정보를 얻으려고 하는 상태이며, 영업 기회는 명확한 도입계획이 있으며 예산이 준비되어 있고 구매를 위해 세부 사항을 검토하는 상태이다.

럼 장기적인 관점에서 관계를 지속하는 것이 사업 성패에 큰 영향을 미칠 수 있기 때문에 영업 활동에서 고객의 문제를 해결하고 맞춤화된 가치를 제공할 수 있는 역량이 무엇보다 중요하다. 결국, B2B 영업은 고객사와의 장기적인 파트너십을 통한 유대관계를 구축하는 것이 비즈니스의 지속성과 경쟁우위를 가질 수 있는 가장 기본적인 요건이라고 할 수 있다.

또 다른 차이점 중 하나는 고객의 구매 의도가 다르다는 것이다. B2C 고객이 일반 소비재, 가전제품, 보험상품, 자동차와 같은 제품과 서비스를 구매하여 당장 사용을 하거나 미래를 대비하고자 한다면 B2B 고객은 단순한 소비나 미래 준비에 그치지 않는다. 구매를 한 제품과 서비스를 이용해서 그들의 고객에게 더 좋은 제품이나 새로운 서비스를 제공하기 위한 목적이 존재할 수 있기 때문이다. 따라서 B2B 영업은 자신이 판매하는 제품이나 서비스가 한 기업의 성공과 실패를 가늠할 수도 있다는 것을 충분히 이해하고 영업 활동을 해야 한다.

기업의 미션Mission은 기본적으로 지속가능한 수익과 성장Profitable Revenue Growth이다. 때문에 B2B 영업직원은 지속적인 계약과 수주를 위해 영업을 이어가야 한다. 이 과정은 대체로 어렵고 힘든 데다, 때론 가슴 미어지는 일이 생기기도 한다. 매출 목표를 달성하고 지속 성장해야 한다는 압박감 역시 끝이 없다. 그럼에도 불구하고 영업직원은 회사를 대표해 새로운 사업 기회를 발굴하고 고객이 원하는 제품과 서비스를 제공해야 한다. 특히 기업을 대상으로 하는 B2B 영업은 보다 품격있는 마음가짐과 활동으로 고객과 회사의 성공에 기여한다는 자부심을 가져야 할 것이다. 고객의 문제를 해결하고 가치를 제공함으로써 기업을 둘러싼 생태계에 자양분을 공급하는 막중하고 숭고한 활동이기 때문이다. 따라서, B2B 영업은 단순 판매하는 행위가 아닌 나와 회사는 물론이고 고객을 살리는 '살림'의 경제를 이끌어 가는 주체로 존중받아야 하지 않을까. 신뢰를 쌓고 가치를 제공하는 품격있는 영업 활동을 통해 누군가를 살린다는 것은 분명 값지고 의미 있는 일이다. 이제 우리는 B2B 영업이 갖춰야 할 그 품격에 대해 살펴보고자 한다.

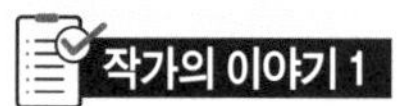

나의 'Connecting the dots'

"지금의 나를 만든 최고의 선택은 무엇인가?" 이와 같은 질문을 받는다면 나는 일말의 주저 없이 "사회생활의 출발선에서 영업사원이 되기로 한 선택입니다."라고 답할 것이다.

나는 대학에서 경영학을 전공하며 경영자가 되겠다는 꿈을 갖고 있었다. 전공과목 중 유독 마케팅과목에 관심이 많았고, 졸업을 앞두고 교수님과의 취업 면담 시 "영업을 제대로 배우고 싶은데 어디를 지원해야 할까요?"라고 여쭙기도 했다. 교수님은 영업사관학교로 정평이 나 있는 IBM이나 영업의 기본기를 다지기 좋은 XEROX에 지원해보라고 조언해주셨다. '우연은 운명처럼 다가온다.'고 했던가! 지면에서 XEROX 채용 공고를 본 나는 '이건 나에게 운명이야'라고 외치며 입사 지원서를 제출했다. 영업사원이 되고자 하는 열망이 있었기에 입사 면접에도 당당하게 임할 수 있었다. 한 면접관으로부터 "기획부서나 인사부가 아닌, 영업직무에 지원한 특별한 이유가 있나요?"라는 질문을 받았다. 조그만 사업체를 운영하시는 아버님의 영향을 받아 언젠가는 경영자가 되겠다는 꿈을 갖고 있었기에 영업의 기본기를 제대로 배우고 싶어 XEROX에 영업직으로 지원했다고 답했다. 영업사원이 되겠다는 의지와 결기가 보였는지 어렵지 않게 합격 통지서를 받을 수 있었다.

그러나 6개월간의 신입사원 교육을 마치고 영업소로 배치된 나의 시작은 그리 순탄하지만은 않았다. 열정과 의욕만 있었지 고객에게 나를 알리는 방법도, 제품의 기능과 효익을 설명하는 방법도, 고객에게 구매 계약을 끌어내기 위한 클로징 방법도 어느 하나 교육에서 배운 대로 쉽게 이루어지는 것은 없었다. 고객으로부터 인정받고 신뢰 관계를 형성하는 방법을 고민하고, 작은 실수를 통해 배우고, 영업 선배의 꾸지람과 가르침을 받으며 영업기회에 적용해 보면서 나만의 노하우로 만들어 갈 수 있었다. 어설픈 영업사원에서 고객에게 인정받는 영업사원이 될 수 있었던 것은 기법이나 요령을 터득해서가 아니라 '목표 의식' 과 '진정성'이라는 영업의 근간을 이해하였기 때문이다. 아무리 좋은 제품일지라도, 가격 경쟁력이 있어도, 영업 프로세스가 잘 갖추어져 있다 해도, 탁월한 영업 스킬이 있다 해도 반드시 성공을 보장하지는 않았다. 먼저, 주어진 목표를 반드시 이루겠다는 '목표 의식'이 필요했다. 또 고객의 마음을 열기 위해선 고객의 관점에서 고민하고, 고객을 도우려는 '진정성'이 필요했다. 고객은 '누가 진정성 있는 영업사원인지 아닌지'를 구별할 수 있는 정확한 눈을 갖고 있었다. '어렵게 얻은 것은 더욱더 값지다.'고 했던가. 그렇게 영업사원 시절 몸으로 체득한 '목표 의식'과 '진정성'은 삶을 고단하게 했지만 나를 더욱 강인한 사람으로 성장시켰고, 이후 내 직장생활에서 '성과 지향적인 사고'와 '고객가치 중심'이라는 행동 원칙이자 일하는 방식으로 자리 잡았다.

경영자를 꿈꾸며 영업을 시작한 패기 넘치던 한 청년은 결국 우수영업사원이 됐고, 지속가능한 사업성과를 만들어 내는 영업 방법론을 연구하는 전문위원으로 성장했다. 그뿐만 아니라, 후배 육성과 사업성과 향상을 고민하는 경영자들을 대상으로 리더십 코치를 넘어 비즈니스 성과 코치로도 활동하고 있다. 물론, 영업을 처음 시작했을 때는 상상도 못 한 일이 일어난 것이다.

나는 스티브 잡스가 스탠포드 대학 축사에서 언급했던 'Connecting the dots'를 가슴 깊이 공감하며 살아가고 있다. "우리는 현재의 일들이 미래에 어떤 식으로든 서로 연결될 것이라는 믿음을 가져야만 합니다. 그 일이 아무리 험한 길이라 하더라도 말입니다." 돌이켜 보면, 직장생활의 출발선상에서 영업사원이 되기로 한 선택은 그때는 그저 작은 시작점에 불과했지만, 결국 지금의 내 삶까지 이어진 'Connecting the dots'였다. 직장생활에서 의미 없는 경험이란 없다. 아니 오히려 그때의 경험을 어떻게 활용하는가에 따라 나를 더욱더 단단해지게 하는 바탕이 될 수도 있지 않을까?

넌 네가 누구인지 아니?

넌 하나의 경이(驚異, 놀랍고 신기하게 여김. 또는 그럴 만한 일)야.

넌 독특한 아이야. 이 세상 어디에도 너와 똑같이

생긴 아이는 없어. 네 몸을 한번 살펴봐.

너의 다리와 팔, 귀여운 손가락들이 움직이는 모양은

모두 하나의 경이驚異야. 넌 미켈란젤로,

셰익스피어, 베토벤 같은 사람이 될 수 있어.

넌 그 어떤 것도 해낼 수 있는 능력이 있어.

넌 정말로 하나의 경이驚異야.

- 파블로 피카소Pablo Picasso

PART 2

일 잘하는 영업직원의 남다른 5가지 특성

불가능을 가능케 하는, 긍정 마인드
고객의 마음을 저격하는, 나만의 무기
성공을 끌어 끌어당기는, 성취지향
고객의 마음을 꿰뚫는, 질문과 경청
결과를 이루어 내는, 열정과 끈기

탁월한 성과를 올린 영업직원들은 무엇이 다른가? 이 질문에서 출발해, 그들만의 남다른 업무 자세와 사고방식을 살펴보았다. 같은 영업팀 내에서도 성과를 내는 직원이 있는 반면에 항상 뭔가 부족하고 기대에 미치지 못하는 직원이 있기 마련이다. 그들 사이에는 어떤 차이가 있을까. 또 그 차이는 날 때부터 타고나는 것일까, 아니면 후천적인 노력으로 만들어지는 것일까.

업무 성과Performance를 측정하기 위해 흔히 '역량'Competency이란 개념을 사용한다. 성취동기 이론과 역량이론의 대가인 맥클랜드David C. McClelland는 역량을 '업무 성과와 관련된 광범위한 심리적 및 행동적 특성'이라 정의하였다.[4] 개인의 업무 성과를 볼 때 지능IQ이나 학력, 성적보다는 동기나 품성 같은 인간의 근본적 잠재요소를 중시한다는 것이다. 그는 역량의 '빙산 모델'에서 동기, 내면 특성, 태도, 가치관, 지식과 기술 등이 업무 성과를 예측할 수 있는 주요 요인이라 주장하였다.

우리는 일련의 토론과 워크숍을 통해 일 잘하는 영업직원의 특징적인 역량 요인을 알아보기로 했다. 그 결과, 그들의 마음가짐, 사고방식 그리고 발현된 행동을 토대로 대표적인 7가지 역량 요인인 긍정 마인드, 나만의 무기, 목표 지향적 사고, 창의적인 도전정신, 질문과 경청, 열정, 끈기 등을 찾아낼 수 있었다. 그 중에서 목표지향적 사고와 창의적인 도전정신을 '성취 지향'이란 특성으로 단일화하고, 열정과 끈기를 동일화해

---

4 David C. McCllelland(1917~1998) 미국의 심리학자로 고 성과자들의 지속적이고 안정적인 행동 특징을 역량(Competency)이라고 정의했다.

다음의 5가지 역량 특성으로 정리하였다.

1. 불가능을 가능케 하는, 긍정 마인드

긍정 마인드는 어려운 상황이나 부정적인 여건을 긍정적으로 인식하고 새로운 기회로 전환할 수 있게 하는 역량이다. 영업을 잘하는 직원은 더 잘하고 싶다는 욕구와 함께 긍정 마인드를 유지하며 잘되는 방법을 찾아 노력한다. 잘 안 되는 이유보다 잘 해내기 위해 무엇을 해야 하는지를 끊임없이 고민한 끝에 결국 남다른 결과를 만들어낸다.

2. 고객의 마음을 저격하는, 나만의 무기

아르키메데스는 지렛대만 있다면 지구를 들어 올릴 수 있다고 했다. 영업에서 지렛대란 약점을 보완하고 강점을 살려주는 '자신만의 무기'를 말한다. 영업을 잘하는 직원들은 실제로 이러한 무기를 찾아 자신의 업무에 효율적으로 활용했다. 영업에 도움이 될 자신만의 방법을 고안하고, 이를 실제 영업에 적용해 비즈니스를 성사시키는 식이다.

3. 성공을 끌어당기는, 성취지향

영업은 목표 대비 실적으로 성과를 측정한다. 잘하는 영업직원은 목표를 달성할 방법을 지속해서 연구하고 아이디어를 찾아내는 강한 추진력을 갖고 있다. 회사가 부여한 목표이지만 자신의 것으로 재해석하고 달성하기 위한 준비를 철저히 한다. 그리고는 스스로 통제 가능한 우선순위를 만들어 계획적으로 실행한다. 무엇보다도 영업의 목표를 자신의 인생 목표와 맞물려 돌아가게 한다.

4. 고객을 꿰뚫는, 질문과 경청

질문과 경청을 잘한다. 고객이 들려주는 이야기를 잘 이해하여 신뢰할 수 있는 솔루션을 주려 노력한다. 질문과 경청은 고객에게 신뢰를 얻기 위해서 매우 중요한 역량이다. 대부분의 영업직원은 뭔가를 팔기 위한 생각이 앞서서 자기 이야기를 하느라 고객의 이야기는 잘 듣지 않는 경향이 있다. 모르는 게 있으면 고객을 만나서 열린 질문을 해보고 경청을 통하여 고객의 니즈를 파악하고 해결책을 찾는다.

5. 결과를 이루어 내는, 열정과 끈기

우리 모두의 마음속에는 무한한 에너지의 근원이 되는 하나의 신이 존재한다고 한다. 그 신의 이름은 라틴어 'Enthusiasm'에서 유래한 '열정'이다. en[in] + theos[God], 내 안에 신을 둔다는 의미다. 우리의 전통적인 표현으로 '신들렸다'는 말과도 맥락이 통한다. 영업직원 역시 마찬가지다. 자기 일에 신들린 듯 열중하고 이를 끈기 있게 추진한다면 얼마든지 원하는 것을 이뤄낼 것이다.

이와 같은 다섯 가지 역량 특성은 타고나는 재능이 아니다. 내성적이든 외향적이든 특정한 성격에 적용되는 건 더욱 아니다. 누구든지 후천적인 노력으로 얼마든지 개발할 수 있는 마음가짐과 자세에 관한 것이다.

CHAPTER 1

불가능을 가능케 하는, 긍정 마인드

긍정 마인드를 생각하면 어느 프로야구 선수의 경험담이 떠오른다. 대학 야구 선수 시절, 연습 경기에서 안타가 아니어도 1루까지 무조건 전력 질주를 하지 않으면 감독에게 야단을 맞았다고 한다. 감독의 논리는 타자 자신이 공을 잘 쳤는지 못 쳤는지 판단하지 말고 '살 수 있다'는 믿음을 갖고 전력 질주하다 보면 상대편 선수가 실수할 가능성이 높아진다는 것이다. 이 선수는 졸업 후 프로야구에서 유명한 4번 타자가 되었다. 운동선수들은 일종의 마인드컨트롤 같은 자기암시와 긍정적 상상 훈련을 끊임없이 반복한다. 정상에 선 선수들을 살펴보면, 실력에서는 크게 차이가 없다. 다만, 승리를 상상하는 마인드 힘이 강한 선수가 경쟁에서 이기는 확률이 높았다.

긍정 마인드는 개인의 인성적 특성이기도 하지만 학습과 경험에 의해서도 배양될 수 있다. 플라시보Placebo 효과[5], 피그말리온Pygmalion 효과[6] 등은 긍정 마인드가 실제 생활에서 어떤 영향을 미치고 있는지를 구체적으로 연구한 사례이다.

"임자, 해보기나 했어?"

경영환경의 변화나 예상치 못한 변수로 영업 목표를 달성하지 못할 수가 있다. 영업을 진행하다 보면 아무리 철저히 준비하고 치열하게 임해도 통제할 수 없는 여러 변수로 인해 수주 기회를 놓치기도 한다. 이로 인해 장기간 실패를 겪게 되면서 의도치 않게 슬럼프에 빠지기도 한다. 갑자기 찾아온 위기에서는 상황을 어떻게 바라보고 대응하는가가 중요하다. 상황을 긍정적으로 바라보는 사람과 비관적으로 바라보는 사람의 대응 방법에는 분명히 차이가 있다. 같은 상황에서도 어떤 마인드로 보는가에 따라 전혀 다른 선택과 결과가 따라올 수 있다.

성공하는 사람들의 특징 중 하나는 어려운 상황에서도 항상 긍정적으로 생각한다는 것이다. 정주영 회장의 일화를 예로 들어본다. 정부가 중동국가로 진출을 모색하던 때의 일이다. 이미 중동을 방문하고 돌아

---

5 플라시보 효과 Placebo effect 치료에 전혀 도움이 되지 않는 가짜 약제를 심리적 효과를 얻기 위하여 환자가 의학이나 치료법으로 받아들임으로써 실제로 치료 효과가 나타나는 현상을 말한다. 의사가 환자에게 가짜 약을 투여하면서 진짜 약이라고 하면 좋아질 거라는 환자의 믿음 때문에 병이 나은 현상을 말한다.

6 피그말리온 효과 Pygmalion effect 교육심리학에서 심리적 행동의 하나로, 교사의 기대에 따라 학습자의 성적이 향상되는 것을 말한다.

온 정부 관료는 현지가 너무 덥고 물이 없어 건설 사업은 불가능하다는 답을 내놓았다. 이때 정부가 중동에서의 건설공사 추진 의사를 타진하기 위해 정 회장에게 중동에 다녀올 것을 권고하였다. 중동에 다녀온 정 회장은 전혀 다른 답을 내놓았다. "건설 현장에 모래와 자갈이 풍부해 물만 운반하면 되고, 비가 오지 않아 언제나 공사가 가능하며, 뜨거운 낮에는 텐트 속에서 잠을 자고 밤에 횃불을 들고 일하면 된다"라고 보고한 것이다. 결국, 현대는 정부 지원 속에 중동에 진출해 많은 오일 달러를 벌어들였다. 1970년대를 상징하는 중동 붐은 이렇게 시작되었다.

정주영 회장의 유명한 어록인 "임자, 해보기나 했어?"는 긍정 마인드의 전형이라고 할 수 있다. "긍정적인 사람은 위기 안에서 기회를 찾지만, 부정적인 사람은 기회가 와도 위기만을 본다"라는 말처럼 부정적인 생각은 행동에 한계를 만들고, 긍정적인 생각은 행동에 활력을 불어넣어 준다. 정주영 회장의 일화는 심리학 용어 중에 프레이밍 효과Framing Effect[7]에 해당한다. 똑같은 상황이나 사물을 어떤 시각으로 보느냐에 따라 판단과 선택이 달라진다는 현상이다. 영업에서 주어진 상황을 바라볼 때, 어떤 시각으로 바라보는가에 따라 판단과 선택은 물론, 그 결과는 확연히 달라질 수밖에 없다.

---

7 노벨 경제학상을 수상한 미국의 경제학자이자 심리학자인 카너먼Kahneman, D.이 처음 사용하며 널리 알려진 용어.

성장형 사고로 세상 보기

관점은 우리가 세상을 보는 프레임이자 생각의 틀이다. 우리가 보고 싶은 것만 보고, 듣고 싶은 것만 듣는 것도 바로 이 관점 때문이다. 관점의 차이를 가장 잘 보여주는 심리학 연구가 있다. 컵에 물이 반 정도 담겨 있을 때, 사람의 관점은 두 가지 유형으로 나뉜다. '컵에 물이 반밖에 없네.'라고 말하는 고정형 사고방식과 '컵에 물이 반이나 있네.'라고 말하는 성장형 사고방식이 그것이다. 고정형 사고방식을 가진 사람은 자신의 능력에는 한계가 있으며, 이를 뛰어넘을 수 없다고 생각한다. 이들은 새로운 도전이나 시도를 피하는 경향이 있고, 부정적인 피드백에 위협감을 느낀다. 반면, 성장형 사고방식의 사람은 연습과 훈련으로 얼마든지 자신의 능력을 강화할 수 있다고 믿는다. 이들은 타인의 비판에 관대하며, 실패 가능성이 있다고 해도 성공하는 방법을 찾아 도전한다.

영업 상황에서도 관점에 따라 결과가 전혀 달라질 수 있다. 열심히 노력했음에도 몇 달 동안 성과가 나오지 않아 슬럼프에 빠진 경우를 생각해보자. 긍정적인 관점을 가진 영업직원은 성장형 사고방식으로 여러 가지 아이디어를 내고 최적의 방법을 찾아 기어이 문제를 해결해 낼 것이다. 어렵고 힘든 상황에서도 끊임없이 시도하고 안 되는 이유보다 되는 이유를 찾아 원하는 결과를 만들어낸다.

아래는 긍정 마인드로 성공적인 영업 결과를 만들어낸 글로벌 물류회사 A사의 포워딩(운송, 통관) 영업 담당자의 사례다.

"영업에서는 긍정적인 생각을 실천으로 옮기는 것이 가장 중요하다고 생각해요. B고객사의 경쟁 입찰과 C글로벌 의류업체 입찰을 동시에 준비해야 할 때였습니다. 시간을 쪼개 가면서 두 건의 제안서를 만들어야 했던 상황이었어요. 일정도 문제였지만, C사 입찰 담당자와 경쟁사의 끈끈한 관계를 고려하면 불리한 입장이라 하나를 포기할까 싶기도 했어요. 주변에서도 어차피 안 될 거라며 회의적으로 보는 사람이 많았습니다. 그럼에도 불구하고 포기하고 싶지 않았어요. 비록 수주하지 못할지라도 도전은 해야 한다는 생각이었죠. 사실 영업은 끝까지 해보지 않으면 알 수가 없잖아요. 결국 두 건 모두 불리한 상황이었음에도 불구하고 저희가 수주할 수 있었습니다. 긍정적인 생각을 하고 과감하게 진행했기에 좋은 결과가 나온 것 같습니다."

'~때문에'와 '~에도 불구하고'라는 말이 있다. '~때문에'를 자주 사용하는 사람은 상황이 좋지 않기 때문에, 예산과 인력지원이 부족하기 때문에 실행할 수 없다는 의미로 부정적인 사람들이 주로 사용하는 말이다. 반면, '~에도 불구하고'를 자주 사용하는 사람은 상황이 좋지 않음에도 불구하고, 비록 예산과 인력지원이 부족함에도 불구하고, 실행해 보자는 긍정 마인드를 가진 사람들이 사용하는 말이다. 사례의 주인공 역시 같은 표현을 사용한 것으로 보아, 긍정 마인드가 비즈니스를 성공으로 이끌었음이 분명하다.

영업직원은 새로운 영업기회를 만들기 전에 먼저 긍정적인 관점을 갖는 것이 필요하다. 그리고 성공을 위한 방법을 찾아 끊임없이 노력한다면 비로소 지속적인 영업 성과를 올릴 수 있을 것이다. 물론, 긍정적인 관점을 갖는 것도 결국은 영업직원의 선택에 달린 일이다.

긍정적으로 생각하고 말하기

긍정적인 생각과 말은 긍정적인 행동으로 이어진다. 반면, 부정적인 생각은 부정적인 말을 하게 만든다. 나쁜 상황이나 위기에 직면하면 의도치 않게 부정적인 언어를 사용하게 된다. 고객과의 대화에서도 '안 됩니다.'와 같은 말을 무심코 내뱉는 경우가 있다. 이 경우, 고객에게 '노'No라고 말하기보다는 '네, 그리고'Yes, And라고 이야기하면 고객과의 관계 형성에 더욱더 좋은 영향을 미친다. 경험적으로 영업 실적과 고객 만족도 측면에서도 당연히 '네'Yes라는 말을 많이 한 사원의 평가가 더 좋았다.

긍정의 말에는 긍정을 부르는 마법이 숨어있다. 옛사람들은 '말'에 커다란 힘이 깃들어 있다고 믿었다. 말이 가진 마법과도 같은 힘이 작용해 현실에 영향을 준다는 것이다. 따라서 좋은 말을 하면 좋은 일이 일어나고, 불길한 말을 하면 나쁜 일이 일어난다고 여겼다. 실제로 말은 사람의 의식에 큰 영향을 미친다. 긍정적인 말을 자주 하면 그만큼 긍정적인 생각이 커지고, 부정적인 말은 변함없이 부정적인 생각을 낳는다.

스티브 잡스는 스탠퍼드대 졸업식 축사에서 긍정 언어의 힘을 이야기했다. 자신이 세운 회사에서 쫓겨났음에도 불구하고 "때로 세상이 당신을 속일지라도, 결코 믿음을 잃지 말라"Sometimes life hits you in the head with a brick. Don't lose faith.고 조언한다. 잡스는 긍정적 사고가 그를 다시 애플로 돌아오게 한 원동력이 되었다고 말한다.

최고의 영업직원이 되고 싶다면 제일 먼저 머릿속에서 부정적인 단어를 지우고, 성공하는 방법을 찾아 실행해 나가야 한다. 다음 사례를 보자.

팀장 : 김 과장, A 금융사 계약 건 알죠? 이번에 김 과장이 팀원들과 계약을 이끌어 보는 건 어때요?

김 과장 : 네, 알겠습니다. 큰 프로젝트인 만큼 책임지고 추진하도록 하겠습니다.

팀장 : 좋습니다! 우리한테 주어진 시간은 한 달입니다. 어렵겠지만, 그 안에 꼭 성공시키세요.

김 과장 : 네, 알겠습니다. 할 수 있는 건 다 해보겠습니다.

팀원A : 과장님, 이거 한 달 안에 할 수 있어요?

팀원B : 이전 회사에서 이런 대형 프로젝트를 한 달 동안 준비했는데 수주하지 못했어요.

김 과장 : 글쎄요. 상황이 다를 수도 있고, 길고 짧은 건 대봐야 알죠. 우리 섣불리 결론짓지 말고, 한번 해 봅시다! 매일 조금씩 준비하면 되지 않겠어요?

팀원B : 그럼, 전 과장님만 믿고 따라갈게요.

팀원A : 저도 이런 큰 프로젝트는 처음이지만, 적극 참여해보겠습니다!

영업과장으로 있을 때의 일이다. 수십억 원에 달하는 대형 계약을 한 달 안에 성사시키라는 상사의 지시를 받았다. 누가 봐도 불가능해 보이는 일이었지만 긍정적으로 생각했고, 팀원들과는 매일 진행 상황을 점검하며 신속하면서도 성심성의껏 일을 추진해나갔다. 결국, 모두가 불가능이라 생각한 일을 성사시켰고, 어려운 일을 성공시켰다는 성취감 덕분인지 팀원 모두 이후의 업무에서도 좋은 성과를 냈다. 안 된다거나 어렵다는 생각은 단지 선입견일 뿐이다. 어떤 상황에서나 가능한 방법은 있고, 이것을 찾아 실행하다 보면 조금씩 성공에 가까워질 것이다.

영업을 하면서 또 어떤 상황에서 부정적인 생각을 하게 될까. 아마도 '고객과 연락이 안 될 때'가 아닐까? 특히 경험이 없는 영업직원은 '고객이 나를 만나주지 않을 때' 부정적인 생각을 하기 쉽다. 그런데 이런 생각은 확인되지 않은 영업직원만의 생각일 수도 있다. 이는 영업 활동을 위축시키는 요인이 된다. 아래 상황처럼 예기치 못한 고객의 거절로 인해 처음엔 부정적인 생각이 들 수 있지만, 긍정적으로 재해석할 수 있다.

영업상황 : 고객에게 전화했는데 받지 않았다.

부정적 생각 : 고객이 나를 피하고 있나?

재해석 : '고객이 나를 피한다'는 나의 해석이 사실인가?

실행 : 무슨 문제가 있었는지 고객에게 연락을 시도한다.

영업을 시작한 지 얼마 안 된 시기에 고객사의 담당자와 연락이 닿지 않아 '고객이 나를 피한다'는 부정적인 생각을 했던 적이 있다. 그러나 뒤늦게 연락을 준 고객 담당자는 자신이 업무에 워낙 바빠서 연락을 취하지 못했던 것인데, 소통을 제대로 하지 않아 일의 추진 시기를 놓친 것에 대해 아쉬워했다. 만약 이 상황에서 긍정적으로 생각했다면 결과는 판이하게 달라졌을 것이다.

이처럼 실패와 성공을 가르는 긍정적으로 생각하고 말하기를 습관화하고 싶다면, 먼저 자신이 평소에 어떤 생각과 말을 자주 하는지 파악할 필요가 있다. 영업을 마무리하는 오후 시간에 그날 하루 어떤 생각과 말을 했는지 노트에 기록해 보자. 생각일지를 쓰면서 자신의 부정적인 생각과 말을 되짚어 보고, 대체할 수 있는 긍정적인 생각과 말을 찾는 연습을 할 수 있다. 이것만으로도 이미 훌륭한 자기 관리 시스템이 마련되는 셈이다.

의도적으로 연습하기

긍정적인 사람은 늘 생기 넘치는 모습으로 하루하루 즐겁게 살며 스트레스를 받아도 잘 이겨낸다. 반면 부정적인 사람은 사소한 일에도 쉽게 침울해지고 늘 불만에 차 있다. 그렇다면 업무에 임할 때는 어떤 모습일까. 긍정적인 마인드로 일하는 영업직원은 의욕적으로 일하며 자신의 강점을 잘 살려 업무에서도 좋은 성과를 올린다. 반면, 부정적인 마인드로 일하는 영업직원은 상황을 부정적으로만 보다 항상 기회를 잃고 만다. 긍정적 마인드로 영업 활동을 하면 목표 달성 확률을 높일 수 있다.

자신도 모르는 사이, 주변 사람까지 기분 좋게 만드는 영향력을 행사하기 때문이다. 영업직원의 긍정적 태도는 구매자를 호의적이고 개방적으로 만들고, 상호 이득이 될 대안을 찾게 한다. 자신의 제품에 대한 믿음과 영업직무 만족도가 높을수록 고객에게 전달되는 긍정의 파급효과는 더 크다.

만일, 영업에 의욕을 잃어버리면 나를 지지하고 인정해주는 멘토를 만나 긍정적인 피드백을 받아 보는 것도 좋다. 토마스 J. 왓슨 2세Thomas J. Watson Jr.도 청소년기에 열등감으로 소심하고 자신감이 없었다고 한다. 소심한 소년은 어떻게 IBM의 경영자가 될 수 있었을까. 그에게는 좋은 멘토가 있었다. 그는 멘토에게 "제가 정말 IBM을 경영할 수 있다고 생각하십니까?"라고 물었고, "너라면 충분히 잘 해낼 수 있어"라는 답이 돌아왔다. 그리고 시간이 흘러, 그는 재임하는 동안 전 세계 컴퓨터의 70%에 IBM 로고가 붙어 있게 만든 장본인이 되었다. 멘토의 긍정적인 피드백이 소극적이었던 토머스 J. 왓슨 2세에게 자신감을 불어넣어 준 것이다.

긍정 마인드로 영업에 임하려면 의도적인 연습이 필요하다. 미국의 파머스 인슈런스Farmers Insurance, 농협 보험에서는 영업직원이 입사하면 5년 뒤, 10년 뒤의 모습을 드림맵Dream Map으로 그리게 한다. 드림맵은 실제 내가 꿈을 이룬 후의 상태를 시각화함으로써 긍정적인 미래를 그려볼 수 있게 한다. 예를 들어 보자. 매일 세 군데의 고객과 약속하고 두 군데를 방문하여 한 건의 계약을 성사시키는 방법으로 일주일에 5개의 교차판매Cross Selling와 마케팅 활동을 하기로 한다. 그렇게 하루 한 건, 한달에

22일, 1년 활동하면 총 264(하루 1개 x 12 x 22)건의 계약을 성사시키는 성공적인 영업직원의 모습을 그려볼 수 있다. 이런 방식으로 드림맵을 활용하면 영업직원의 꿈과 세일즈 활동이 연결되어 긍정 마인드를 가질 수 있게 된다.

브라이언 트레이시Brian Tracy는 "판매 성공의 80%는 자신과 자신의 직업에 대해서 어떻게 느끼는가에 의해 결정된다."며 긍정 마인드의 중요성을 다음과 같이 강조했다.

생각은 우리의 주변에 강력한 정신 에너지를 형성한다. 그래서 자신, 자신의 상품과 서비스를 낙관적으로 생각하면 주변에 긍정적인 정신 에너지를 방출한다.
그 에너지는 다시 수많은 판매 실마리, 고객 추천, 판매 기회로 이어진다. 고객들에게 좋은 서비스를 제공하면 더 많은 고객이 찾아온다.
성공은 더 큰 성공을 부르고, 당신은 점점 더 많은 것을 얻을 수 있다.
- 브라이언 트레이시Brian Tracy《전략적 세일즈》2012 에서-

성공하는 영업을 하려면, 영업 현장에서 부정적 생각이 드는 극한 상황이 발생하더라도 기필코 좋은 결과를 만들어내겠다는 긍정적인 생각과 말을 의도적으로 연습하는 것이 좋다. '영업은 나에게 의미 있는 일이며, 고객에게도 가치를 주는 일'이라는 긍정 마인드를 의도적으로 스스로 인식시켜야 한다. 긍정 마인드를 갖기 위한 연습 방법의 하나는 가장 행복했던 순간을 떠올리는 것이다. 누구에게나 자부심, 성취감, 감사함, 만족감을 느꼈던 순간이 있다. 그 경험에서 얻은 긍정 마인드를 영업 활동 중 스트레스나 우울감 따위의 부정적인 정서로 힘들 때 떠올려 보자. 부정 정서가 상쇄될 것이다. 이것이 바로 긍정 마인드를 만드는 연습이다.

긍정적인 마인드는 영업 실적에 대한 불안을 없앨 뿐만 아니라, 고객의 마음에도 정열을 불러일으켜 거래를 성공적으로 이끌어 갈 수 있게 한다.

CHAPTER 2

고객의 마음을 저격하는, 나만의 무기

'굼벵이도 구르는 재주가 있다'는 속담이 있다. 아무리 능력이 없는 사람이라고 해도 한 가지 재주는 반드시 있다는 뜻이다. 이처럼 누구에게나 다른 사람과 차별화되는 자신만의 강력한 무기가 있다. 성과를 내는 영업직원은 자기만의 무기를 만들고 계속 업그레이드시킬 줄 안다. 처음에는 잘하지 못했다 할지라도 영업 현장에서 꾸준히 자기만의 방법을 찾아 탁월한 성과를 만들어내곤 한다. 이제 자기만의 무기를 발견하고 이것을 영업 현장에 적용하는 방법을 알아보자.

약점보다는 강점에 집중하기

독일의 화학자 유스투스 리비히Justus Liebig는 동식물의 성장에 필요한 필수 영양소 중 성장을 좌우하는 것은 넘치는 요소가 아니라 가장 부족한 요소라며 '최소량의 법칙'을 주장했다. 그의 이론은 '리비히의 물통'으로 설명되는데, 나무판자를 덧대 만든 물통에 물을 채울 때 가장 높이가 낮은 판자 이상으로는 물을 담을 수 없다는 것이다.[8] 최소량의 법칙은 영업직원의 성장과 경쟁력에도 적용된다. 부족한 부분으로 인해 넘치는 부분의 잠재력을 갉아먹지 않도록 자신의 최소량이 어딘가를 발견하고 수정·보완해야 한다는 의미다.

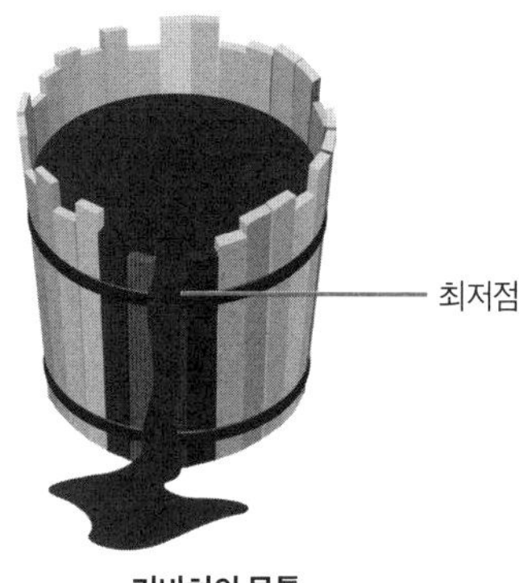

리비히의 물통

이처럼 나에게 가장 낮은 판자는 업무를 수행할 때 가장 중요한 이슈로 작용할 수 있다. 가장 낮은 판자를 잘 보완하면 더 좋은 결과를 만들어 낼 수도 있다. 이런 이유로 많은 사람이 약점을 보완하여 성과를 내려 시도한다. 그러나 약점을 아무리 보완한다고 해도 '탁월한 성과'를 보장하지는 않는다.

---

8 https://en.wikipedia.org/wiki/Liebig%27s_law_of_the_minimum

정반대의 이론도 있다. 개인이 보유한 잠재력, 즉 재능에 집중할 때 더 나은 성장과 성과를 가져올 수 있다는 강점 기반의 접근 방식이 그것이다. 즉, 자신의 고유한 재능에 지식과 기술이 더해져야 강점이 되고, 하고자 하는 일에 강점이 발현되었을 때 더 좋은 성과를 낼 수 있다는 것이다.

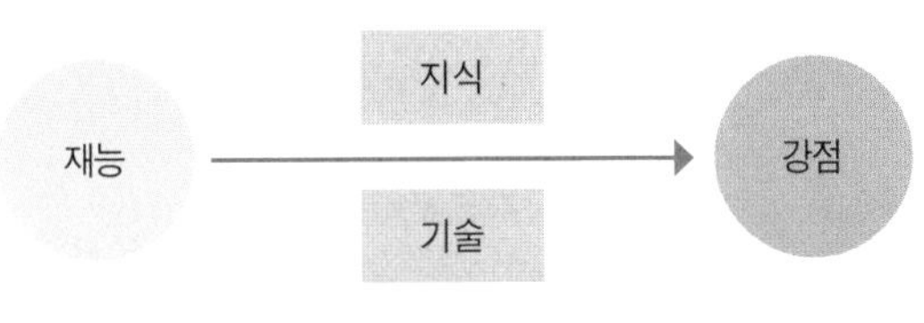

재능, 지식, 기술, 강점의 상관도

자신의 분야에서 최고의 경지에 오른 사람들은 '자신의 재능을 발견하고 이를 꾸준히 활용한 것'을 성공 비결로 꼽는다. 소위 '영업의 신'이라 불리는 영업 분야의 고성과자들 역시 마찬가지다. 잘하겠다고 마음을 먹자마자 갑자기 좋은 성과를 냈다는 이야기는 어디에도 없다. 특별한 비법이 있는 것은 아니다. 그저 일관되게 실행하다 보니 자신의 가장 뛰어난 재능을 발견했고, 이를 영업 현장에서 꾸준히 적용해 자연스레 강점으로 변화시킬 수 있었다고 말한다.

피터 드러커 교수는 성공 전략 수립 시 약점보다는 강점에 집중하여야 한다며 "이 세상에 모든 것을 다 잘하는 사람은 없다. 따라서 자기 자신의 강점을 바탕으로 경력을 설계해야 한다. 약점을 보완하기보단 강점을 강화해 나가는 것이 성공전략이다"라고 역설했다[9]. 강점 기반의 성장과 성과 창출을 연구한 갤럽 강점 연구 센터Gallup Strengths Center는 50년 동안의 연구 결과를 통해 강점 기반의 경력개발의 중요성을 확인하였다. 관리자가 강점 교육을 받은 경우 조직 생산성은 12.5% 증가했고, 직원이 강점 관리를 받은 경우에 성과는 8.9%가 향상됐다고 한다. 이처럼 자신의 강점을 이해하고 업무에 활용한 사람의 업무 몰입도는 6배나 높아졌다고 한다. 결과적으로 업무 몰입도가 높은 조직의 수익성은 22%나 향상됐고, 이직률은 65%나 하락했다고 한다.[10]

마찬가지로, 영업에서 최고가 되려면 자신만의 무기(강점)가 무엇인지 고민해야 하고, 그 강점을 더욱 강하게 만들기 위해 노력할 필요가 있다.

개인이나 조직의 성장과 변화는 강점에 기반을 두고 접근할 때 가장 큰 효과를 낼 수 있다.

- 피터 드러커Peter F. Drucker

나의 재능 알기

자기만의 차별화된 무기를 갖고 싶다면 '자기 분석'을 해 보는 게 좋다. 자신이 어떤 사람이며 어떤 재능이 있는지 알아야 한다. 대부분의 영업 직원은 성공적인 영업을 위해 "인간은 노력만 하면 무엇이든 할 수 있다"

---

9 피터 드러커, 《피터 드러커의 자기경영노트》, 이재규 옮김, 한국경제신문, 2003

10 코칭경영원, https://www.coachingi.com/bbs/content.php?co_id=StrengthsOverview

며 불가능한 일임에도 단지 자신의 의지를 다지는 데만 많은 시간을 투자한다. 고객과의 상담에 익숙하지 않은 영업직원은 대화 기법 향상을 위해 관련 서적을 탐독한다. 프레젠테이션 능력이 부족한 영업직원은 발표력을 강화하는 강의를 듣는다. 이처럼 자신이 가장 잘하지 못하는 분야에 많은 시간과 돈을 투자하는 방식이다. 그러나 약점의 보완은 앞으로 나아가는 발전적 과정이 아니라 피해나 손실을 줄이기 위한 소극적 수단일 뿐이다. 영업 직무에 몰입하고 지속해서 성과를 내는 방법은 자신이 가장 잘하는 일, 자신만의 무기, 자신의 강점을 살리는 데에 있다.

갤럽 클리프턴 강점 진단Gallup Clifton Strengths 34 Assessment에 의하면, 각 개인은 유일무이한 존재로서 고유한 특성이 있는 재능 코드를 갖고 있다.[11] 재능은 강점으로 개발된다면 각 개인을 고유한 존재로 만들어 주는 것 이상의 역할을 한다. 오랫동안 영업 일선에서 경험하고 발견한 결과를 토대로 영업을 잘하는 사람들이 가진 대표적인 클리프턴 재능을 공유한다. 아래 내용을 참고해 자신의 재능을 찾아서 강점으로 개발하고 자기만의 무기로 삼아 지속적인 성과를 내는 탁월한 영업직원이 되길 바란다.

개별화Individualization 재능이 뛰어난 영업직원은 개개인이 가진 고유한 개성에 흥미를 느낀다. 이들은 서로 다른 사람들이 어떻게 협력해야 생산적으로 일할 수 있는지를 알아내는 데에 탁월한 능력을 보인다. 대규모

11 https://www.gallup.com/cliftonstrengths/en/253715/34-cliftonstrengths-themes.aspx

인력이 필요한 대형 프로젝트에 특히 강하다.

공감Empathy 재능이 뛰어난 영업직원은 다른 사람들의 인생이나 상황에 자신을 이입함으로써 그들의 감정을 느낄 수 있다. 고객이 표현하지 않더라도 어려움에 부닥친 상황에 본능적으로 감정 이입을 하고 무엇이 필요한지를 미리 알아낸다. 기존 고객 관리를 통해 신규 거래를 끌어내는 과업에서 탁월성을 발휘한다.

발상Ideation 재능이 뛰어난 영업직원은 새로운 아이디어를 구상하는 데 관심이 있다. 언뜻 보기에 전혀 상관없어 보이는 현상들에서 연관성을 찾아내기도 한다. 다양한 해결 방안이 필요한 새로운 프로젝트에 특히 강하다.

배움Learner 재능이 뛰어난 영업직원은 배움에 대한 강한 열망이 있으며 끊임없이 발전하고 싶어 한다. 이들은 배움의 결과물보다는 배우는 과정 자체를 더 즐긴다. 신제품 영업이나 새로운 시장 개척에 강한 면모를 보인다.

복구Restorative 재능이 뛰어난 영업직원은 문제 해결하기를 무척 좋아한다. 문제의 근원이 무엇인지 잘 파악하고 해결안을 찾는 것에 뛰어나다. 복잡하고 생소한 문제에 직면한 과업이 주어질 때 흥미를 느낀다.

사교성Woo 재능이 뛰어난 영업직원은 새로운 사람들을 만나고 그들의 마음을 얻는 일에 도전하기를 즐긴다. 어색한 분위기를 깨고 다른 사람들과 인맥을 쌓는 데에서 만족감을 얻는 사람이다. 공개 세미나 혹은 전시회 등에서 많은 사람과 첫 만남을 수월하게 진행한다.

성취Achiever 재능이 뛰어난 영업직원은 에너지가 왕성하며 지치지 않고 열심히 일한다. 이들은 바쁘게 일하면서 생산성을 올리는 데서 큰 만족감을 느낀다. 목표 달성 욕구가 강해서 매달, 매 분기 새로운 목표를 향해 새롭게 도전하기를 즐긴다.

심사숙고Deliberative 재능이 뛰어난 영업직원은 의사 결정을 내리거나 선택을 할 때, 제반 사항을 신중하게 고려하는 성향을 가지고 있다. 이들은 장애 요인을 예측한다. 경쟁이 치열하거나 복잡한 솔루션이 있어야 하는 프로젝트에 특히 강하다.

절친Relator 재능이 뛰어난 영업직원은 주변 사람들과 깊고 친밀한 관계를 맺기 위해 의도적으로 노력한다. 고객에게 신뢰를 주기 위해 시간을 아끼지 않고 정성을 다한다. 고객의 이슈를 공감하고 완결성 있게 관리하는 업무에 적합하다.

정리Arranger 재능이 뛰어난 영업직원은 복잡한 상황을 체계적으로 정리할 수 있는 능력과 함께 이를 보완해주는 유연성도 가지고 있다. 이들은 생산성을 극대화하기 위해 모든 구성 요소와 자원을 최적으로 조직하는 방안에 대해 궁리하기를 좋아한다. 복잡한 솔루션이 있어야 하는 대규모 프로젝트에 특히 강하다.

커뮤니케이션Communication 재능이 뛰어난 영업직원은 자기 생각을 말로 쉽게 옮길 수 있다. 대화를 잘하고 발표에도 능하다. 흔히 말을 잘하는 사람이다. 이들은 하나를 알면 열을 말할 수 있는 사람이다. 콜드 콜, 프레젠테이션, 1:1 상담 등을 수월하게 해낸다.

이 중에서 나는 어떤 재능들을 가지고 있나 파악해 보자. 한 사람이 위에 나열한 모든 재능을 나의 강점으로 가질 수는 없다. 나를 대표할 만한 재능들을 찾아서 더욱 발전시키고 꾸준히 활용한다면 자신의 잠재력을 극대화하고 지속적인 성과를 내는 탁월한 영업직원이 될 수 있다.

사무기기 엔지니어로 5년을 일하고 직무 경험을 확대하고 싶어 영업직으로 전환해 온 김 과장이 있었다. 사내 멘토로서 김 과장을 멘토링 하던 중에 고객과의 상담 장면을 관찰하게 되었다. 김 과장은 고객에게 제품의 기능과 성능에 대해서는 논리적으로 설명을 잘하는데, 제품 구매를 권유하는 대화는 불편해했다. 고객이 사겠다고 먼저 말하지 않으면 클로징으로 이어가지 못해 계약이 체결되지 않았다. 당연히 실적이 저조할 수밖에 없었다. 그러나 김 과장에게는 계약을 유도하는 클로징 스킬이 부족한 대신에 자신만의 필살기가 있었다. 방문 상담을 할 때는 상담 전에 먼저 사무기기의 상태를 확인했다. 잔고장이 나지 않도록 사용하는 방법을 업무 담당자에게 설명해 주었으며, 사무기기를 언제나 말끔하게 정리해줬다. 기계에 대한 해박한 지식과 전문성에 고객은 감동했다. 김 과장의 서비스를 경험한 고객은 신규 구매 건이 있을 때마다 그를 찾았다. 김 과장은 문제의 근원을 찾아 해결해 주는 자신만의 특기이자 무기를 영업기회에 활용함으로써 독보적인 영업을 할 수 있었다. 그 후 김 과장은 기술을 잘 아는 영업직원으로 소문이 났고 동기들보다 3년 먼저 영업팀장이 됐다.

김 과장은 엔지니어 시절부터 갖고 있었던 복구Restorative 재능을 자신만의 강점으로 개발해 이를 영업 현장에서 활용했기에 남보다 뛰어난 성과를 내는 영업직원이 될 수 있었다. 갖고 있던 재능을 발견하고 자신만의 무기로 다듬어 고객에게 차별화된 서비스를 제공한 것이다.

나의 무기로 장착하기

발견한 재능을 나의 무기로 장착하려면 지속적인 투자가 필요하다. 재능을 발견하고, 영업 현장에서 지식과 기술을 더해 오랜 시간 갈고 닦아 '강점화' 시켜야 한다. 그래야만 성과를 만드는 자신만의 무기이자 다른 사람과 차별화되는 진정한 강점이 될 수 있기 때문이다.

무엇보다 가장 먼저 나에게 어떤 재능이 있는지 발견해야 한다. 기술과 지식은 학습과 경험을 통해서 얻을 수 있지만, 재능은 타고나는 것이 대부분이다. 영업직원은 제품의 특성과 장점을 이해하고 설명하는 법(지식)을 배우고, 고객의 숨겨진 요구를 끌어내는 방식(기술)도 습득한다. 하지만 고객의 숨은 의도를 직감적으로 알아차리거나 고객의 부정적인 인식을 긍정적으로 바꾸는 친화력(재능)은 쉽게 배울 수 없다. 재능이 부족하면 완벽하고 일관된 실행 능력을 지속해서 펼칠 수 없다. 진정한 강점을 구축하기 위해서는 자신의 가장 뛰어난 재능을 발견하고 지식과 기술을 통해 계속해서 다듬어 나가야 한다. 의도적으로 재능을 강점으로 발달시켜야 하는 것이다. 자신의 재능에 투자가 필요한 이유이다.

유 과장은 B2B 해외 물류사업을 하는 회사의 영업 지원팀에서 영업 1팀으로 이동한 후 매달 실적 달성에 애를 먹었다. 영업 1팀은 신규 고객 발굴을 목표로 하는 부서였다. 평소 낯가림이 심하고 소심한 성향의 유 과장은 사교적이지도, 말주변이 좋지도 않았기에 늘 고객과 만남을 주저했다. 그 때문에 신규 고객 확보율과 매출 실적이 눈에 띄게 저조했다. 매달 실시하는 영업실적 점검 회의만 생각하면 스트레스를 받았고, 실적 보고를 할 때면 늘 주눅이 들었다. 반면 유 과장은 한 번 맺은 인연을 소중하게 여겼다. 고객의 이야기를 경청하면서 진솔한 대화를 이어갔다. 탁월한 관찰력과 공감 능력으로 고객의 어려움과 고민을 알아차리고 자기 일처럼 생각하며 걱정해주는 절친(Relator) 재능도 갖고 있었다.

새로 부임해 온 사업부장은 유 과장의 강점과 약점을 파악한 후 영업 2팀으로 전환해 주었다. 신시장을 개척하고 신규 고객을 발굴하는 영업 1팀에서 주요 고객의 유지 관리와 재구매가 예상되는 고객 군을 대상으로 영업하는 영업 2팀으로의 이동이었다. 유 과장은 새로운 팀에서 기존 고객의 비즈니스 히스토리를 파악하고 고객의 업무를 이해하는 시간부터 가졌다. 특유의 고객 관점 사고로 접근하였기에 고객을 이해하거나 비즈니스 이슈를 파악하기는 어렵지 않았다. 덕분에 유 과장의 강점을 칭찬하는 고객이 점점 늘어났다. 요즘 보기 드문 진솔한 영업직원이라고 했다. 고객이 처한 상황을 이해하고 진정 도움을 주기 위해 최선을 다해 주는 영업직원이라는 것이다. 유 과장은 자신의 강점이

발현될 수 있는 고객을 만나고 나서야 영업 활동에 몰입하게 되었고 고객으로부터 인정받을 수 있어 영업이 재미있다고 했다. 유 과장의 강점 발현 덕분에 영업 2팀은 매출 목표 초과 달성이라는 큰 선물을 받게 되었다.

매출 목표와 실적 달성이라는 압박이 있는 영업 직무에서 영업직원이 가져야 할 무기는 무엇이어야 하는가? 왜 강점이 기반이어야 하는가? 유 과장의 사례에서 보듯이 강점 기반의 무기를 발견하고 꾸준히 연마한다면 그것이 나를 우뚝 서게 하는 힘이 된다. 사람은 자신의 재능이 발현될 때 비로소 진정한 행복을 느낀다. 나만의 무기인 강점은 지속 가능한 영업을 위한 원천이자 성과를 만들어 내는 에너지가 된다.

영업 현장에 적용하기

영업 현장에는 자기만의 무기를 발견해 성공하는 영업직원으로 성장한 사례가 많다. 그 사례들을 살펴보기로 하자.

사례 1 ***공감Empathy 재능을 발휘한 박 과장***

공공 사업부 영업 담당 박 과장은, 구매부로 새롭게 전입해 온 업무 담당자가 발주 의뢰 프로세스를 몰라 힘들어하는 것을 본능적으로 직감하고 영업직원으로 해야 할 역할보다는 고객사 업무 담당자의 입장이 되어 함께 고민하고 문제를 해결해 줄 수 있었다. 박 과장은 누군가 어

려움에 처했 때 그 상황을 본능적으로 알아채고 감정 이입을 하는 공감Empathy 재능을 발휘한 것이다.

사례 2 발상Ideation 재능을 발현한 강 부장

강 부장은 매주 월요일 진행하던 고객과의 정례 주간 회의가 더는 영업에 도움이 되지 않는 것을 알게 됐다. 회의에 참여하는 고객사 임원은 바쁜 일정으로 회의에 몰입하지 못했다. 상황을 개선하기 위해 회의를 15분 내로 제한하고 핵심 이슈만 논의하는 새로운 아이디어를 구상해서 적용했다. 핵심 논의 아젠다에 집중하여 실행관점으로 논의했다. 결과적으로, 고객사 임원은 자신의 업무에 전념할 시간을 확보할 수 있었고, 덤으로 강 부장은 언제나 필요한 내용을 정확히 전달해주는 든든한 사람이라는 믿음을 얻었다. 발상Ideation 재능이 발현된 사례다.

사례 3 사교성Woo 재능을 발휘한 정 차장

정 차장은 고객의 비서를 통해 비즈니스에 결정적인 도움을 받곤 한다. 평소 고객을 방문할 때마다 비서에게 초콜릿 같은 작은 선물을 건네며 인간적으로 존중해주고 친밀감을 표현했다. 그 결과, 바쁜 임원 고객들과 면담 일정을 잡을 때 도움을 받을 수 있었다. 임원들의 일정을 확인하는 것만으로도 비즈니스의 성패가 좌우될 때가 있기 때문이다. 사교성Woo 재능을 잘 발휘한 예다.

사례 4 ***절친Relator 재능을 장착한 김 부장***

김 부장은 타고난 체질 때문에 술을 한잔이라도 마시면 그 자리에서 잠이 들곤 했다. 영업부로 발령받은 첫날 고객과의 저녁 식사 자리에서 소주 한잔에 꾸벅꾸벅 졸다가 영업부장에게 혼쭐이 나기도 했다. 그는 고민 끝에 술로 접대를 하는 대신 깊고 친밀한 관계를 맺기 위해 다른 무기를 개발하기로 했다. 실무자들과는 당구로 친분을 쌓고, 관리자나 임원들과는 골프를 열심히 배워 교류했다. 그렇게 자신이 좋아하는 취미와 오락으로 고객과 오랜 시간을 보낼 기회를 만들었다. 이는 곧 친분을 쌓고 유대감을 높이는 김 부장만의 차별화된 경쟁력이 되었다. 절친Relator 재능을 강점으로 장착한 사례다.

자기만의 무기는 특정한 재주와 재능만으로 완성되지 않는다. 고객을 위한다는 마음이 우선되어야 한다. 위 사례에서 알 수 있듯이 고객에게 관심을 두고 진정성 있게 고객의 성공을 위해 함께 하겠다는 강한 의지와 열정이 있다면, 이미 자기만의 특별한 무기를 가진 것이나 다름없다. 우리는 재능과 마음이 어우러져 고유한 힘을 발휘하는 사례를 수없이 보았다. 자기 일을 좋아하고 원하는 것을 이루기 위해 노력한다면, 재능이 고객을 위하는 마음과 만나 새로운 아이디어를 만들어낼 것이다. 이는 곧 영업 현장에서 경쟁력을 발휘하는 나만의 강력한 무기가 된다.

CHAPTER 3

성공을 끌어당기는, 성취지향

목표 대비 성과 평가 면담을 통해 우수한 영업직원과 그렇지 못한 영업직원의 차이를 발견할 수 있었다. 그 차이는 성취 지향적인가 안정 지향적인가에 있었다. 우수한 성과를 보인 영업직원은 처음 부닥친 일에도 자신감을 잃지 않고 목표 달성을 위해 중장기 계획을 세우고 현재에 열중했다. 난관에 부딪혀도 낙관적인 태도로 창의력을 발휘하고, 비록 실패하더라도 도전 그 자체가 동인動因이 되어 더 큰 성취를 이루기 위한 새로운 목표를 준비했다. 리더 입장에서 함께 일하고 싶은 영업직원의 모습이다. 이같이 성취 동기가 높은 영업직원은 다음과 같은 공통된 특성을 보였다.

첫째, 그들은 대체로 경쟁심이 강하고 주어진 목표에 결연한 의지

Commitment를 보인다. 단, 경쟁에서는 지지 않으려는 자세를 취하기보다 늘 전력을 다할 뿐이다. 영업목표 달성에 책임감을 느끼고 헌신적으로 노력하는 과정 그 자체를 즐기며 그 후에 따라오는 자신과 고객의 성공을 즐긴다. 이들은 안정보다 도전을 지향함으로써 스스로 동기를 부여한다. 둘째, 불확실한 목표에 도전하면서 자신의 능력을 시험한다. 모두 불가능하다고 포기한 영업기회도 자신만의 방법으로 살려내고 성과로 연결한다. 성공 가능성을 객관적으로 판단할 현실적인 근거가 부족하더라도, 나름의 자신감을 바탕으로 끊임없이 아이디어를 내고 부딪혀 본다. 창의적인 아이디어로 결과를 성취하고자 무장한 영업직원의 모습이다. 셋째, 고객이 직면한 이슈와 문제점을 잘 파악한다. 영업직원은 현장에서 고객과 가장 가까이 있는 사람이기에 그가 보고 듣고 느낀 것이 팩트다. 그러므로, 고객의 이슈를 해결하기 위해 어떤 솔루션을 제시할 것인지를 가장 잘 판단할 수 있는 사람이기도 하다.

성취지향의 대표적인 인물을 살펴보자. 영화 록키의 주인공인 실베스터 스탤론은 주연 배우로만 잘 알려져 있는데, 실은 이 영화의 대본을 쓴 작가이면서 감독으로도 활약했다. 그는 가난한 시칠리아 이민자의 아들로, 학창 시절에는 불량 소년과 어울리다 12번이나 고등학교를 옮겨 다녀야 했다. 그 후 마이애미대학교 연극과를 졸업한 뒤 식료품 가게와 영화관에서 일하며 생활을 꾸려나갔다. 그러던 그가 평소 흠모하던 로키 마르시아노의 생애와 무하마드 알리의 경기에서 힌트를 얻어, 자신의 꿈을 시나리오로 쓰고 할리우드의 제작사를 찾아갔다. 그들은 무명배우에게는 관심을 두지 않고 대본만 사기를 원했다. 그러나 실베스터 스탤론은 로키를 직접 연기하고자 하는 열망이 매우 큰 탓에, 주머니에는 106달러밖에 없었지만 엄청난 돈을 마다하면서까지 자신의 목표를 포기하지 않았고, 직접 주인공으로 출연하며 마침내 영화를 완성했다. 그는 불우한 환경을 극복하고 도전해서 자신의 창의적인 재능을 맘껏 발휘해 영화사에 남는 큰 성공을 일궈낸 성취지향의 성공 사례이자, 영업직원들이 본받을 만한 역할 모델이다.

영업직원은 현장에서 직면하는 수많은 문제를 해결하고자 할 때, 창의력을 한껏 발휘해야 한다. 이때 자신뿐 아니라 회사 안팎의 모든 가용자원을 활용해야 한다. 다음으로는 당면한 현실을 타개할 수 있는 시나리오를 쓰고, 걸맞은 캐스팅을 통해 흥행에 성공할 수 있도록 감독의 역할도 과감하게 수행해야 한다. 이를 위해선 창의적인 아이디어를 바탕으로 다양한 역할을 수행하면서 반드시 목표를 성취하겠다는 도전적인 자세가 필요하다.

성취의 절반, 목표 설정

인간이 지닌 욕구를 체계적으로 정리한 심리학자 머레이H. A. Murray는 성취에 대한 욕구를 '어려움을 극복하고 자신의 능력을 발휘하여 곤란한 일을 해결해 목표를 달성하려는 욕구'라고 정의했다. 높은 성취 욕구를 가진 사람들을 연구한 결과, 그들은 더 끈질기고, 더욱 열심히 일하며, 적정한 수준의 위험을 감수하는 사람들이었다. 또한, 머레이는 성취 욕구가 강한 사람의 특성으로, 어려운 일을 달성하고자 하고, 물체, 인간, 관념 등에 대해 가능한 한 신속하고 독립적으로 숙달하고 조직하려 하며, 장애를 극복하고 높은 목표에 도달하고자 한다는 점을 꼽았다[12].

성취동기가 강한 영업직원도 마찬가지다. 그들은 뚜렷한 목표를 설정하고 약간의 위험을 감수하면서도 이를 달성하기 위해 최선을 다한다. 이들은 성공에 따른 보상보다 일 자체의 성공에 가치를 두고 즐기는 경향이 있었다. 또한, 영업목표를 달성하기 위해서는 어떤 고객과 솔루션을 대상으로 언제쯤 계약을 성사시킬지 사전에 구체적인 행동 계획을 치밀하게 세우고 팀원들과 공유한다. 고객의 업무와 나의 솔루션 등에 대해 필요한 지식을 숙달하고 있어서 어려움이 닥쳤을 때 도전할 수 있다는 것에 흥미를 느낀다. 그 시작은 목표 설정이다. 적정한 수준의 위험을 계산하고 아무나 쉽게 달성할 수 없는 도전적인 목표를 세운다. 도전적인 목표 설정 자체가 그들의 달성하고자 하는 동기를 자극하는 원천이 되는 것이다.

A는 영업관리부에서 꼼꼼한 일 처리로 뛰어난 능력을 인정받았다. 이에 평소 그를 눈여겨보던 영업부장이 영업 지원 업무가 아닌 일선 영업을 직접 해보면 어떠냐는 제의를 했다. A는 평소 내성적인 성격이라 주저했지만, 이 기회에 고객을 직접 상대하며 회사의 얼굴이 되고 싶다는

---

12 Henry Murray, 《Explorations of Personality》, 1938

평소 희망을 살리고 싶어 선뜻 제의를 받아들였다.

그러나 염려와 달리 영업에서도 그는 단번에 뛰어난 실력을 발휘했다. 화려한 언변보다 꼼꼼하게 분석하는 데 익숙한 그는 우선 고객의 업무와 자신이 제공할 솔루션에 대해서 밤을 새워 열심히 공부했다. 선후배를 가리지 않고 궁금한 내용을 질문하고 부족한 경험을 채우고자 애썼다. 그런 노력에다가 영업 지원 업무에서 쌓은 기록 습관과 문서작성 능력 덕분에 고객 커버리지Coverage 계획, 목표 달성을 위한 게임 플랜Game Plan, 영업기회별 윈 플랜Win Plan 등을 누구보다 체계적이고 구체적으로 작성할 수 있었다. 그만큼 자신이 파는 솔루션과 고객에 대한 연구가 제대로 이뤄졌다는 걸 입증했다.

또한, 이전의 업무에서 데이터를 다룬 경험을 살려, 매달 실적보고서가 발표되면 누구보다 꼼꼼하게 자신의 영업 실적 데이터를 확인하고 잘못 집계된 부분을 찾아내 수정을 요구할 줄 알았다. 그만큼 목표 관리에 애착이 있었다. 그러면서도 데이터 관리가 서툰 동료를 위해서는 주저하지 않고 도움을 주었다. 그러다 보니 자연스럽게 영업직원으로서의 자신감이 충만해졌다. 매월, 매 분기 부여받은 목표를 초과 달성하면서 성취감을 느꼈고 그것이 표정과 자세에 자신감으로 나타나니 고객도 그를 더욱 신뢰했다.

'너무 잘 알아도 못 판다'고 얘기하는 걸 가끔 듣는다. 그러나 B2B 영업에서 이 말은 우스갯소리일 뿐이다. 기업이나 조직의 운명을 좌우할 수도 있는 중요한 솔루션을 제대로 알지 못한 채 고객에게 제안하는 건 있을 수 없는 일이다. 고객의 사업과 문제점 그리고 니즈를 누구보다 잘 숙지하지 못하고 그동안의 관계에 의존하여 비즈니스 성과를 기대하는 건 요행을 바라는 것과 같다. 자신이 세운 도전적인 목표 달성을 위해 영업 전략을 세웠다면 그것을 실행하기 위한 통찰력을 키우고 관련 분야에 대해 폭넓은 지식을 습득하고 늘 공부하는 습관을 지녀야 한다. 지식과 경험을 바탕으로 한 통찰력은 자신감을 배가시키고 고객에게 믿음을 더해주어 성취 가능성을 높여줄 것이다.

실패에서 배운다

영업은 도전의 연속이다. 목표를 달성하기 위해 시장과 고객을 상대로 자신의 능력을 발휘해야 하고, 그 과정에서 낯설고 험한 상황에 직면하거나 예상치 못한 시련에 부딪혀도 극복해 나가야 한다. 그러나 도전을 어떻게 받아들이는가는 개인마다 다르다. 도전을 기회로 여기는 사람은 자기계발과 성장을 위해 도전을 적극적으로 받아들이고, 위협으로 생각하는 사람은 굳이 애쓰지 않으려고 하거나 실패에 대한 두려움으로 안정을 선택하려 한다. 성장하는 영업직원이라면 당연히 도전을 즐길 수 있어야 할 것이다. 고객이 내 제안을 거절하면 이는 나에 대한 거절이 아니라 제안 내용에 대한 의사 결정이라 받아들이고, 거기서 배운 교훈을 다음 제안에 활용하여 극복하는 기회로 삼는 자세가 필요하다.

하나의 영업기회가 마무리되면 '성공-실패 분석 회의'Win-Loss Review

Meeting를 통해 앞으로도 고수할 장점과 보완할 개선점을 분석하고 정리한다. 영업직원이라면 누구나 계약을 성공리에 마무리하고 의기양양하게 승리담을 자랑하고 싶을 것이다. 경쟁에서 패하고 실패 사례를 분석하는 회의에 참석하기 좋아할 사람은 아무도 없지만, 상사로부터 왜 졌느냐는 추궁을 당할 것을 미리 두려워 할 필요는 없다. 상사도 일선에서 늘 승리하지는 않았을 게 틀림없다. 당당하게 경쟁사와 비교해서 어떤 점이 불리했는지, 무엇이 고객의 기대에 부합하지 않았는지를 철저하게 분석하고 팀원들과 공유해야 한다. 그래야 유사한 실패를 반복하지 않을 수 있다. 성취 지향적인 영업직원은 앞선 실패를 거울삼아 심기일전하여 다시 도전한다. 과거의 실패를 반복하지 않겠다는 책임감과 도전정신이 충만할 때 영업직원으로서 더욱 성장하고 성취감을 맛볼 수 있을 것이다.

영업에서 실패란 없다. 배움만 있을 뿐이다. 더욱 성장하려면 실패에

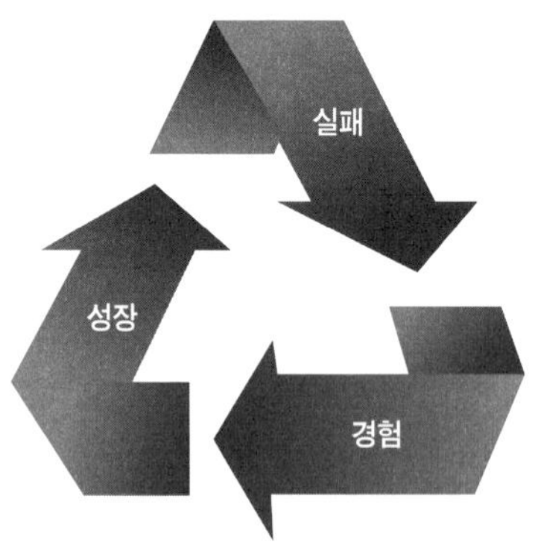

실패, 경험, 성장 사이클

서 배운 경험을 소중히 다룰 줄 알아야 한다. 실패의 경험을 축적하면 축적된 경험이 성장의 자양분이 되어 성공에 이르게 된다. 성공의 이면에는 수많은 실패의 경험이 누적돼 있음을 잊지 말자.

'미생'에서 장그레가 스승에게서 '실패로부터 배우는' 장면이 있다.

〈'미생'에서 배우는 한 수〉

"바둑판 위에 의미 없는 돌이란 없어. 바둑이 곤마(상대편의 수를 잘못 읽어 죽게 되는 바둑돌)에 빠졌다는 건 근거가 부족하거나, 수읽기에 실패했을 때지. 곤마가 된 돌은 그대로 죽게 놔두는 거야. 단, 그 돌을 활용하여 나의 다른 이익을 도모하는 거지…"

영업 현장에서도 '곤마'와 같은 상황에 직면하게 된다. 내가 선택한 영업의 수가 실패할 수도 있고 원하던 걸 얻지 못할 수도 있다. 하지만 원하는 것을 얻지 못했다고 해서 모든 걸 잃은 것은 아니다. 그 상황에서도 기회를 최대한 긍정적으로 되돌릴 수 있는 '수'는 항상 존재하고, 설령 실패할지라도 그 속에서 또 다른 유익한 배움을 통해 성장해 갈 수 있다.

영업활동을 하다 보면 나에게도 종종 '곤마'가 발생하게 될 것이다. '곤마'! 때로는 나를 절망시키는 나쁜 '수'이기도 하고 어차피 죽는 바둑돌일 수 있겠지만, 뜻 없이 죽게 두지 말고 이를 통해 내가 성장할 수 있도록 최대한 활용해 보자.

가치를 살리는 창의력

자신이 영업하는 제품이나 서비스가 반드시 시장에서 1등 제품이 아닐 수 있고 경쟁사와 비교해서 기능, 가격, 브랜드 인지도 등 어느 한 부분에서 뒤질 수도 있다. 영업직원은 이런 불리한 상황에서도 창의적인 아이디어로 고객이 인정할 만한 가치 포인트를 만들어서 고객이 공감하도록 설득력 있게 전달할 수 있어야 한다. 그러나 영업직원은 도전이 필요한 현장에서 스스로 두려움을 가지거나 다음과 같은 부정적인 생각을 가질 때가 있다.

- 영업기회를 앞에 두고 스스로 성사시키기 어렵다고 생각한다.
- 경쟁사보다 가격이 높아서 불리할 것 같다.
- 자사 제품의 가치에 대한 확신이 부족하다.
- 기회를 잃을지 모른다는 불안감에 가격을 내려서 빨리 클로징하고 싶은 마음이 든다.
- 고객을 설득하기에는 너무 큰 노력과 시간이 걸릴 것 같은 부담감이 있다.

영업에 성공하려면 이런 부정적인 생각을 떨쳐버리고 창의적인 아이디어로 난관을 극복하여야 하는데, 때로는 고객에게서 가치 포인트가 될 힌트를 찾아내기도 한다. 가격 경쟁력에서 부담감을 느끼던 영업직원이 고객 상담을 통해 파악한 가치요소를 찾아내, 이를 기반으로 스토리텔링 함으로써 부정적인 생각을 극복한 사례가 있다.

경쟁사보다 두 배나 비싼 팩시밀리 제품을 팔아야 했다. 힘들게 콜드-콜(Cold-Call: 상품·서비스 등의 판매를 위한 임의의 권유 방문)을 하던 중 우연히 듣게 된 재봉틀 소리가 궁금하여 문을 두드렸다. 자동차 가죽 핸들을 일본으로 수출하는 가내 수공업 업체였다. 대표를 만나 인사를 나누고 내가 판매하는 제품을 설명해주었다. 대표는 제품에 관한 관심보다는 자신의 사업상 어려움을 먼저 이야기했다. 들어보니 지금은 복사기나 팩시밀리 같은 사무자동화 제품이 필요한 게 아니라 일본으로의 수출을 뚫기 위해 누군가의 도움이 절실한 상황이었다. 일본 수출입 관련 업무 절차를 분석하고, 오퍼상을 운영하는 친구를 만나 이야기를 나누며 수출입 업무에 가장 어려운 일이 무엇인지를 파악할 수 있었다. 수출 업체의 가장 큰 고민은 판매처 확보를 위한 마땅한 홍보 방법이 없다는 것이었다. 우리 회사의 A4 보통 용지 팩시밀리는 경쟁 제품의 감광지 방식(오래되면 글씨가 변색하여 알아볼 수 없음)과는 달리 가죽 핸들 제품 사양을 정교하게 표현할 수 있는 데다 공식적인 오퍼 서류로 보관이 가능하다는 장점이 있었다. 이 점을 잘 이용한다면 해외 수출 방법을 고민하고 있던 사업자에게 충분히 매력적인 포인트로 설득할 수 있겠다는 생각이 들었다. 제품의 가격이나 성능으로 접근하기보다는 고객의 사업이 성공할 수 있도록 돕는다는 생각으로 가치 제안 스토리를 만들면 대표에게도 환영받을 수 있으리라 판단했다. 결국 나의 스토리텔링에 정량적으로 분석한 제안서로 대표의 마음을 움직여서 계약에 성공할 수 있었다. 팩시밀리를 설치한 후에는 대표와 함께 일본 수입업

체 리스트를 찾아서 시제품 설계도면을 보냈고 그 결과로 신규 거래 업체를 발굴할 수 있었다. 신규 거래처를 확보하고 추가 주문까지 확인받았을 때 뛸 듯이 좋아하던 대표의 모습을 보며 마치 나의 사업인양 기쁨과 함께 보람을 느낄 수 있었다. 또한, 대표의 도움으로 동남아 지역으로 수출을 고민하는 공장에 보통 용지 팩시밀리 3대를 연속으로 판매하는 성과를 덤으로 얻었다.

미래를 꿈꾸고 도전하라

누구나 자신의 경력에 대해 고민한다. 영업직원의 미래는 어떻게 설계할 수 있을까. 영업도 다른 분야처럼 관리자로 승진할 수 있고, 전문가로서 경력을 지속할 수도 있다. 영업 전문가의 길을 선택하는 경우는 고객과 오랫동안 쌓은 신뢰 관계를 바탕으로 고객의 성공을 도와주는 '성공 파트너'로 함께 성장하는 것을 목표로 한다. 또한 회사에서는 영업 리더로 후배들을 지도하고 이끌게 된다. 시장과 고객의 변화에 민첩하게 반응하며, 끊임없이 새로운 솔루션을 공부하는 데에 흥미를 느낀다면 관리자를 선택하기보다 영업 전문직에 도전하는 것도 의미있는 선택이다.

영업직은 일반적으로 '제품을 팔기 위한 행위'만을 위해 존재하는 것이 아니라, 기업이 생산하는 제품의 개발에서 판매를 통해 매출과 수익이 발생하기까지 모든 과정에 기여해야 하는 직군이다. 또한, 상품이 제조 유통되는 환경과 시장 상황을 직접 발로 뛰며 느끼기에 시장 상황과 산업의 흐름을 가장 잘 알고, 회사 내 다양한 부서와 교류를 하기에 다른 직군들이 무엇을 하는지 잘 이해하고 있다. 시장에서 직접 보고 들었던 고객의 니즈를 제품에 반영하기 위해 개발부서와 협의하고, 수요와 공급을 연결하기 위해서 생산과 물류부서와 소통해야 한다. 그리고 제품의 품질과 성능에 대한 고객의 피드백을 품질관리부서에 전달한다. 상품 기획과 마케팅부서는 영업과 늘 함께 일하는 조직이다. 이처럼 기업의 가치사슬Value Chain 전반에 밀접하게 관여할 수밖에 없는 것이 영업이기에 다른 직무로 전환하기도 누구보다 용이하다. 또한, 사람을 만나는 직무이다 보니 타 직군보다 다양하고 폭넓은 인적 네트워크를 만들 수 있다. 이는 단순히 많은 사람을 만날 기회를 말하는 것이 아니라, 분명한 목적을 갖고 상대하기 때문에 사람에 대한 이해와 통찰력이 높아지는 것을 의미한다. 따라서, 자신의 산업 분야에서 쌓은 지식과 자신감으로 창업을 할 수도 있고, 사내에서 또는 다른 회사로 옮겨서 관리자와 경영자로 성장할 수도 있다. 대부분 직장인이 그렇듯이 영업직원도 관리자와 임원을 거쳐 사장이 되는 꿈을 꾼다. 아쉬운 점은 순수 영업 출신이 사장까지 올라간 사례가 국내에서는 많지 않은 게 사실이다. 대조적으로, 글로벌 선도 기업에서는 영업을 흔히 최고경영자가 되기 위한 출발점으로 여기는데 그만큼 영업 출신이 경영자로 성장한 사례가 많다. 그 때문에 영업직원이란 자부심 또한 대단하다. 최근에는 영업이 경영학의 한 분야로 자리 잡고, 기업에서도 성장을 이끄는 견인차로 그 가치를 새롭게 인정받고 있기에 이제 국내에서도 영업 출신의 최고경영자가 많이 배출될 것이란 기대를 하게 된다.

미래를 꿈꾸고 도전하고자 할 때, 어떤 목표를 세우는가에 따라 성취도와 만족감이 달라질 수 있다. 신입사원으로 영업부에 배속되면서부터 사장이 되겠다는 꿈을 꾼 사람과 부담스러운 영업목표에 짓눌려서 소극적인 자세로 '영업팀장 자리도 내게 기회가 올까'라며 의문을 품는 사람의 장래 모습은 크게 달라질 것이다. 기회는 꿈을 꾼 사람에게 주어진다. 자신감으로 무장하고 언제나 긍정적인 자세로 진정성을 가지고 고객을 대하면서 목표를 하나하나 성취해 나간다면 꿈은 현실로 다가올 것이다.

CHAPTER 4

고객의 마음을 꿰뚫는, 질문과 경청

'실적이 좋고 우수한 영업직원이 되려면 커뮤니케이션 능력이 좋아야 한다.'는 인식이 있다. 2020년 2월 '마이다스아이티 HR 포럼'에서 인사담당자를 대상으로 실시한 설문조사 결과, 영업직원에게 가장

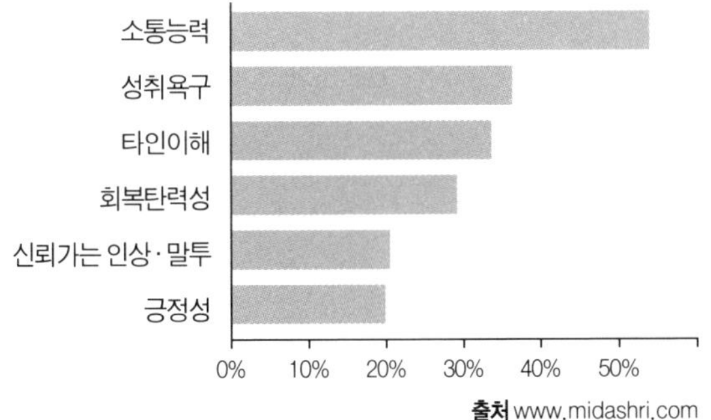

영업직원에게 가장 중요한 역량

중요한 역량을 묻는 질문에 응답자의 54%가 '소통능력'이라 답했다.

영업 활동은 기본적으로 영업직원과 고객의 상호 의사소통 과정이다. 쌍방 커뮤니케이션Interactive Communication을 얼마나 효과적으로 하였느냐가 영업의 성패를 좌우한다고 할 수 있다. 고객과의 의사소통을 효과적으로 이끄는 가장 핵심적인 요소는 고객에게 적절한 질문을 하는 것과 고객의 말을 경청하는 것이다. 질문은 고객과의 대화 내용을 결정하기 때문에 매우 신중히 선택해야 하며, 경청은 고객의 관심사나 요구를 파악할 수 있는 기회이므로 영업직원이 갖춰야 할 중요한 덕목이다. 영업직원의 소통능력은 고객과의 관계 구축뿐 아니라 영업의 성과를 결정한다.

고객의 니즈를 여는 열쇠, 질문

아래 괄호 안에 들어갈 말로 어떤 단어가 떠오르는가?

"영업직원이 고객 방문 시 필히 가져가야 하는 것은,

[ ]이다."

"아마추어 세일즈맨은 제안을 고민하지만 프로 세일즈맨은

[ ]을 고민한다."

그렇다. 괄호 안에 들어갈 단어는 '질문'이다. 좋은 질문은 좋은 대답이 나오게 만든다. 영업직원이 어떤 질문을 하느냐에 따라 답변의 질이 달라진다. 영업에 성공하려면 '팔지 말고 사게 하라'는 말이 있다. 고객은 내가 무엇을 사야겠다고 생각하면 자발적인 행동을 할 가능성이 높기 때문이다. 영업직원은 이 과정을 고객과 함께 하며 올바른 결정을 하도록 도와주어야 한다. 이때 고객을 돕는 효과적인 방법 중 하나가 질문이다. 영업직원은 질문을 통해 고객의 생각, 의견, 감정을 파악할 수 있다.

고객 상담 시 자사 제품이 왜 좋은지를 고객에게 설명해야 할 때가 있다. 이때 영업직원이 자사 제품의 장점을 설명하면 할수록 고객의 관심도는 떨어지고 심지어 방어적인 태도를 취하며 영업직원의 설명을 의심하거나 반론을 제시하는 경우가 있다. 왜 고객은 방어적으로 돌변하는 것일까? 어떻게 해야 설득력을 높이는 영업을 할 수 있을까? 가장 좋은 방법은 자사 제품의 강점을 설명할 때 설명을 질문으로 전환하는 것이다. 세일즈 역량강화 컨설팅 기관인 어치브글로벌AchieveGlobal의 연구조사[13] 결과에 따르면, 영업성과가 높은 영업직원은 그렇지 못한 직원보다 고객의 니즈를 알아내기 위한 질문을 더 많이 한다고 한다.

제록스의 영업 매뉴얼에서는 영업직원의 행동 원칙으로 '성공하는 영업을 원한다면 판매의 기술을 발휘하기보다 고객의 생각과 의견을 듣기 위해 질문하라'고 강조한다. 또 제록스의 대표적인 교육 프로그램인 PSSProfessional Selling Skill는 고객과의 상담 기술을 향상시키는 체험식 교육이다. 3인1조로 고객, 영업직원, 관찰자로 역할을 배정하고 가상 영업 상담 상황을 설정해 각각의 역할에 따라 연기하며 실습한다. 교육 과정을

---

13 AchieveGlobal은 전 세계 24개 기업의 영업직원을 대상으로 500회 이상의 영업상담과정을 분석하여 어떤 행동이 영업상담의 성공 확률을 높이는가에 대한 연구조사를 했다.

진행하는 퍼실리테이터Facilitator]는 영업직원의 역할 연기 장면을 보고 상담 역량을 평가하고 피드백한다. 탁월한 역량을 갖고 있는 영업직원인지 아니면 그저 그런 평범한 영업직원인지를 구분하는 척도가 있다. 그 척도에 의하면 고객에게 일방적으로 자기 제품을 설명하는 영업직원보다 고객의 생각을 묻고 니즈를 발견하기 위해 질문을 하는 영업직원을 더 탁월한 역량을 보유한 것으로 평가한다.

영업직원이 자사의 제품을 고객에게 제시하는 사례를 보자.

A 영업직원	B 영업직원
고객님! 중요한 정보를 알려 드리겠습니다. 저희 제품의 XX 기능은 고객님 회사에 굉장히 중요합니다. 이 기능으로 경쟁사 대비 25%의 비용절감효과를 볼 수 있습니다. 이에 대한 효과성은 ㅇㅇ 기술 협회에서도 인증한바 있습니다.	고객님! 무엇을 해결하고 싶은가요? 어떤 모습이 되었으면 좋겠습니까? 아, 네, 그와 관련해서는 이 부분을 참조해 보시기 바랍니다.
고객에게 자사 제품의 기능과 특징을 일방적으로 제시하는 설명형 영업	고객에게 질문 후 답변 내용에 맞추어 맞춤식으로 제시하는 설득형 영업

영업직원 A와 B의 차이점은 영업 유형에 있다. A영업직원은 설명형 영업으로 자사 제품이 고객에게 필요하다고 판단하여 제품의 특징과 장점을 일방적으로 제시하는 방식이다. 반면, B영업직원은 설득형 영업으로 질문을 통해 고객이 갖고 있는 이슈나 문제를 확인하고 이에 초점을 맞추어 자사 제품이 갖는 효과와 이익을 제시하는 방식이다. 영업직원이 설명하고 싶은 내용이 아무리 많아도 고객의 이슈나 문제에 초점을 맞춰 설명하지 않으면 고객은 대화에 집중도가 낮아지고 이해도도 떨어

지게 된다. 설득력을 높이는 영업을 하고자 한다면 영업직원은 질문을 통해 고객의 이슈나 문제를 정확히 파악하여야 한다. 고객을 이해하지 않은 상태에서 자사 제품을 일방적으로 설명하면 고객은 더욱 더 멀어지고 만다. 고객은 자신의 문제에 관심을 가져주는 영업직원에게 더 마음을 열기 때문이다.

고객은 자신이 원하지 않는 제품을 영업직원으로부터 강요받아서 사게 되지 않을까 두려워한다. 설득형 영업에 능한 영업직원은 현명한 질문을 던져 고객 스스로 의사 결정할 수 있도록 돕는다.

"질문은 고객으로 하여금 생각하게 만들고 구매 필요성을 스스로 인지토록 하는 힘이 있다. 설득력 있는 영업직원이 되고자 한다면, 설명하지 말고 질문하라."

잠재된 니즈를 캐치하라!
S.P.I.N. 질문 사용법

성공적인 영업을 하려면 고객이 자신의 이슈나 문제를 스스럼없이 말하도록 대화를 이끌어 가면 좋다. 어떻게 하면 고객이 말을 하게 할 수 있을까? 질문을 하면 가능해진다. 세일즈 컨설팅 기업인 '허스웨이트'Huthwaite의 설립자이자 대표이사인 닐 래컴Neil Rackham은 고객의 니즈를 파악하기 유용한 질문법으로 SPIN 질문 기술을 사용하도록 권장하고 있다.[14] SPIN 질문법은 고객의 잠재된 니즈를 명확히 파악해 현실의 니즈로 발전시키기 위한 기법으로써 상황Situation질문, 문제Problem질문, 시사Implication 질문, 해결Needs-Payoff 질문 등을 사용한다.

상황Situation질문은

고객의 전반적인 현재 상황을 알아내고 고객의 관심과 욕구를 발굴해 내기 위한 질문으로 고객과의 첫 만남 대화 시 활용하면 좋다.

14 《당신의 세일즈에 SPIN을 걸어라》, 닐 래컴Neil Rackham, 김앤김북스, 2001년

전형적인 상황질문으로는 "요즘 사업 상황은 어떠신지요? 어떤 점이 어려우신가요?" 혹은 "귀사의 매출 목표에 대해 말씀해 주시겠습니까?"와 같이 중요한 정보, 배경, 사실을 수집하고자 할 때 활용하면 유용하다. 이를 통해 고객의 비즈니스 이슈를 확인할 수 있다. 상황질문은 영업직원이 정보를 파악하는 데 도움이 되지만, 반대로 고객에게는 부담을 주는 질문이기에 꼭 필요한 정보를 얻기 위한 목적 외에 너무 자주 사용하는 것은 삼가야 한다.

문제Problem질문은

고객의 문제, 어려움, 불만 등 잠재적 요구와 욕구를 파악하는 질문이다. 문제질문을 효율적으로 사용하면 고객은 자신이 가진 문제나 불만이 가볍지 않고 중요하다고 인식하여 문제 해결이 필요함을 느끼게 된다. 문제질문의 예로는 "시스템이 오래되어 신뢰성 문제로 걱정하고 있습니까?", "동종 업계 대비 수익이 3% 하락한 것이 혹시 에너지와 관련이 있는지요?", "현재 업무에서 무엇이 골칫거리Pain Point입니까? 개선하고 싶은 점은 무엇인지요?"와 같이 문제질문은 고객의 암묵적인 니즈를 확인함으로써 자사의 솔루션으로 해결 가능한 고객의 문제나 어려움을 탐색할 수 있게 된다.

시사Implication질문은

고객이 처한 문제로 인해 발생되는 영향이나 결과에 관해 확실히 인식하도록 만드는 질문이다. 이 질문은 모든 세일즈 질문 중에서 가장 강력하다. 고객으로 하여금 해결책에 들어가는 비용보다 발생할 문제가 더 심각하다는 사실을 깨닫게 해주기 때문이다. 예를 들면, "이 문제가 고객의 미래 수익성에 어떤 영향을 끼칠 것으로 예상하십니까?" 혹은 "고객만족 측면에서 본다면 이런 클레임이 기업의 신뢰도에 어떤 영향을 미치게 될까요?" 이와 같이 고객에게 시사질문을 하게 되면 문제의 결과나 영향, 파급 요소를 탐색하게 된다. 시사질문을 함으로써 고객은 문제의 심각성과 긴급성을 이해하게 된다.

해결Needs-Payoff**질문은**

해결질문은 자사 솔루션의 해결책이 고객에게 어떻게 도움이 되는지를 느끼게 해주는 질문이다. 자사의 해결책이 제공하는 이점을 고객 스스로 말하게 만들어 설득력을 높이는 효과를 가져온다. 예를 들면, "에너지 효율을 10% 정도 높일 수 있다면 어떨까요?" 혹은 "시스템 효율을 높이면 어떤 라인에 도움이 되겠습니까?"와 같이 해결질문은 고객에게 영업직원의 제안이 어떤 도움이 되는지 효용가치를 느끼게 해준다. 즉, 자사의 해결책이 제공하는 이점을 고객이 스스로 말하도록 하는 것이다. 이는 세일즈 성공과 매우 밀접한 관계를 갖는다. 한 연구조사 결과 고 성과 영업직원이 그렇지 못한 영업직원보다 10배 이상의 해결질문을 하는 것으로 나타났다. 해결질문에 답하면서 고객은 명확한 니즈를 갖고 있음을 스스로 인식하기 때문이다.

SPIN질문 프로세스	상황질문 ▶	이슈 확인 ▶	문제질문 ▶	문제의 심각성 부각 ▶
	시사질문 ▶	함축된 니즈 확인 ▶	해결질문 ▶	솔루션 가치와 이점 부각

상황질문	문제질문	시사질문	해결질문
• …하는 것이 얼마나 어렵다고 생각하십니까? • …은 괜찮은 수준인가요? • …수준에 어떤 이슈가 있나요? • …에 대처하는 것이 어렵습니까? • …에 대해서 만족스럽지 않은 부분이 있다면 어떤 것들이 있습니까? • …수준이 높은 편인데 걱정되지 않으십니까? • 지금의 …로 필요한 모든 기능/서비스/니즈를 처리할 수 있나요? • 다른 기업은 Y가 이슈라고 하는데, 그렇게 생각하십니까? • 현재 어떤 이슈가 발생하고 있나요? • 현재 어떤 도전에 직면하고 있나요? • 어떤 솔루션들이 이미 시도되고 있나요? • 고려해야 할 위험이 무엇입니까?	• X로 인해서 Y에 생기는 문제가 얼마나 자주 발생합니까? • 그것이 X에 어려움을 초래하지는 않습니까? • 그것이 X에 어떤 영향을 줍니까? • 그것은 어떤 결과를 초래합니까? • 그것이 X에 미치는 파급효과가 있습니까? • 그것이 X에 대해 시사하는 바는 무엇입니까? • 이 문제에 의해서 어떻게 영향을 받습니까? • 귀하의 비즈니스에 어떤 영향을 미치고 있나요? • 문제의 발생 원인이 정확히 무엇인가요?	• …할 수 있다면 도움이 될 것이라는 말씀이십니까? • …방법을 찾고 계십니까? • …에 관심이 있으십니까? • …할 수 있다면 괜찮으시겠습니까? • X가 왜 그렇게 중요합니까? • X가 어떤 종류의 절감을 해 줍니까? • 그런 솔루션이 있다면 획기적인 절감을 해 줄 것이라고 생각하나요? • X를 개선하는 것이 얼마나 중요합니까? • 해결책은 무엇과 같나요? • 원하는 효과는 무엇인가요? • 해결책은 무슨 기준이 포함돼야 합니까? • 당신이 구체적으로 하려는 것은 무엇인가요? • 우리가 어떻게 당신이 가진 그 문제를 지원할 수 있습니까? • 우리의 역할에 관한 당신의 기대는 무엇인가요?	• 그 밖에 Y에는 어떻게 도움이 될 수 있습니까? • Y가 도움이 되는 다른 영역이나 분야가 있습니까? • Y가 해결되면 X를 달성하는 데 도움이 됩니까? • X가 해결된다면 Y에는 어떤 도움이 되나요? • 우리의 솔루션이 귀사 업무혁신에 얼마나 기여할까요? • 우리의 솔루션을 적용하는 경우, 현재의 상황에 비해 어떤 차이를 예상하고 있나요? • 당신은 그 차이로부터 무엇을 기대합니까?

SPIN 질문 프로세스와 질문 예시

고객의 마음을 여는 경청

음악에 취미를 갖고 있는 지인은 합창단에 나가 노래 부르기를 좋아한다. 노래를 부르는 시간도 좋지만 연습 후 마음 맞는 사람끼리 점심을 먹고 카페에 들러 이야기를 나눌 때 더 신나고 즐겁다고 한다. 그런데 언제부터인가 합창단에 가는 것이 더 이상 즐겁지 않다고 했다. 이유인즉 대화 시 다른 사람이 하는 말에는 관심 없이 각자 자기 이야기만 하기 바쁘다는 것이다. 듣는 사람은 없고 말하려는 사람들만 많다 보니 대화의 주도권을 잡기 위해 목소리가 높아지고 시끄러워져서 대화 자리가 불편하다는 것이다.

아무리 좋은 말도 들어주는 사람이 없으면 한낱 소음일 뿐이다. 많은 사람들이 모여 서로의 생각을 나눌 때 듣기보다는 자기 말을 하고 싶어 하는 전형적인 대화 모습인 듯하다. 아마도 대화에 참여하는 사람들은 자신의 존재를 알아주기를 바라거나 자신을 드러내고 싶었나 보다.

경청이 중요하다는 말을 정말 많이 듣는다. 경청이 그만큼 어려운 일이기에 그 중요성이 더욱 부각된다고 본다. 코칭프로그램에 참여하여 전문코치로부터 경청의 중요성을 배운 적이 있다. 미국에서 코칭으로 박사학위를 받은 마스터코치는 '경청'만 잘해도 의외로 돈을 벌 수 있다며 일화를 소개했다. 요지는 이랬다. 미국의 심리센터에서는 한국인 심리 상담사가 고객에게 인기가 많다고 한다. 한국인 심리 상담사는 영어 듣기가 쉽지 않아서 내담자가 말하는 단어 하나하나에 집중하고 눈을 맞추고 공감하며 듣는다고 한다. 이러다 보니 고객은 경청을 잘해주는 한국인 심리 상담사에게 고민거리를 모두 다 쏟아낸다는 것이다.

귀 기울여 경청하는 것은 일상생활에서나 직업의 세계에서 사람의 마음을 얻을 수 있는 최고의 덕목이다. 훌륭한 커뮤니케이터로 존경받는 사람들을 보면 현란한 화술보다는 훌륭한 경청의 기술을 잘 갖춘 경우가 많다. 경청을 잘하는 사람들은 남의 말을 무조건 잘 들어주기보다는 상대방이 말을 더 많이 할 수 있도록 고무시키는 사람이다.

영업을 잘하는 사람은 영업을 위한 양질의 정보를 얻기 위해 질문하고 경청한다. 경청에는 눈을 맞추고, 고개를 끄덕이고, 적절히 말을 따라하고, 경우에 따라서는 고객의 말을 요약하는 기술이 필요하다. 가장 기본적으로 고객이 이야기를 할 때 고개를 끄덕이고 가끔 말을 따라 하는 것만으로도 좋은 효과를 볼 수 있다.

모방, 흉내, 사회적 검증에 대한 연구로 유명한 사회적 영향 분야의 전문가인 릭 반 바렌Rick Van Baaren의 실험에 의하면 홀 서빙 직원이 주문 받은 후 고객이 한 말을 되풀이하면 더 많은 팁을 받는다고 한다. 상대방의 말을 따라하면 상대가 나에 대한 호감을 갖고 신뢰하게 된다는 것이다.

경청기술로 고객의 신뢰를 얻어라

어치브글로벌AchieveGlobal의 연구조사 결과에 따르면, 고객의 말을 경청하고 고객이 염려하고 있는 사항 등을 잘 공감해 주는 영업직원은 그렇지 못한 영업직원보다 세일즈 성공확률이 평균 2.2배 높다고 한다.

경청하고 고객의 말을 따라함으로써 새로운 고객을 확보한 사례를 보자.

화학 원료를 납품하는 B사 영업직원이 고객사 구매 담당자에게 질문하고 잘 경청하면서 고객의 말을 따라하여 효과를 본 일이다. 고객은 구매 결정 단계에서 자사의 비즈니스 이슈나 요구를 쉽게 노출하려 하지 않았다. 신뢰가 형성되지 않은 공급자에게 자사의 이슈를 말하는 것이 조심스러웠기 때문이다. 영업직원은 최종 구매 결정 단계에서 경쟁사에 대한 정보를 파악하기가 어려웠다. 경쟁사 대비 차별화 포인트로 무엇을 제안해야 할지 그리고 납품 가격은 얼마로 제시해야 할지 난감한 상황이었다. B사 영업직원은 최종 납품 가격을 제시하기 전 구매담당자를 만나 경쟁사 정보와 고객의 우려를 확인하기로 했다. 고객 상담 시 자사의 제품 특성과 장점을 일방적으로 설명하기보다는 구매담당자의 숨겨진 니즈를 찾기 위해 질문을 하였다.

영업직원: 자사와 거래 시 가장 우려가 되는 것은 무엇입니까?

구매담당자: 음~글쎄요... 혹시 B사는 팽창Swelling과 관련된 이슈가 없습니까?

영업직원: 네, 팽창과 관련된 이슈 말씀입니까? 저희 원료는 팽창이 발생하지 않습니다. 원료가 팽창하면 제품 생산에도 이슈가 발생하게 되죠. 혹시, 팽창으로 인해 곤란한 상황을 경험하신 적이 있었나요?

구매담당자: 네, 지난 번에 구입한 원료는 가격이 저렴하여 구매했는데, 고온에서 팽창하는 이슈가 발생하여 고객으로부터 큰

레임을 받았어요. 그 일로 인해 구매부장님이 한바탕 곤욕을 치렀습니다.

B사 영업직원은 고객사 입장에서 경청함으로써 경쟁사 원료에 팽창Swelling 이슈가 있었다는 정보를 감지했다. 이를 통해 자사 제품이 고온에서도 팽창하지 않는 양질의 원료임을 설득 포인트로 제시했다. B사 영업직원은 고객에게 질문하고 경청함으로써 고객의 우려와 걱정 그리고 제품에 대한 기대 사항을 들을 수가 있었기에 가격 할인 없이 영업에 성공할 수 있었다.

영업직원이 경청을 잘 하지 못하는 이유는 무엇일까? 이는 외부요인보다 영업직원 자신의 문제일 수 있다. 영업에 자신감이 붙고 익숙해지면 오히려 고객에 대한 호기심이 없어지기 때문이다. 제품과 계약에만 관심이 있는 경우에는 고객의 이야기를 귀담아듣지 않고 자사의 강점과 제품 특성을 알리고 싶어 한다. 이때, 고객에 대한 선입견이 생겨서 고객의 말을 경청하기보다 해결책을 제시하고 설득하려는 마음이 앞서 고객의 숨겨진 니즈를 정확히 파악하지 못하게 된다.

필자는 영업 초기 신입사원 시절에 영업하는 방법도 어설프고 회사가 취급하는 제품에 대해서도 잘 알지 못하였다. 이로 인해 고객의 말을 귀담아 들어야 했다. 고객이 필요로 하는 점에 맞춰 제품 설명을 하고 고객들의 어려움을 들어주며 상담을 하다 보니 자연스럽게 계약으로 이어졌다. 그러나 이 기간은 길지 않았다. 영업에 자신감이 붙고 우리 회사 제품이 눈에 들어오기 시작하자 고객에게 '우리의 제품은요...', '이번이 구매에 가장 좋은 조건입니다. 이번 기회에 한번 검토해 보시죠.'라는 말로 고객에게 설득이 아닌 강요를 하고 있었다. 영업 방식에 문제가 있다는 사실을 깨닫기 전까지는 실적이 나오지 않는 이유를 제품 탓, 경쟁사 탓으로 돌리기에 몰두했다. 이런 태도는 부메랑으로 돌아와 영업 의욕마저 잃게 했다.

경영의 달인 마쓰시타 고노스케는 경영자가 갖추어야 할 덕목으로 경청을 강조했다.

"나는 초등학교도 제대로 나오지 못했다. 그래서 어떤 사람이 무슨 말을 해도 언제나 주의 깊게 들었다. 덕분에 많은 정보와 아이디어를 얻을 수 있었고 경영에 잘 활용할 수 있었다. 이것은 나에게는 하나의 행운이었다. 대학을 나오고 지식이 풍부한 수많은 사람들이 그들의 지식을 자랑만 할 뿐 남의 이야기를 듣지 않는 것이 내게는 무척 놀라운 일이었다"고 말하였다. 고노스케가 경험을 통해 체득한 경청의 지혜는 나의 무너진 영업 활동을 되돌아볼 수 있게 해 주었다.

고객이 만나고 싶어 하는 영업직원이 되고자 한다면 좋은 경청자가 되어야 한다. 훌륭한 경청자는 어디에서나 환영받게 마련이다.

CHAPTER 5

결과를 이루어 내는, 열정과 끈기

운동, 학문, 예술 등 어느 한 분야에서 최고가 된 사람은 그 자리에 오르기 위해서 큰 노력을 기울였을 것이다. 그들에게는 열정과 끈기가 있다. 한 가지 일에 몰두하여 마음을 다해 정성을 쏟는 것을 '열정'이라고 한다, 일을 하면서 쉽게 단념하지 않고 끈질기게 견뎌 나가는 힘을 '끈기'라고 한다. 어떤 분야든 성공적인 직무 수행을 위해 열정과 끈기가 필요하지만, 목표 달성을 꿈꾸는 영업직원에게 열정과 끈기는 더욱더 중요한 덕목이다. 무에서 유를 창조해야 하는 영업 직무에는 목표를 달성하겠다는 열정과 끈질기게 물고 늘어져 결국 이뤄내는 끈기가 무엇보다 필요하다. 여러분은 영업을 시작하게 된 동기가 무엇인가? 회사나 상사의 권유로 영업 직무로 전환하는 경우도 있겠지만 자신의 의

지로 영업 직무를 선택하기도 한다. 영업 직무를 통해 사업의 감각을 배워보고자 하는 기대, 잠재 능력을 발휘하여 무언가를 만들어 보겠다는 의지, 목표를 초과 달성하여 성과보수를 두둑이 받아 보겠다는 생각 등 희망적인 기대와 생각들로 영업 직무에 지원한다.

그러나 영업 현장은 상상과 전혀 다를 수 있다. 경쟁사는 왜 그리 많은지, 생각지도 못한 이유로 거래를 빼앗긴다. 고객은 내 생각대로 움직여 주지 않는다. 나를 도와주는 동료들은 나만큼 승부에 절박하지 않은 듯 느껴진다. 자사의 제품이나 서비스가 경쟁사에 비해 가격이 비싼데도 영업직원인 내가 알아서 해보라는 듯 회사는 요지부동이다. 부여받은 목표를 달성하려면 갈 길이 멀다. 생각처럼 영업이 녹록치 않다는 것을 실감한다. 잘나가는 동료를 보면 고객을 잘 만난 덕인 것 같다. 이런 때 누구나 실망하거나 절망하게 되고 불현듯 영업을 포기하고 싶은 생각이 들 때도 있다. 이런 나를 다잡아 주는 건 초심을 잃지 않는 것이다. 영업 직무를 지원할 때 가졌던 의지와 목표를 반드시 이뤄내고 말겠다는 열정과 끈기가 필요할 때이다. 이는 성공을 꿈꾸는 영업직원이라면 누구나 갖추어야 할 덕목이다. 열정은 주인의식에서 나오고, 자신감을 불러일으킨다. 끈기는 실패와 역경을 딛고 일어서게 만든다. 관계 관리에도 끈기가 역시 필요하다.

주인의식 갖고 열정 불태우기

영업에는 항상 목표가 동반된다. 영업에서 목표는 대개 매출과 수익을 말한다. 기업 상황에 따라서는 영업이익이 될 수도 있고, 매년 늘려야 할 신규 고객의 수가 될 수도 있다. 목표가 주어지면 달성에 대한 압박이 따라오게 된다. 그렇게 목표를 향해 달리다 보면 피로와 스트레스가 쌓이고 슬럼프에 빠지면서 의욕을 잃을 수도 있다.

그렇다면 목표 달성을 위해 스스로 열정을 쏟을 수 있는 방법은 무엇일까? 바로, 목표에 대한 주인 의식을 갖는 것이다. 사람은 스스로 결정하고 책임질 때 동기 부여가 가장 잘 되고 열심히 노력하게 된다는 '자기결정성 이론'을 적용해 보자. 목표를 설정할 때 주어진 목표를 기반으로 자신의 목표를 주도적으로 재설정하는 것이다. 목표를 좀 더 도전적으로 바꿀 수도 있고, 주어진 목표 달성을 위한 징검다리로 중간 목표를 만들어 보는 방법도 있다. 스스로 설정한 목표라면 달성을 위한 압박감에서 좀 더 자유로울 것이다. 만약 위로부터 일방적으로 주어진 목표라고 해도 내가 인정하고 합의한 이상 불만을 느끼기보다는 목표에 대한 '주인의식'을 가지고 일하는 것이 훨씬 바람직하다.

주인의식으로 목표를 설정하는 데 탁월한 송 선배가 있었다. 그는 총무직으로 일하다가 본인이 희망하여 영업으로 옮겨온 직원이었다. 총무업무에서 쌓은 문서화 실력으로 잘 정리한 영업 예측과 실적 전망은 늘 믿음을 주었다. 그는 목표 설정을 위한 팀 회의에서는 싸우다시피 하며 자기 의견을 명확히 제시했다. 고객의 사업 계획이나 예산 자료를 미리 준비해서 당해 연도 영업목표를 달성 가능한 수준으로 맞추기 위해 경

영층을 설득하여 합의를 끌어냈다. 합의된 목표는 영업이 시작되면 매주 그리고 매월 활동계획을 작성해서 꼼꼼하게 관리했고, 분기별로 목표 점검을 할 때면 영업 상황분석을 통해 세밀한 숫자를 제시했다.

목표 달성의 의지를 갖추고 성과를 내야 하는 것이 영업이다. 매출은 나의 성과이고 성과 없는 영업은 아무리 열심히 해도 인정받지 못한다. 목표를 설정하고 달성하는 건 모든 비즈니스에서 중요하지만, 영업직원에게는 더더욱 그러하다. 영업직원은 숫자를 의식하고 민감하게 생각할 줄 알아야 한다. 성공하겠다는 야망이 있는 사람, 주인의식이 있는 사람이 영업을 지망한다. 송 선배가 그랬다.

성공하는 영업직원은 부여받은 목표보다 그 이상을 달성해야 한다는 것을 잘 안다. 그들은 목표를 더 높게 잡고 새로운 목표를 달성하기 위해 자기 주도로 새로운 영업 방식을 끊임없이 고민한다. 즉, 회사와 사업, 그리고 내가 파는 제품과 서비스에 주인의식을 가지고 고객과의 만남에 최선을 다한다.

손자병법 모공편에 '상하동욕자승上下同欲者勝'이라는 구절이 있다. "장수와 병사 상하 간에 같은 욕망을 가지면 승리한다"는 의미로 목표에 대해 동감하고 의지가 강할수록 그 조직은 목표를 쉽게 달성할 수 있음을 강조한 말이다. 전쟁은 물자나 병력의 수적 우세에 의해 이기는 것이 아니라 장수와 병사가 공통된 목표를 가지고 얼마나 열정적으로 싸우느냐에 달려있다는 것이다. 주인의식을 가진 영업직원은 불만보다는 해결책을, 비판보다는 솔선수범과 책임을 다한다. 그런 이유로 주인의식이 있는 영업직원은 언제나 열정적이다.

열정을 부르는 자신감

무엇을 새롭게 이루거나 경쟁에서 이기고자 할 때는 자신감이 전제되어야 한다. 자신감은 어떤 일을 스스로의 능력으로 충분히 감당할 수 있다고 믿는 마음으로, 열정을 불러온다. 자신감은 능력에 대한 자신감과 대인관계 자신감으로 나눌 수 있다. 능력에 대한 자신감은 비록 주어진 과제가 어렵거나 수행하는 과정에서 좌절이나 실패 가능성이 있더라도 이것을 시도하고 완료할 수 있는 지식, 기술, 경험이 있는 데서 나타난다. 대인관계 자신감은 성공적인 업무 완수를 방해하는 장애나 문제가 발생했을 때, 또는 다른 사람의 비판과 반대 의견이 있을 때 자기 견해와 입장을 설득력 있게 말할 수 있을 때 드러난다.

자신감은 모든 영역에서 필요한데, 특히 스포츠에서 그러하다. 어떤 스포츠 경기든 경기에 임하는 선수가 자신감을 잃게 되면 경기에 임할 수 없다. 육상경기에서 1마일(1.6km)을 4분 이내에 주파하는 것은 이론적으로 불가능하다고 생각한 시기가 있었다. 1886년부터 1954년까지 무려 70년 동안이나 4분 벽을 깨 보겠다고 생각한 선수가 없었다. 그러나 25세의 영국 옥스퍼드 의대생이었던 로저 배니스터Roger Gilbert Bannister가 3분 59초 40으로 기록을 깬 이후 한 달만에 4분 벽을 넘은 선수는 10명에 달했고 2년 뒤엔 300여명이 그의 기록을 넘어섰다. 심리적인 장벽을 깬

것이 기록 갱신에 영향을 끼친 것이다.[15]

영업직원이 영업활동을 전개해 나갈 때도 자신감이 요구된다. 경쟁사와 치열하게 싸우는 현장에서 영업직원이 자신감을 잃어버린다면 결과는 뻔한 것이 아닌가. 그렇다면 영업직원의 자신감은 어디서부터 나오는가? '고객은 제품을 구매하는 것이 아니라 영업직원을 사는 것이다'라는 말이 있다. 영업직원의 자신감이 고객에게 감지될 때, 고객은 영업직원을 믿고 제품을 선택, 구매한다는 것을 비유한 말이다. 영업직원의 자신감은 주변에 전염이 되어 고객이 물건이나 서비스를 사고 싶게끔 만들기 때문이다.

영업직원에게 '영업 활동 중 두렵고 자신감이 무너지는 순간이 있다면 언제인가요?'라는 질문을 하면 '신규 고객 확보를 위해 낯선 고객을 처음 만날 때'라고 답변을 하는 사람이 많다. 낯선 고객을 만날 시 두려움이 생기는 심리적 요인은 무엇일까? 그것은 어떤 말로 대화를 시작할지 막막하기도 하고 고객이 거절할 때에는 어떻게 대처할지 예측할 수 없기 때문일 것이다. 그러나 실제로는 영업직원의 자신감 결여가 주요 요인이다. 물론, 방문하고자 하는 고객사에 대한 상황 정보를 철저히 준비하지 못한 것도 요인일 수는 있으나 자신이 취급하는 제품이나 서비스가 고객에게 유익함을 줄 것이라는 자기 확신이 없다면 영업직원의 태도나 커뮤니케이션은 고객에게 신뢰를 줄 수 없다.

---

15 〈'1마일, 4분 벽' 깬 배니스터, 영국 육상의 별이 지다〉, 조선일보, 2018년 3월 5일

내가 제시하는 해결책이 고객에게 유익함을 주는 것이라는 자기 확신을 하게 되면 자신감은 저절로 생긴다. 자신감을 기반으로 고객의 문제를 잘 파악해서 진정으로 해결해 주려는 마음을 보여 준다면 충분히 긍정적인 관계를 구축할 수 있다. 스스로 자기가 하는 일과 자기 제품에 대한 자기 확신이 있어야 비로소 당당할 수 있고 열정을 가질 수 있다. 자신이 하는 일이 고객에게 도움을 줄 수 있고 가치있는 일이라는 굳건한 믿음이 있다면 열정은 배가 된다.

'자신감'은 위대한 과업을 달성하기 위한 첫 번째 요건이다.

- 새뮤얼 존슨Samuel Johnson, 영국의 시인·비평가

실패와 역경을 이겨내게 하는, 끈기

영업 활동을 하다 보면 잘 될 때도 있지만 어려움에 직면하거나 참담한 실패를 경험할 때도 있다. 그럴 때마다 인내하고 노력하는 자에게 긍정적인 결말이 찾아올 것이라는 나폴레옹의 명언을 떠올리게 된다. 크고 작은 다양한 시련과 실패에도 굴하지 않고 이를 도약의 발판으로 삼아 더 높이 뛰어오르는 마음의 근력을 '회복 탄력성'이라고 한다. 영업 성과를 '숫자'로 검증받아야 하는 영업직원에게는 절대적으로 회복 탄력성이 필요하다. 영업직원은 영업에 성공하기 위해 신규 고객 발굴, 고객 방문 준비, 고객의 요구에 대한 대처, 계약과 고객 유지 노력 등 다양한 영업 활동을 열정적으로 하지만 결국에는 '숫자'로 평가를 받게 된다. 항상 최상의 실적을 내기란 절대 쉽지 않다. 그런데도 회사에서 주어진 목표에 맞게 적정 수준의 실적을 만들어내야 할 의무가 있고 열정적인 영업 활동을 통해 자신의 역량을 증명해야 한다. 이를 가능하게 하려면 영업직원에게는 실패에도 굴하지 않는 회복 탄력성이 필요하다.

우리는 매번 승리할 수 있을까? 골프의 황제 타이거 우즈도 매번 우승하지는 못했다. 백전백승이란 어려운 일이기 때문이다. 영업도 마찬가지다. 백전백승이란 없다. 오히려 승리보다 패배가 더 많을 수도 있음을 알아야 한다. 고객의 최종 선택 기준이 내가 생각한 가치와 어긋날 수 있고, 때에 따라서는 운이 따라주어야 할 때도 있다. 성공하는 영업직원은 실패를 두려워하지 않는다. 실적이 부진해도 어떻게 극복할지를 안다. 설혹 여러 번의 실패로 인해 목표가 달성되지 않아도 실망하지 않는다. 오히려 상황을 반전시키기 위해 열정적으로 방법을 탐구한다. 실패도 다음 승리를 위한 배움의 기회로 활용한다. 이것이 회복 탄력성이다. 회복 탄력성이 좋은 영업직원은 고객으로부터 거절당한 뒤에도 낙담하지 않고 열정을 다진다. 바이러스에 감염되지 않으려면 평소 면역력을 갖추어야 하듯 성공하는 영업직원이 되고자 한다면 고객의 거절에도 평정심을 잃지 않고 버텨내야 면역력이 생기고 더욱 강건해진다. 회복 탄력성은 영업직원이 통제할 수 없는 어려운 상황에 직면하거나 슬럼프에 빠진 상황에서 다시 추스르고 에너지를 회복해서 새롭게 도전하고 행동하게 만드는 힘이 된다. 영업직원의 심리상태가 좋지 않을 때 고객을 만나면 그 감정과 기운이 그대로 고객에게 전달되어 영업에 좋지 않은 영향을 미친다. 이러한 상황을 극복하려면 실패를 털고 일어나는 힘을 기르는 것이 중요하다.

하버드대 의학박사이자 심리학자인 조앤 보리센코Joan Borysenko는 〈회복 탄력성이 높은 사람들의 비밀〉이란 책에서 회복 탄력성을 온전히 발휘할 수 없도록 만드는 세 가지 사고 경향이 있다고 했다. 그것은 첫째 '비관적 사고', 둘째 '자기중심적 사고', 셋째 '과거에 집착한 사고'라고 한다. 자신의 잘못된 실패를 끊임없이 곱씹으며 후회하고 원망하는 것은 자신만 피폐하게 만들 뿐이다. 돌이킬 수 없는 실패를 붙들고 불평불만을 일삼는 것은 자신에게 전혀 도움이 되지 않는다. 과거의 실패 경험에서 긍정적인 점과 배울 점을 찾으려고 노력하는 태도가 무엇보다 필요하다. 지속적인 발전을 이루거나 커다란 성취를 이뤄낸 개인이나 조직의 공통점은 실패나 역경을 딛고 일어선다는 것이다. 그렇게 강한 회복 탄력성으로 다시 튀어 오르는 사람들은 대부분 원래 있었던 위치보다 더 높은 곳까지 올라갈 수 있었다.

끈기있게 관계 관리하기

영업은 절대 쉽지 않다. 성공적인 영업은 한 번의 만남으로 이루어지지 않는다. 생각보다 더 많은 시간과 노력을 기울여야 성사된다. 영업기회는 주어지는 것이 아니라 스스로 끊임없이 찾아나서야 비로소 만들어지는 것이기 때문이다. 영업에서 성공하려면 장기전에 익숙해져야 한다. 그러므로 끈기는 성공적인 영업의 필수 요소라 할 수 있다. 더욱이 진행 과정이 긴 B2B영업에 인내는 필수 요소다. 영업직원은 사업기회 발굴부터 계약에 이르기까지 끈기 있게 맡은 역할을 책임지고 수행해야 한다. 놓지 않고 끝까지 물고 늘어지는 모습으로 영업 활동에 임했다가, 고객이 영업직원의 의욕과 열정에 감동해 계약까지 이르는 경우도 있다. 그러나 계약 전 단계까지 순탄했다가 최종 의사결정권자의 구매 사인을 받지 못하는 경우도 있다. 영업의 결과가 없을뿐더러, 애초에 시작하지 않은 것이나 다름없다. 협상을 마무리하고 계약서에 최종 사인만 남겨 놓은 상황에서 더 시간을 끄는 고객도 있다. 경쟁사가 막판에 유리한 조건을 제시했을 수도 있고, 우리로부터 하나라도 더 유리한 조건을 얻어내고자 하는 협상 기술일 수도 있다. 어쩌면 내가 알지 못하는 고객사 내부의 사정이 있을지도 모른다. 성공하는 영업직원은 이를 인식하고 마지막까지 정성을 다해야 한다. 조바심이 아닌 끈기가 필요한 상황이다. 목표에 근접하게 되면 항상 장애물이 있게 마련이다. 산 정상에 오르기 위해서는 마지막 난코스를 넘어야 하는 법이다. 그래서 끈기가 필요한 것이다.

모 은행의 시스템 관리부장이 전산 사고로 좌천되어 지방의 지점장으로 발령이 났다. 다들 이젠 다시 IT 분야로 돌아오기 힘들다고 했다. 마침 나도 그 지방으로 출장을 갈 일이 생겨 오랜만에 연락을 해서 저녁 식사를 대접했다. 무슨 의도가 있었던 건 아니다. 그냥 인연이 생각나서 인간적인 작은 배려를 했던 것에 불과했다. 그런데 4년이 지난 후 모

두의 예상을 뒤엎고 그는 CIO가 되어 컴백했다. 또 다른 사고가 발생해 구관이 명관이라는 평가를 받아서 다시 돌아오게 된 것이다. 사고의 원인을 두고 시스템을 공급한 우리 회사와 고객 사이에 책임 공방이 벌어졌다. 그때 CIO는 우리의 하소연을 들어주고 억울한 책임 공방에서 벗어나도록 도와주었다. 이후 해당 시스템의 보완을 위한 추가 영업기회를 연결시켜 주기도 했다.

아마도 지방 지점에 있을 때 잊지 않고 자신을 찾아주었던 내 작은 배려가 도움이 되었을 거라 생각한다. 과거의 인연을 생각해서 별 의도 없이 그를 찾았지만, 그에게는 무척 고마운 기억이었을 수 있다. 한 번 맺은 관계를 끈기 있게 관리한 것이 영업 성과로 연결된 것이다.

고객과의 관계를 관리하는 데에도 끈기는 유효하다. 한 번의 거래를 위해 맺은 인연은 거래가 끝난 후에도 끈기 있게 지속시켜야 한다. 고객이 부서 이동을 해서 나의 비즈니스와는 상관없다고 잊어버리는 순간 보석 줄기를 버리는 것일지도 모른다. 한번 맺은 인연을 소중하게 여기고 꾸준히 이어가야 한다. 언제 어디서 다시 만날지 모르기 때문이다.

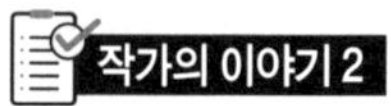

열정과 끈기가 결과를 만든다!

B 고객에 대형 서버를 교체해야 하는 비즈니스 기회가 있었다. 당연히 CIO는 당시 유행처럼 번지던 소형 서버에 기반한 다운사이징을 고려하고 있었다. 흔치 않은 대규모의 비즈니스 기회였기에 주요 IT 벤더들이 모두 경쟁에 뛰어들었다. 우리 회사도 윈도 서버로 다운사이징을 제안할 옵션이 있긴 했다. 하지만 경쟁사와 비교했을 때 가격 면에서 상당히 불리했기 때문에 경쟁 우위를 위해서 현재 서버 체제를 유지하되 성능비가 더 좋은 신제품으로의 교체를 제안하기로 했다. 매우 힘든 싸움이었다. 플랫폼을 바꾸느냐 마느냐는 싸움과 더불어 여전히 타사의 제안보다 훨씬 더 비싼 신제품을 팔아야 했기 때문이다. 주어진 시간은 3개월 밖에 없었다. 게다가 연말을 앞둔 시점이어서 그해 영업 실적에 결정적인 영향을 주다 보니 회사 차원에서도 주목받는 비즈니스 기회가 되었다.

오랜 세월 동안 고객이 우리 회사와 좋은 관계를 유지해 왔다는 점 외에는 결코 유리한 부분이 없었다. 업계 전반에 걸쳐 유행하던 다운사이징은 투자금액을 포함한 여러 측면에서 CIO로서는 편하게 내릴 수 있는 의사결정이었기 때문이다. 우리 전략은 현재의 대형 서버 체계를 유지할 것을 설득하고 비용 면에서도 우리 제안이 오히려 유리할 수 있다는 점을 설득하는 것이었다. 미국과 일본의 선진사례를 집중적으로 부각하면서, 국내 동종 업체 중 첫 번째 다운사이징 사례라는 위험 부담을 굳이 안을 필요가 없음을 주장했다. 결국, 두 달간의 끈질긴 설득 끝에 고객은 기존 체계를 유지하기로 최종적으로 결정했다.

그런데 상상도 하지 못한 일이 벌어졌다. 무슨 이유인지 CIO가 "시스템을 결정했으니 실제 계약과 설치는 서두르지 말고 연초에 하자"고 입장을 바꾼 것이다. 연말까지의 목표 달성에 목을 매달다시피 한 우리 입장과 달리 예산을 반드시 집행할 필요가 없다는 것이었다. 아마도 계약 전 마지막 단계의 가격 협상에서 유리한 위치를 차지할 심산인 것 같았다. 우린 모든 수단과 방법을 강구해서 왜 지금 투자하지 않으면 안 되는지 그 이유를 만들어야 했다.

제안팀은 다각도로 궁리를 하고 관련 팀에게 조언을 구했다. 그 과정에서 기술부 담당 엔지니어의 결정적인 정보 제공이 있었다. 사용 중인 시스템의 활용도가 기준치를 훨씬 넘기고 있다는 것이다. 기준 활용도를 넘어섰다는 의미는 시스템의 용량을 업그레이드 할 시기가 지났다는 것이다. 그러나 당시 고객은 '기준치를 조금 넘는 정도는 괜찮겠지' 하고 대수롭지 않게 생각하고 있었던 것이다. 옳다구나, 이건 결정적인 용량 증설 이유가 된다고 판단하여 "연말연시의 급증할 거래 처리에 대비하려면 반드시 용량을 키워놓아야 한다"고 설득에 설득을 거듭했다. 한편으로는, 연말 내 계약을 조건으로 본사에 특별 할인을 요청했다. 평소에는 생각할 수도 없던 조건이었으나 본사도 우리의 다급한 상황을 확인하고 승인해주었다. 이를 바탕으로 향후 3년간 예산을 상당히 절감할 수 있다는 재무 분석표를 만들어 고객에게 제시했다.

그러나 CIO는 능글맞은 표정을 지으며 여전히 요지부동이었다. 실적 달성에 다급해진 나는 가용한 모든 인력을 총동원해서 설득 작업에 들어가기로 했다. 연말까지 단 나흘을 남겨두고 고객사 내부 회의실 하나를 통째로 빌려달라고 요청하고 영업 담당자와 관련 전문 엔지니어 3명, 그리고 담당 임원까지 포함된 특별 제안팀을 구성하여 결론이 날 때까지 상주하기로 했다. 모두가 밤을 새워가면서 왜 지금 증설이 필요한지를 설득하는 자료를 만들어서 CIO를 비롯한 주요 의사 결정권자들을 만났다. 고객사 내에 상주하면서까지 제안과 협상을 한 건 유례가 없는 일이었다. 이렇게 시각을 다투는 중요한 거래를 위한 최종 협상에서 고객사와 회사를 오가며 시간을 낭비하는 것이 아까웠고, 결론을 내려야겠다는 우리의 비장한 입장을 CIO에게 보여주기 위한 목적에서 그리 결정한 것이었다.

우리는 제안을 검토하는 당사자인 부장과 의사 결정권자인 CIO를 설득하기 위해 자료를 만들어 수시로 브리핑하고, 그들이 질문하거나 이의를 제기할 때마다 회의실로 돌아와서 실시간으로 답변과 대안을 숙의하고 다시 협상에 나서기를 반복했다. 제안 내용에 불만을 제기하면 결정권을 가진 담당 임원이 현장에 있었기에 즉석에서 결정하고 변경할 수 있었다. 이런 줄다리기를 거듭하면서 결국 12월 31일을 맞이했다. 단 하루 동안에 결론을 내야 했던 나는 마지막 담판에 들어가서도 두세 차례 회의실을 오가며 설득한 끝에 마침내 자정 직전 계약서에 대표이사 인장을 찍을 수 있었다. 돌아보면, CIO가 그 때까지 시간을 끌며 우리를 괴롭혔던 제안 내용에 갑자기 입장을 바꾼 것이라기보다 우리의 비상한 결의와 적극적인 설득과 협상 자세, 그리고 영업팀 전체의 열정이 그에게 감동을 준 결과라고 믿는다.

당시 우리의 제안은 분명 파격적이었고 고객에게 도움이 될 가치를 주기에 충분하다고 확신을 가졌기에 이처럼 끈질기게 열정을 가지고 설득할 수 있었다. 내가 제안하는 내용이 고객에게 어떤 혜택과 도움을 주는지를 정확히 알고 있으면 자신감은 저절로 생긴다는 걸 확인할 수 있었다. 열정과 끈기가 없었다면 결코 성사되지 못했을 비즈니스 기회였고 영업직원으로서는 보람과 희열을 가장 크게 느꼈던 경험이다.

고객을 우선 생각하라.
세상이 어떻게 변하더라도 고객들이 원하는 것을 제공한다면,
고객은 결코 외면하지 않는다.
정성을 다해 고객의 마음을 얻는 것이
최고의 영업이자 마케팅이다.

- 제프 베조스Jeff Bezos, 아마존 CEO

PART 3

영업의 변하지 않는 5가지 원칙

[관계Relationship] 비즈니스 '관계'에 집중하라

[신뢰Trust] 약속을 반드시 실행하여 '신뢰'를 쌓아라

[이해Understanding] 고객을 '이해'하라

[가치Value] 고객에게 '가치'를 제공하라

[목표Target] '목표'에 도전하라

앞서 살펴본 일 잘하는 영업직원의 강점 재능들은 그 자체가 성과와 직결되기에는 어딘가 부족하지 않을까. 뭔가 더 필요하지 않을까. 각자 다른 환경에서 나름 성공적인 영업을 해 온 우리는 모두가 공통적으로 생각하는 '뭔가'가 있을 거라고 생각하며 그것을 찾아보기로 했다. 토론을 거치면서 B2B 영업이라면 기업의 업종이나 규모에 상관없이 기본이 되는 몇 가지 원칙이 있음을 발견했다.

사실 B2B 영업은 여러 가지 면에서 B2C 영업과 구분되는 특징이 있다. 일반적으로 거래 규모가 크고, 영업 기회의 발굴에서 계약에 이르기까지 걸리는 시간이 매우 길다. 구매를 위한 의사 결정 과정에 다수의 조직과 사람이 참여하고 그 프로세스도 복잡하다. 규모가 크다 보니 비즈니스의 성공과 실패가 회사에 미치는 영향 또한 크다. 따라서 영업의 접근 방법도 B2C 영업과는 현저히 달라야 한다. 특히 최근의 빅데이터와 인공지능 기술의 발전을 비롯하여 기업을 둘러싼 경영 환경의 변화는 B2B 영업 방식과 패러다임에도 많은 영향을 주고 있지만, 그런 변화의 물결 속에서도 반드시 지켜야 할 변하지 않는 원칙들이 있다. 그것은 다음과 같은 5가지 원칙이다.

관계 - 비즈니스 관계에 집중하라

관계 맺기는 영업의 시작이다. 관계 형성에도 기법이 있다. B2B 영업에서는 특히 일회성이 아닌 지속 가능한 관계여야 함을 명심해야 한다. 인간관계로 시작하나 성숙한 비즈니스 관계로 발전시키고 체계적으로 관리해야 한다.

신뢰 - 약속을 반드시 실행하여 '신뢰'를 쌓아라

신뢰가 바탕이 되어야 영업기회가 제대로 만들어진다. 그러나 어렵게 쌓은 신뢰는 하루아침에 무너질 수 있다. 신뢰받는 영업직원이 되기 위한 ABCD 신뢰 모델을 소개한다. 또한, 영업 마무리 단계에서 거치게 되는 구매부서는 어떤 영업직원을 신뢰하는지 고객의 소리를 들어봤다.

이해 - 고객을 '이해'하라

고객과 시장을 잘 알아야 한다. 그래야만 고객의 숨은 문제를 끄집어낼 수 있기 때문이다. 이해를 넘어 문제에 공감한다면 고객의 기대에 부응하는 솔루션을 만들 수 있다. 고객의 고객까지도 이해할 때 남다른 아이디어가 나온다.

가치 - 고객에게 '가치'를 제공하라

가치기반 영업을 지향해야 한다. 고객은 제품이 아니라 가치를 사는 것이다. 내가 제시하는 가치가 고객의 기대에 부응해야만 경쟁력을 높일 수 있다. 어렵게 만든 가치도 제대로 고객에게 전달되지 않으면 소용없다.

목표 - '목표'에 도전하라

목표는 영업에서 절대 무시할 수 없는 필수 조건이다. 도전적인 목표를 설정해야 스스로 동기 부여가 될 수 있다. B2B 영업에서 궁극적인 목표는 고객의 성공이어야 한다. 목표는 달성을 전제로 하고, 그것을 실행하고 관리하기 위한 시스템이 반드시 있어야 한다.

CHAPTER 1

[관계Relationship] 비즈니스 '관계'에 집중하라

누군가와 관계Relation를 맺는다는 것은 사람이나 사물이 다른 것과 연결되는 방식Connection을 의미하고, 상대방에 대해 단순한 연결 이상의 감정Feeling을 가지게 될 때 유대적인 관계Relationship가 만들어진다. 가족이나 연인 같은 가까운 사이가 아니라면 대부분의 인간관계는 이해관계로 맺어진다. 내가 상대방과 정신적이든 물질적이든 주고받을 것이 있어서 유지되는 관계라는 것이고, 이해관계가 없어져서 관계를 유지해야 할 이유가 사라진다면 관계는 끊어질 수 있다.

영업에서의 관계는 인간관계 또는 대인관계이고 그 기반은 비즈니스에 있다. 고객이 영업직원과 좋은 관계를 유지하는 이유는 필요한 순간에 꼭 필요한 가치를 경험하길 바라기 때문이다. 영업직원이 고객과 좋은 관계를 구축하는 것은 고객을 통해 더 많은 영업 기회를 확보하기 위해서다. 영업직원이라면 이러한 기대의 차이를 잘 이해하고, 고객과 우호적이고 신뢰가 쌓인 관계를 만들기 위해 노력해야 한다.

'케빈 베이컨의 6단계 법칙'The Six Degrees of Kevin Bacon에 의하면 자신과 전혀 관계없는 사람도 여섯 단계를 거치면 모두 연결된다고 한다. 한국의 경우에는 멀리 떨어져 사는 전혀 모르는 사람에게 접근하는 데에 3.6단계를 거친다는 연구 결과가 있다.[16] 즉 한국에서는 3~4명만 거치면 전혀 모르는 사람과도 접촉이 가능하다는 것을 의미한다. SNS가 발달한 지금, 세상은 더 작아지고 있다. 이는 곧 고객 한 사람 한 사람과의 관계 구축이 얼마나 중요한지를 영업직원에게 말해준다. 제품을 팔기 전에 자신을 먼저 팔아야 한다는 영업의 기본을 기억하고 고객의 마음을 얻기 위해 최선을 다하는 자세가 필요하다.

관계는 B2B 영업의 시작이다.

인간은 사회적 존재이기에 다양한 인간과 상호작용을 하며 살아갈 수밖에 없다. 조직 역시 다양한 관계를 맺고 상호 유익함을 추구할 때 생명력을 유지할 수 있다. 기업 조직을 대상으로 비즈니스를 추구하는 B2B 영업은 고객과 관계를 맺고 유지하는 것이 특히 중요하다. 관계 그 자체가 결정적인 무기는 아니더라도 영업의 시작점이 될 수 있다. 친밀

16 https://news.joins.com/article/281193

한 관계가 형성되어야 비로소 고객이 고민을 털어놓는 대화 상대가 되기 때문이다. 친밀한 관계 맺기가 영업의 시작점이 되었던 사례를 살펴보자.

영업부장으로 승진하면서 매출 기여가 가장 큰 고객인 C사를 담당하게 되었다. 중책을 맡았다는 부담보다는 회사로부터 인정받았다는 자부심에 잘 해야 한다는 마음이 앞섰다. 회사는 서버나 소프트웨어 등 제품 중심에서 서비스 중심 영업으로의 매출 다변화를 원할 때였다.

연초에 부임 인사를 위해 C사를 방문했다. 이른 아침 영업직원과 함께 CIO 임원실을 찾았는데, 뜻밖에도 우리가 도착하기 10분 전에 막 CIO의 퇴임 발표가 있었다고 했다. 임원실에 들어가지도 못한 채 문 앞에서 부임 인사가 아닌 작별 인사를 하게 됐다. 더 황당했던 건 그를 이어 새로 발령을 받은 CIO는 장기간 해외 지사에 있었기에 어떤 인물인지 아무도 알 수 없었던 것이었다. 그리고 후속 인사가 따르면서 산하 부서장들도 자리를 바꾸는 등 조직에 큰 변화가 뒤따랐다. 하필이면 내가 부임하는 날 고객도 완전히 새로운 리더십 아래의 낯선 조직으로 바뀌는 황당한 상황으로 영업을 시작하게 됐다.

그날부터 대책 마련에 들어갔다. 급선무는 새로 부임한 CIO와 관계를 형성하는 일이었다. 논의를 거듭한 끝에, 영업팀 전원은 사안이 있건 없건 일주일에 최소 사흘을 고객 사무실에서 보내기로 했다. 영업직원은 실무자와 관리자를, 나는 신임 CIO와 두 명의 이사를 매일 찾아가

만났다. 처음 한 달간은 영업 기회에 대한 얘기를 꺼내지도 않았다. 만나면 개인적인 취미와 관심사, IT업계의 트렌드, 외국의 혁신 사례, 진행 중인 프로젝트 현황 등 고객이 관심을 가질 만한 주제를 찾아서 가벼운 대화를 나눴다. IT에 그다지 전문성이 없었던 새 CIO에게는 IT에 관한 특별 교육 프로그램을 만들어 제공했다. 그렇게 3개월 정도 지나자 꽤 친밀한 관계가 만들어졌다.

신임 CIO에게는 C사에 혁신을 불러일으킬 새로운 프로젝트가 필요했다. 그동안의 관계 형성 노력을 통해 우리는 CIO가 생각하는 혁신 과제에 대해 누구보다 이해가 높았고 그에 대한 응답으로 그룹웨어 구축 프로젝트를 제안했다. 그룹웨어를 통해 회사의 소통 시스템을 바꾸어서 일하는 방식과 조직문화에 일대 전환을 불러일으키고자 했다. 우리가 제안한 솔루션은 고객이 생각한 혁신 방향과 잘 맞아서 곧 대규모 그룹웨어 구축 프로젝트가 실행되었다. 전사적인 데이터 아키텍처를 수립하는 컨설팅을 비롯해 회사가 원했던 대형 시스템 구축 서비스까지 연속해서 수주하는 쾌거가 이어졌다. 연초에 황당한 상황으로 시작했지만, 연말의 영업 성과는 이전 몇 해보다 훨씬 좋은 결과를 낼 수 있었다. 또한, 비즈니스 성과와는 별도로 다음 해 IT 사업 계획 준비를 도와달라는 요청도 받고 고객의 사업 계획을 함께 고민하고 돕다 보니 자연스럽게 다음 해의 비즈니스에서도 경쟁에서 유리한 위치를 차지할 수 있게 됐다. 결과적으로 신규 투자의 대부분을 우리의 매출 실적으로 가져오는 기록적인 성과를 만들 수 있었다.

이는 새로 부임한 임원 및 주요 담당자들과 영업팀이 친밀한 관계를 만드는 데에 집중한 것이 고객의 문제를 잘 이해하고 공감하는 기회를 만들어 주었고, 이를 통해서 제대로 된 솔루션을 제안한 것이 비즈니스 성과로 연결된 결과라고 하겠다. 위기라고 생각되는 상황일수록 기본을 지키고 정도를 걷는 것이 최상의 전략임을 확인했다.

새로 부임한 CIO와 바뀐 조직과의 관계 형성을 위해 대면 초기에는 개인적인 관심사로 친밀감을 높이고 신뢰를 얻는 데 집중했다. 어느 정도 친밀한 관계를 만든 후 IT지식을 제공하면서 혁신과제 실행을 돕는 특별 교육 프로그램을 제안하고 실행했다. 그 과정에서 상당한 신뢰가 형성됐고 고객은 자연스럽게 자신의 고민과 과제를 의논하기 시작했다. 이어진 과제 해결을 위한 제안 경쟁에서 유리한 위치를 차지할 수 있었던 이유는 고객의 기대를 누구보다 공감하고 이해하였기 때문이다.

영업에서의 관계는 궁극적으로 나보다는 고객을 위해 만들어져야 한다. 그렇게 형성한 관계는 내가 제안한 솔루션이 정당한 평가를 받지 못할 때 활용될 수도 있다. 다만, 단순히 경쟁에서 이기기 위해 개인적인 관계를 이용하려는 욕망은 눌러야 한다. 신뢰도 마찬가지다. 만약 경쟁사가 잘못된 정보를 제공할 경우, 고객과의 신뢰관계를 이용하여 바로잡을 수 있다. 이런 관계가 성숙되어 장기적인 파트너십으로 발전하고, 나아가 평생 이어지게 된다.

관계 형성에도 기법이 있다.

비즈니스에서 '관계 맺기'란, 고객을 대면하는 모든 임직원이 영업 프로세스 전반에 걸쳐 고객과 대화하고 교류하는 것을 의미한다. 영업팀뿐만 아니라 마케팅팀이나 서비스팀에도 해당되는 얘기다. 특히 영업직원의 경우, 대면이든 비대면이든 고객을 만나 자극을 주고 관심을 끄는 요령을 잘 알아야 한다. 고객으로 하여금 업무에 도움이 되고, 가치를 느끼며, 차별화됐다고 믿도록 해야 하기 때문이다. 그러나 기술의 발전과 업무 환경의 변화로 인해 고객은 더욱 스마트해졌다. 그들은 영업직원을 만나면 짧은 시간 내에 자신의 관심에 부합하는 콘텐츠를 간결하게 전달받길 원한다. 그 때문에 영업직원은 짧은 시간 내에도 충분히 비즈니스 기회를 논의하며 강렬한 인상을 줄 수 있도록 자신만의 체계적인 영업 대화법을 개발해 연습할 필요가 있다.

고객과 친밀해지기 위한 방편으로 과도한 접대를 하던 시기가 있었다. 그러나 지금처럼 투명한 비즈니스 환경에서는 접대에 의존하기보다 다양한 관계 구축 기술을 발굴하고 활용하는 "정도 영업"이 더 유효하다. 고객을 만날 때는 라포Rapport기술을 잘 알고 활용하는 것이 바람직하다. '라포'는 불어로 '다리를 놓다'란 의미로, 서로 마음이 통하는 상태를 뜻한다. 라포가 형성되면 호감이 생기고 비로소 깊은 마음속의 이야기까지 나누게 된다. 즉, 영업에서 라포는 비즈니스 대화로 들어가기 전에 짧은 이야기로 서로 공감을 나눌 수 있는 질문과 답변으로 이루어진다. 라포를 형성하는 방법으로는 공손한 태도, 말 끊지 않고 경청하기, 미소 짓기, 부탁과 감사의 표현과 같이 상대방에 대한 관심을 나타내는 행위들이 있다. 영업 초기, 고객과의 관계 맺기를 잘하려면 라포 형성법에 대해 이해할 필요가 있다

여름휴가를 끝내고 돌아온 고객사 CIO와의 첫 만남에 '휴가는 어디 다녀오셨습니까?'라는 질문을 했다가 다소 겸연쩍었던 적이 있다. 방금 다녀간 다른 회사 영업직원에게도 똑같은 질문을 받아 짜증이 난다는 것이었다. 때문에 라포 형성 시에는 상투적인 질문보다 고객의 기분이 좋아지게 만드는 질문을 하는 게 좋다. 코칭 대화에서 긍정적인 대화 분위기를 형성하기 위해 자주 사용하는 질문이기도 한, "최근에 어떤 좋은 일이나 변화가 있었나요?"라는 질문도 좋다. 이 질문을 받은 고객의 생각은 긍정적으로 변화하게 된다. 고객과의 상담을 시작할 때, 가볍게 얘기할 수 있는 최근 뉴스, 화제의 영화나 책 혹은 상대의 의상이나 헤어스타일 등을 칭찬하면 분위기가 훨씬 화기애애해진다.

고객과의 영업 상담에서 긍정적인 감정을 불러일으키고자 한다면 'FORM' 질문을 하면 좋다. '레이첼의 커피'라는 제목으로 번역된 《The Go-Giver》Bob Burg, John David Mann, 2007에서는 라포의 소재로 FORM을 권장하고 있다. FORM은 Family, Occupation, Recreation, Message를 의미한다.

F는 가족이다. 사람들은 가족에 관해 이야기하기를 좋아한다. 우수한 성적을 받아온 자녀 또는 운동에서 탁월성을 발휘하는 자녀들의 이야기를 나눌 기회를 만들어 보라.

O는 직업이다. 사람들은 자기 일에 관심 두고 질문해 주기를 바란다. 특히, 최고의 업적을 달성하거나 회사에 크게 기여했던 프로젝트를 이야기하라. 그때의 경험을 이야기할 때 고객은 기분이 좋아지고 자신의 공적을 말하고 싶어질 것이다.

R은 레크리에이션이다. 사람들은 취미 활동에 관한 이야기를 좋아한다. 골프, 테니스, 볼링, 등산 등 사람들은 자신이 좋아하는 취미에 대해 말할 때 열정적인 모습을 보인다. 어떤 취미를 가졌는지, 어떻게 시작했는지, 어떤 기분인지에 대해 질문하면 더욱더 쉽게 대화를 주고받을 수 있다.

M은 메시지다. 고객이 삶에서 무엇을 가치 있게 여기고 있는지? 어떤 이유에서 가치 있게 생각하는지? 자신의 가치나 신념에 관해 묻고 관심을 두는 영업직원을 호의적으로 받아들일 것이다.

'차세대 금융 시스템 구축' 수주를 위해 D사 업무 혁신본부장을 만나 프로젝트에 기대하는 사항을 인터뷰하기로 했다. 약속시간에 맞춰 집무실에 대기하고 있었지만, CEO주관 회의가 길어지면서 약속했던 시간이 늦어지고 있었다. 업무 혁신 본부장 집무실에서 기다리며, 우연히 가족사진과 책상 위에 놓인 '피아노 독주회 초대권'을 볼 수 있었다. 본부장의 큰 딸이 피아노를 전공하고 있다는 정보를 갖고 있었기에 '초대권'은 본부장의 큰 딸의 공연임을 쉽게 유추할 수 있었다. 첫 만남이라 어색함도 있었고 본부장은 조금 전 끝난 회의 때문인지 무언가 생각하

*느라 인터뷰에 집중하지 못했다. 화제를 바꿔 "따님이 독주회 연주 공연을 하는가 보죠?" 라는 질문에 혁신 본부장은 비로소 나에게 눈길을 주며 딸 자랑을 했다. 준비해 간 인터뷰 질문 문항에는 본부장이 가장 역점을 두고 있는 프로젝트의 추진 방향에 대해 알아보는 질문이 있었다. 곧바로 질문하지 않고, 2년 전 성공했던 프로젝트에서 혁신 본부장의 역할과 성공요인에 대해 먼저 질문을 했다. 본부장은 입가에 한가득 미소를 머금은 채 당시 자신의 역할과 리더십에 대해 자랑스럽게 이야기했다. 성공 경험에 이어 본부장은 이번 프로젝트에 거는 기대와 요구사항까지 상세하게 말해주었다. RFP*Request for Proposal, 제안요청서*에도 나와있지 않은 내용이었다. 물론 이 요구사항은 경쟁사가 알지 못하는 문서화되지 않은 이슈이자 금번 사업수주의 핵심 아젠다였다. 제안팀은 이를 반영한 제안서를 제출했고, 경쟁사와 차별화된 제안 프레젠테이션을 함으로써 프로젝트를 수주할 수 있었다. 또한, 혁신 본부장은 프로젝트 수행 시 어려운 일이 있을 때마다 교통정리를 해주는 든든한 지원군이 되어 주었다.*

관계 맺기는 연속성을 전제로 꾸준하게 이뤄지는 일련의 과정이며 긴 여정이다. 시작은 있으나 끝이 없는 싸이클이다. 이때 첫인상이 중요하다. '첫인상을 바꿀 수 있는 두 번째 기회란 결코 없다'라는 격언이 있다. 첫 만남에 고객에게 좋은 첫인상을 주고 싶다면 고객정보와 지인 인맥까지 찾아 꼼꼼하게 사전 준비를 해야 한다. 첫 만남을 성공적으로 마치면 설렘과 긴장했던 마음이 눈 녹듯 사라진다. 그러나 한번의 만남으로 믿음을 나누는 관계를 만들기란 쉽지 않으므로 상대방을 존중하면서 서로 편한 관계를 형성하기 위해 꾸준히 노력해야 한다.

미국의 코칭 전문 기업 CCU Corporate Coach U; www.coachu.com는 코칭 핵심 프로그램Core Essential Program에서 관계 형성에 유용한 기법으로 다음과 같은 7단계 사이클을 활용할 것을 권장하고 있다.[17]

소중히 여기기 Valuing는 고객을 중시하고 고객에게 상대적 가치를 부여하는 자세이다. 이는 곧 고객의 행동, 태도, 상황 등과 관계없이 고객의 니즈와 요구는 정당하며 분명한 이유가 있다고 생각하는 것이다. 관계 형성의 첫 단계다.

듣기Hearing는 두 가지 의미를 갖는다. 하나는 내용, 즉 고객의 말을 집중하여 지각하는 것이고 다른 하나는 말에 담긴 의미를 명확히 파악하는 것을 의미한다. 귀와 뇌가 아닌 가슴으로 의미를 파악하는 것이다. 고객의 요구에 귀 기울이고 공감하는 커뮤니케이션에 유용한 기술이다.

이해하기Understanding는 어떤 상황이나 상태의 중요성을 파악하고, 그 의미를 인식하고, 깨닫고, 지식을 갖고, 친숙해지는 과정이다. 이런 일련의 과정을 거쳐 고객의 말과 행동 그리고 태도의 숨겨진 의미를 이해할 수 있다. 이는 고객의 진짜 이슈와 문제를 발견하는 실마리가 된다.

반응하기Reacting는 고객의 말이나 제스처를 포함한 다양한 형태의 표

---

17 《개인 및 기업 코치 트레이닝 핸드북》, 한국코칭센터, 2015

현에 대한 영업직원의 확인 행위다. 반응을 통해 의미 전달이 원활한지를 보여주는 것이다. 반응은 행동으로 드러나며 관계 형성을 위한 중요한 기능이다.

수용하기Accepting는 승인 또는 호의를 가지고 고객의 의견이나 행동을 받아들이는 확인 행동이다. 누군가를 혹은 무언가를 수용하는 행동은 우리의 의견이나 가치와는 별개다. 그래서 판단하지 않고 있는 그대로 받아들여야 한다.

대응하기Responding는 고객의 행동이나 벌어진 상황에 맞추어 자신의 태도나 행동을 취하는 것으로 고객이 요구하거나 기대하는 것이 있다면 가능여부를 표현한다. 고객의 기대 수준에 맞추어 적절한 응답을 하는 것이다.

존중하기Honoring는 어떤 사람이나 사물을 특별하게 대하는 행위다. 고객에 대해 존경심, 공정함, 성실성, 신뢰감을 가진다는 의미다. 존중하기는 소중히 여기기로 연결되는 새로운 시작이기도 하다.

일회성이 아닌 지속 가능한 관계여야 한다.

"내가 만난 대부분의 영업직원은 자신의 판매 목표만을 위해 고객을 만난다는 느낌이었습니다. 고객과의 만남을 비즈니스 협력관계로 보지 않고 단순히 거래 관계로 접근하는 영업직원을 보면 정말 당황스럽습니다."

20년간 구매 업무를 맡았던 B사 구매 담당 임원의 뼈있는 넋두리다.

오로지 자신의 판매 목적 달성을 위해 고객과의 관계를 형성하는 영업직원에 대한 아쉬움을 토로하고 있다.

고객을 구매 유형으로 나누어 볼 때, '거래 지향적인 고객'과 '관계 지향적인 고객'으로 구분해 볼 수 있다.

'거래 지향적인 고객'은 품질 좋은 제품, 편리성, 가격에 관심이 많다. 따라서 제품과 서비스의 질, 비용, 제품 스펙의 충실도, 구매 프로세스의 효율성, 납품의 신뢰도와 신속도 등에 우선순위를 두고 구매 결정을 한다.

"지금보다 더 낮은 가격에 주실 수 있습니까?"

"다음 주 금요일까지 필요해요."

"주요 스펙은 무엇인가요?"

"입찰에 부칠 예정입니다. 입찰에 참여하실 수 있나요?"

와 같은 질문을 주로 하는 고객은 거래 지향적인 유형일 가능성이 높다고 보면 된다.

반면, 관계 지향적인 유형은 해결해야 하는 비즈니스 니즈를 가지고 있다. 이 고객은 그들의 비즈니스 니즈나 당면한 과제들을 영업직원이 충분히 알고 있기를 기대한다. 고객의 문제를 파악하고 적합한 해결책을 제시하여 주기를 바란다. 고객의 고민을 이해해주고 문제 해결을 돕는 가운데 친밀한 관계를 맺어 나갈 수 있는 영업직원을 선호한다.

"업계 동향은 어떤가요?"

"우리의 비즈니스와 업무를 이해하고 있나요?"

"우리의 비즈니스 문제는 무엇이라고 보나요?"

“문제해결을 위해 어떤 솔루션을 추천하실 건가요?”

와 같은 질문을 주로 하는 고객은 관계 지향적인 유형일 가능성이 높다.

다시 한 번 B사 구매 담당 임원의 넋두리를 떠올려보자. 고객은 ‘거래 지향적인 영업’보다는 ‘관계 지향적인 영업’을 기대한다. 설령 경쟁이 격화되고 자사만의 차별화된 제품과 솔루션의 가치를 입증하기 어려운 상황이라 할지라도 영업직원은 ‘거래 지향적인 영업’으로 대응하기보다는 ‘관계 지향적인 영업’으로 전환해야 한다. 즉, 일회성의 거래 관계로 접근하기보다는 장기적인 관점에서 관계 맺기를 해야 한다.

B2B 비즈니스에서 고객과 공급사의 관계는 매우 밀접하고 장기적인 파트너십을 요구한다. 지속적인 관계를 유지하며 고객이 기대하는 영업을 하려면 어떤 방식을 선택해야 할까? 기존 고객과 거래 관계를 지속하기 위해서는 다음과 같은 고객 관계 관리 전략이 효과적일 수 있다.

고객 데이터를 수집하고 공유하고 분석하라. 대부분의 기업은 데이터를 모으기는 하지만 그 데이터를 공유하고 분석하여 정보를 얻기 위한 노력은 등한시하는 경향이 있다. 고객과의 영업 상담을 하면서 수집한 데이터를 참고만 해도 고객의 관점에서 커뮤니케이션을 할 수 있게 된다.

관계 맺기를 확장하라. 영업직원 혼자의 힘으로 고객사의 모든 이해관계자와 지속적인 관계를 맺기란 쉽지 않다. 고객 서비스 팀이나 협력사에도 영업에 도움을 줄 수 있는 역할을 맡겨야 한다. 그렇게 하면 고객 접점에서 발생하는 모든 정보를 확보하게 된다. 고객 커버리지 계획을 만들어서 고객 관계 관리의 역할을 분산하고 확장해야 한다.

주기적으로 관계를 맺는 기회를 만들고 고객의 요구에 피드백하라. 정기적으로 고객을 방문해야 한다. 영업팀장 등 관리자와 임원이 영업 직원과 동반해서 고객을 방문하면 기대 이상의 효과를 얻을 수 있다. 고객은 자신들이 특별한 관심과 배려를 받고 있다고 느끼기 때문이다.

맞춤형 이벤트를 진행하라. 고객이 우리의 서비스를 도입한 지 1주년이 됐다면 그냥 넘어가지 말자. '서비스 도입 1주년 기념, 고객사 직원 5명 추첨 스타벅스 상품권 증정'과 같이 위트와 여유를 담아서 이벤트를 진행한다. 그러면 자연스럽게 그 직원들은 자사의 홍보대사가 될 수도 있다. 비록 고객이 클레임을 제기하며 떠나더라도 내가 먼저 등 돌리지는 말자. 말없이 떠나거나 잔뜩 성질을 부리고 떠나는 고객을 향해 정중히 고개 숙여 인사하자. 사람 일은 모르는 법이다. 한 번 떠난 고객이라고 해서 영원히 돌아오지 않는 건 아니다.

인간관계를 비즈니스 관계로 발전시킨다.

최근 영업의 패러다임은 인간적인 관계에 기반한 관계 영업 방식에서 가치 기반 또는 통찰력 기반의 영업으로 바뀌고 있다. 그렇다 해도 관계가 무시된 채 가치나 통찰력의 효과가 제대로 발휘될 수는 없다. 관계 영업을 고객과의 관계 형성 측면에서 보면, 두 가지로 구분해 볼 수 있다. 사람에 기반을 둔 '인간적인 관계'와 일에 기반한 '비즈니스 관계'다. 물론 두 가지를 완전히 구분하기는 쉽지 않다. 서로 연결되면서 고객과의 신뢰 관계를 형성하기 때문이다.

'인간적인 관계'는 영업직원과 고객 사이의 개인적인 관계 형성이다. 영업직원이 고객의 말을 적극적으로 경청하는가, 고객의 상황이나 감정 상태에 공감하느냐 하는 측면에서의 신뢰 관계이다. 고객이 '이 영업직원이라면 지속적인 만남을 이어갈 수 있겠구나'라는 느낌이 들게 해야 한다. 관계 기반의 영업을 과거의 방식으로 볼 수도 있겠지만, 이러한 접근방식은 영업의 첫 단계에서 여전히 유효하다.

'비즈니스 관계'에서는 영업직원이 고객의 비즈니스 상황에서 발생하는 문제들에 대해 얼마나 전문적인 해결책을 제시하느냐가 관건이다. B2B 고객은 인간적인 유대감을 넘어 자신의 비즈니스 이슈 해결에 도움을 줄 역량 있는 공급자를 찾기 때문이다. 고객에게 '이 영업직원이라면 우리 회사의 문제 해결에 도움이 되겠구나'라는 인식을 심어주는 것이 중요하다.

그러나 '인간적인 관계'와 '비즈니스 관계' 중 어느 한쪽이라도 부족하다면 지속적인 만남으로 발전하기는 어렵다. 특히, 영업 초기에는 '인간적인 관계' 형성이 중요하다. 서로 인간적인 신뢰 관계가 있다면 고객의 비즈니스 이슈를 다루는 것이 더 쉬워지기 때문이다. 그런 '인간적인 관계'가 형성되면 '비즈니스 관계'에서의 영업 성공률이 더욱 높아지기도 한다. 그저 좋은 사람과 만나서 '이런저런 살아가는 이야기를 나누고자' 영업직원을 만나는 고객은 없다. 영업직원 입장에서도 마찬가지다. 계약으로 연결되지 않고 시간과 자원만 투입되므로 그만큼 기회비용이 손실되기 때문이다. 따라서 고객과 만남 초기에는 고객의 고민을 경청, 공감하고 고객을 도우려는 태도를 갖추어서 '인간적인 관계'를 잘 구축해야 하고, 이후에는 관계의 유지 및 강화를 하면서 고객의 당면 문제에 대한 해결책을 제공하는 '비즈니스 관계' 맺기에 돌입해야 한다. 그래야 오래가는 영업을 할 수 있다.

SI 서비스 사업을 주업으로 하는 B사는 보험 영업에서 성공 경험이 있는 10년차 과장을 경력사원으로 채용했다. 김 과장은 목표지향적인 사고로 무장되어 있었다. 관계지향 영업의 경험자답게 고객과의 '인간적인 관계'를 형성하는 데도 탁월성을 가진 그는 활발한 성격으로 SI 영업에도 빠르게 적응하는 듯했다. 그러나 김 과장의 탁월성은 딱 거기까지였다. 고객과 친분을 쌓고 유대감을 형성하는 능력은 뛰어났지만, SI 사업에 필요한 고객의 업무를 이해하지 못했고, 결과적으로 적절한 솔루션을 제시하지 못해 다음 단계의 영업 활동을 진행하는 데 어려움을 겪었다. 김 과장의 '인간적인 관계' 형성 스킬만으로는 SI 영업에 대한 고객의 기대를 충족시킬 수 없었던 것이다. B2B 영업에서 성공하려면 전문성을 기반으로 고객의 문제를 해결하는 '비즈니스 관계'가 반드시 형성돼야 한다.

B2B 영업은 많은 사람이 구매 의사 결정에 관여하므로 다양한 이해관계자와 대면 또는 비대면 접촉을 해야 한다. 그렇다고 모든 이해관계자와 인간적인 관계를 맺기는 쉽지 않다. 관계 형성에도 우선순위가 있다.

자주 만나는 고객과는 자연스럽게 좋은 관계가 맺어지지만 의사 결정 과정에서 중요한 역할을 맡고 있는 고객과의 관계 형성을 위해서는 의도적인 노력이 필요할 것이다. 한 가지 명심할 것은 인간적인 관계에서 발전한 비즈니스 관계는 나 개인의 소유가 아니라 조직의 것이라는 점이다. 자신은 회사를 대표해서 비즈니스 관계를 맺고 있다는 사명감은 물론, 평생 한 고객만을 책임질 것이 아니므로 언제든지 후임자에게 승계해줘야 한다는 책임감을 가져야 한다.

이런 고객과의 관계 관리를 체계적으로 도와주는 것이 고객관계관리 CRM, Customer Relationship Management 시스템이다. 상업과 무역이 시작된 이래 회계 장부, 주소록이나 명함첩 등 다양한 수단의 고객 관리 방법이 있었지만, 80년대 후반부터는 컴퓨터를 이용해 시스템화한 CRM 소프트웨어가 기업의 비즈니스 관계와 관련 데이터를 보다 쉽게 관리할 수 있게 만들었다. CRM을 사용하면 고객 및 잠재 고객의 이름, 직급, 이메일 등을 비롯한 고객사의 상황 정보를 확인할 수 있도록 프로파일Profile을 만들고, 리드Lead와 영업 기회Opportunity를 하나의 중앙 시스템에 저장하여 많은 사람이 실시간으로 정보에 액세스할 수 있다. 이를 통해 B2B 기업은 고객과 지속해서 연결되고, 프로세스를 간소화하며, 수익성도 개선할 수 있게 된다.

영업뿐 아니라 마케팅, 디지털 커머스 및 고객 서비스 등 다른 부서와의 상호 작용을 포함한 전체 고객의 라이프사이클에 걸쳐 고객 관계를 관리할 수 있다. 또한 고객 연락처 정보뿐 아니라 영업 기회를 식별하고, 서비스 문제를 기록한다든지, 마케팅 캠페인을 관리할 수 있으며, 모든 고객과의 상호작용에 대한 정보를 회사 내 필요한 모든 사람에게 제공할 수 있다. 이 정보에는 고객이 어떻게 연락을 받았는지, 무엇을 샀는지, 언제 마지막으로 구매했는지, 얼마를 지불했는지 등이 포함된다. 심지어 그들의 소셜 미디어 활동, 즉 그들이 좋아하는 것과 싫어하는 것, 그들이 당신이나 경쟁자들에 대해 말하고 공유하는 것까지 다양한 정보를 포함할 수도 있다. 여기서 가장 중요한 것은, CRM 소프트웨어의 기능이 아니라 사용자의 활용 습관이다. B2B 영업에서는 고객과의 관계 관리가 영업 활동의 기본이다. 그러므로 훌륭한 영업직원은 기록을 게을리하지 않는다. 이것이 남들과 차별화되는 무기가 될 수 있음을 반드시 기억해야 한다.

CHAPTER 2

[신뢰Trust] 약속을 반드시 이행하여 신뢰를 쌓아라

신뢰는 상대가 나의 기대를 벗어나지 않을 것이라는 믿음이다. 신뢰가 쌓이면 상대의 생각이나 언행을 예측할 수 있고, 예측 가능한 관계가 되면 함께 일하는 동안 마음이 편안해진다. 신뢰로 맺어진 관계는 학연, 지연, 혈연의 관계보다 더 돈독할 수 있다. 그런 의미에서 신뢰는 공정한 거래와 지속 가능한 관계의 바탕이 된다. 신뢰 구축에 실패한 영업직원은 영업에서 가장 강력한 차별화 요소를 놓치는 것이다.

영업기회는 신뢰에서 온다.

개인적인 고민이 있을 때 누구에게 털어놓고 싶은가? 사안에 따라 다르겠지만 대개 마음을 터 놓고 이야기 해도 될 믿음을 주는 친구나 고민에 답해 줄 수 있는 전문가를 찾는다. 왜 그럴까? 신뢰하는 사람이기 때문이다. 고객은 늘 해결해야 할 문제를 가지고 있고, 내부에서 문제를 해결할 수 없다면 외부에서 해결책을 찾으려고 한다. 이때 가장 먼저 떠오르는 사람이 누구일까? 자신의 문제를 잘 해결해 줄 수 있겠다 싶고 신뢰할 수 있는 영업직원이다. 고객이 영업직원을 신뢰하면 그에게 의존하고, 자주 만나 얘기를 나누고 싶어 하며, 영업기회로 연결되는 정보를 더 많이 털어놓는다.

고객은 제법 규모가 큰 문제를 해결해야 할 때 보통은 입찰 경쟁 방식으로 파트너를 찾지만 전문적인 분야나 특정 기술이 요구되는 경우에는 수의 계약 형식을 취하기도 한다. 이때 신뢰가 더 결정적으로 작용하기도 한다. 고객과의 신뢰가 영업기회를 만들어 바로 계약으로 이어지기도 하는 것이다. 고객이 신뢰하는 그런 영업직원이 바로 당신이어야 한다.

영업의 핵심적인 활동 중 하나는 고객에게 가치를 제공하는 일이다. 가치를 바탕으로 고객의 의사 결정을 도와 계약에 이르게 되면 영업의 한 사이클이 끝난다. 물론 이러한 영업 사이클의 맨 앞에는 고객과 신뢰를 쌓는 단계가 있어야 한다. 그렇지 않으면 가치 제공의 기회조차 오지 않는다. 또한, 영업 활동이 진행되는 동안 고객과의 신뢰 관계는 지속되어야 한다.

고객으로부터 신뢰를 얻고 나면 회사나 제품에 대한 충성심을 높이려는 노력이 뒤따라야 한다. 글로벌 B2B 물류 업체인 DHL은 발굴된 가망고객을 전략적인 고객군으로 개발하고자 할 때, 당장의 수익에 도움을 주는지 아니면 충성도가 높은 고객인가를 보고, 그 중 수익보다는 충성심을 보이는 고객을 우선 고려한다고 한다. 왜냐하면 충성심이 높은 고객은 경쟁사 대비 더 나은 서비스와 품질을 받을 수 있다고 믿고 가격 요인보다는 가치에 기반한 구매 결정을 하므로, 결과적으로 수익성에도 충분한 기여를 하게 된다는 것이다. 또한, 신뢰가 기반이 되어 자사 제품과 서비스에 고객이 충성심을 갖게 된다면 일회성이 아닌 장기적인 비즈니스 관계로 발전해 갈 수 있고, 지속해서 영업 기회를 만들 수 있게 된다. 이는 DHL이 오랜 비즈니스 경험을 통해 체득한 고객 확보 전략이다.

신뢰는 회사와의 관계에서도 절대적으로 필요하다. 영업직원이 제출하는 실적 전망과 수요예측은 영업 목표 설정이나 시장 진입 계획 수립에 기초가 되는 데이터다. 이를 바탕으로 회사의 장단기 사업 전략이 만들어지기 때문에 그 정확도가 회사의 장래를 좌우할 수도 있다. 이같은 이유로, 정확하고 정직한 예측 데이터를 제시하는 영업직원이 회사와 상사로부터 신뢰를 받는 법이다.

비즈니스 환경 변화로 인해 B2B 영업에도 많은 변화가 있었다. 판매 절차, 제안과 협상 기술, 계약 조건 등과 더불어 고객과 관계를 맺고 관리하는 방식도 시대에 따라서 끊임없이 변화하고 있다. 그럼에도 불구하고 영업에서 고객과의 신뢰 구축은 이전과 다름없이 앞으로도 중요한 요소로 작용할 것이다.

신뢰도 하루아침에 무너질 수 있다.

불안해하는 고객에게 선의의 거짓말을 해야 하는 유혹에 빠질 때가 있다. 그러나 고객에게 거짓말을 하는 것과 고객을 안심시키는 것은 다르다. 무조건 잘 될 거라고 고객에게 장담하는 것은 옳지 않다. 일반적으로 사람은 부정적인 정보에 훨씬 빠르게 반응하기 때문에 거짓을 말하면 결코 고객의 신뢰를 기대할 수 없다. 한 명의 고객 뒤에는 수십 명의 잠재 고객이 있다. 한 고객에게 부정적인 평판을 얻었다면 이는 금세 다른 고객에게 전파되기 십상이다. 더구나 모든 정보가 자유롭게 공유되는 스마트 시대에서 부정적인 평판을 얻는다는 것은 곧 자살 행위나 다름없다. 진실과 거짓은 인터넷을 통해 얼마든지 가려낼 수 있다. 당신의 이야기가 거짓이라고 밝혀지면 잠재된 수많은 영업기회를 날리는 꼴이 된다. 당장 눈앞의 실적 때문에 신뢰를 저버리는 우를 범하지 말아야 한다. 신뢰를 유지한다는 것은 결코 쉬운 일이 아니다. 잘 쌓아온 고객과의 신뢰도 한순간에 갑자기 무너질 수 있다. 단 한 번 일관성을 벗어난 것만으로도 신뢰를 보내던 고객이 한순간 등을 돌리는 경우가 발생한다.

신뢰가 깊어지면 놀랍고도 위대한 일들이 일어나지만 반대로 신뢰가 없으면 생각지 못한 낭패를 당하기 십상이다. 한 가지 연구 결과를 살펴보자. 베인 앤드 컴퍼니Bain & Company에서 375개 기업을 대상으로 '고객에게 뛰어난 가치 제안을 제공했는가'라고 물었더니 80%가 그렇다고 응답했다[18]. 다음으로 각 기업의 고객사에 '공급사가 뛰어난 가치 제안을 했다는 것에 동의하는가'라고 물었더니 오직 8%만이 그렇다고 답했다. 왜 이런 엄청난 격차가 발생할까? 고객들은 자신들의 기대나 판매자의 약속 그 어느 것도 쉽게 얻을 수 있다고 믿지 않는다. 그들은 과거 경험상 영업직원의 주장에 대해 회의적이다. 실제로 제안과 협상을 하는 도중에 고객이 결정을 미루면서 영업기회를 놓치는 경우가 많다. 영업직원은 투자 대비 수익률ROI을 확실히 보여줬는데도 고객이 구매 결정을 하지 않았다고 불평한다. 영업직원은 "고객은 ROI 자료를 아마 제대로 보지도 않았을 거야!"라고 말할 테지만, 틀렸다. 고객은 봤지만 믿지 않았을 뿐이다. 신뢰받지 못해 일어난 결과다.

연구 기반의 B2B 교육 전문 기업인 레인 그룹RAIN Group에서 구매 담당자를 대상으로 벌인 조사 결과에 따르면, 구매 부서에서 영업직원을 선택하지 않은 이유의 40%가 신뢰가 가지 않았기 때문이라고 한다. 이는 곧 고객이 경쟁사의 제품을 선택하게 만든 상위 요인 중 하나이기도 했다.[19] 너무나 당연한 이야기지만, 성과를 내는 영업직원이 되려면 고객과의 신뢰를 구축해야만 한다. 신뢰란, 영업직원이 좋은 성과를 만들어 낼 수 있는 최고의 무기이기 때문이다. 고객은 신뢰할 수 있는 영업직원에게 다음과 같은 기회를 준다.

---

18 A. James, F. Reichheld, B. Hamilton and R. Markey, 〈납품 격차 해소(Closing the delivery gap.)〉, 베인앤드 컴퍼니, 2005.

19 〈최고의 영업은 무엇이 다른가〉, 레인그룹 코리아 블로그, 2020. 3.26.

지속적인 영업기회를 준다. 고객은 일이 잘될 때나 안 될 때나 항상 나에게 연락하고 함께 일하고자 한다.

새로운 영업기회를 제공한다. 고객은 업무적인 고민이 있거나 조언이 필요할 때 신뢰하는 영업직원과 공유한다. 이는 또 다른 영업기회가 될 수 있다.

조언을 귀담아듣고 수용한다. 고객은 제품이나 서비스가 아직 검증되지 않았다 해도 영업직원의 조언을 진지하게 듣고 고려한다.

최종 선택한다. 고객에게 신뢰받는다면, 비슷한 조건의 경쟁자를 배제하고 수주할 확률이 높다.

대체로 고객은 영업직원이 마음에 들면 그 사람의 영업 방식은 물론, 제품과 솔루션까지 긍정적으로 받아들인다. 반면 사람이 싫으면 영업방식도, 상품도 모두 싫어한다. 고로, 신뢰는 영업직원을 좋은 사람으로 만들어주고, 나아가 성과를 만들어내는 강력한 무기임에 틀림없다.

신뢰를 얻는 방법, ABCD 신뢰모델

B2B 비즈니스에서는 제품이나 서비스의 작은 차이보다 영업직원과 고객 사이의 신뢰의 깊이가 더 중요하다. 하지만 대부분의 고객은 영업직원을 신뢰하지 않고 심지어 영업직원의 제안을 순수한 의도로 받아들이지 않으려 한다. 그렇다면 어떻게 해야 신뢰받는 영업직원이 될 수 있을까?

'칭찬은 고래도 춤추게 한다'로 알려진 캔 블랜차드Ken Blanchard는 그의 저서 《신뢰가 답이다》에서 모든 인간관계의 불협화음을 풀어나갈 방안은 신뢰의 회복에 있다고 말한다. 그는 그것을 'ABCD 신뢰 모델'이라고 부르며, 신뢰의 판단기준을 말보다 행동으로 보여주라고 한다. 누군가에게 신뢰를 얻고자 한다면, 확인된 역량을 보여주고Able, 진실하게 믿을 만한 정직한 행동을 하고Believable, 서로 연결되어 있음을 상대에게 보여주고Connected, 지속해서 믿을 만한 행동을 할 때Dependable 상대와 신뢰 관계를 맺고 유지할 수 있다고 말한다. 고객과의 신뢰 구축을 위해 영업 현장에서 영업직원이 실행할 수 있는 ABCD 모델 행동은 다음과 같다.[20]

첫째, **확인된 역량**Able은 영업직원으로서 능력 있는 역량과 기술을 보유하고 있음을 보여주는 것으로, 고객의 산업과 업무 이해, 문제해결 능력, 자사 제품 지식, 업무 경험 등을 쌓기 위해 꾸준히 노력해야 한다.

- 전문가가 되어야 한다. 자신이 파는 제품과 솔루션에 자신감이 있으면 고객의 눈에 전문가로 비칠 수 있다.
- 잘 모르거나 잘못된 내용을 전달하면서 신뢰를 얻을 수 없다. 고객의 산업, 제품, 시장, 고객, 경쟁상황 등 고객에 관한 것을 하나라도 더 알아야 고객의 질문에 자신 있게 대답할 수 있다. 고객의 자문역이 되어주면 신뢰를 얻는다.

둘째, **정직한 행동**Believable은 정직하고 진실하며 믿을 만한 사람임을 보

20 켄 블랜차드, 《신뢰가 답이다》, 정경호 옮김, 더숲, 2013

여주는 것으로 신용을 지키고, 잘못을 인정하고, 남의 뒷이야기를 하지 않고, 섣불리 판단하지 않아야 한다.

- 솔직해야 한다. 나의 제품이 가진 장점과 혜택만 나열하지 말고 단점도 얘기해줄 수 있어야 한다. 내가 제안하는 솔루션의 장점을 열거한 다음 마지막에 "그런데 한 가지 단점은요..…"하면서 솔직함을 보여주면 고객은 신뢰로 보답할 것이다.
- 고객의 부적절하거나 무리한 요구에 대응해야 할 경우에는 항상 원칙을 지켜라. 이로 인해 비즈니스 기회를 잃거나 수익성이 나빠질 수 있겠지만 그럼에도 불구하고 대안을 제시하거나 다른 선택을 추천할 수 있어야 한다.

셋째, **연결되어 있음**Connected은 영업직원으로서 고객과 교감하고 있음을 보여주는 것이다. 이를 위해 영업직원은 고객에게 관심을 두고, 고객의 어려움에 공감하고, 공감을 표현하고, 니즈를 경청하고, 고객의 기대와 요구사항을 해결하고자 노력하는 행동을 해야 한다.

- 고객을 먼저 존중하라. 내가 존중받기 위해서는 먼저 존중하고 있음을 보여줘야 한다. 성공한 영업 선배 한 분은, 고객과 대화할 때 고객의 인중을 보면서 얘기를 나눈다. 눈을 똑바로 마주보면 당돌한 인상을 줄 수 있어서 상대에게 존경심을 나타내는 방법으로 자신이 선택한 방법이라는 것이다.
- 친분을 쌓아라. 고객과 개인적인 관계를 만드는 것은 신뢰 구축에 도움을 준다. 시간을 더 많이 쏟을수록 더 친해질 수 있다. 고객과 친분을 만들고 싶다면 결정적인 순간들을 만들어 가는 것도 좋다.

넷째, **믿을 만한 행동**Dependable은 영업직원으로서 지속해서 믿음을 주고 있음을 보여주는 것으로, 말한 대로 실천하고, 자신의 행동에 책임을 지며, 고객과의 약속을 이행해야 한다.

- 약속을 지켜라. 자신이 한 약속은 반드시 실천해서 고객에게 믿음을 주어야 한다. 약속을 이행하지 못하는 것만큼 고객의 신뢰를 무너뜨리는 일은 없다. 만약 약속을 지키지 못할 상황이라면, 반드시 고객에게 먼저 연락해서 상황을 설명하고 이해를 구해야 한다.
- 거래가 끝난 후에도 관계를 지속하지 않으면 신뢰를 상실할 수도 있음을 명심해야 한다.

아래는 ABCD 신뢰모델 가운데 하나인 교감Connected을 통해 가격 경쟁면에서의 열위를 딛고 계약에 성공한 경험 사례다.

복사기가 필요해 보이는 건설사무소를 처음 방문했다. 사무실에 들어서니 직원이 상사에게 꾸중을 듣고 있었다. 불쑥 들어간 나 때문에 상사의 꾸지람은 멈추었고, 나는 직원에게 어색한 눈인사를 건넸다. 나로 인해 곤란한 상황이 끝나 고마웠는지 직원은 복사기 문제로 상의할 것이 있다며 나를 자리로 안내했다. 총무부에 들어온 지 얼마 안 된 사원이었는데, 복사 업무가 많아서 사무실 주변 대형 복사점으로 자주 복사를 하러 다닌다고 했다. 점점 늘어나는 업무 때문에 복사기 구매를 검토 중이라고 귀띔을 해주었다. 그러더니 갑자기 복사기 외에 PC 키보

드도 판매하느냐는 엉뚱한 질문을 했다. 알고 보니 상사에게 잔소리를 들은 이유가 잦은 오타 때문이었고 원인은 지금 사용 중인 고장 난 낡은 키보드 때문이었다. 미안하지만 키보드는 판매하지 않는다고 대답을 하다가 좌충우돌했던 나의 신입 시절이 떠올랐다. 다음날 용산 상가에서 키보드 하나를 사 들고 그 사무실을 다시 방문했다. 키보드를 교체해주었더니 직원은 감동했다며 몇 번이고 감사 표현을 했다.

몇 개월 후 이 회사의 총무부 구매 담당자가 복사기 구매 의사를 알려왔다. 방문해서 가격 제안을 했더니 경쟁사보다 30%나 비싸다며 할인을 요청했다. 결국 거래 조건이 맞지 않아 응할 수 없어서 포기하고 돌아왔다. 아쉬운 마음을 달래고 있는데, 직원이 전화를 걸어와 내가 제시한 견적가로 구매하겠다고 했다. 다음날 설치를 위해 그 사무실을 방문해서 자초지종을 들을 수 있었다. 총무부장은 가격이 싼 제품을 선호했는데, 직원과 구매 담당자로부터 키보드 이야기를 듣고 마음이 바뀌었다고 했다. 구매 담당자가 품의하기를, 복사기의 경우 구매가보다 유지보수가 더 중요한데 믿음이 가는 영업직원이라면 유지보수에 더 유리하지 않겠느냐고 했다는 것이다. 그 보고를 듣고 가격은 다소 비싸지만 신뢰할 수 있는 영업직원을 보고 구매 결정을 내렸다고 하면서 기분 좋게 계약서에 사인을 해주었다.

심리학에 절정-대미 법칙Peak-End Rule이란 게 있다. 우리는 경험을 평가할 때 대개 2개의 순간-절정과 마지막-을 기준점으로 삼는다. 즉, 매

순간의 감정을 균등하게 계산하지 않고 가장 인상적인 순간을 기억하는 경향이 있다는 것이다. 결정적인 순간을 기억으로 간직하려면 교감Connection의 순간이 중요한데, 이는 나와 타인을 연결해 온 정과 동질감, 공감 그리고 인정을 느끼는 것을 말한다. 고객과 신뢰 관계를 형성하고자 한다면 절대 시간이 필요하고, 시간이 지날수록 더 친밀한 관계가 될 가능성이 높다. 하지만 늘 그렇지는 않다. 오래 알고 지낸 사이라도 작은 실수로 멀어질 수도 있고, 처음 만난 사이라도 함께 결정적인 순간을 경험한다면 단번에 깊은 인간관계로 발전할 수도 있다.

고객과의 신뢰 관계는 약간의 관심과 노력만으로도 평범한 순간을 넘어 탁월한 순간으로 바꿀 수 있다. 내가 힘든 시기에 누군가의 작은 도움을 받으면 눈물 나도록 고마움을 느낀 적이 있지 않은가. 고객과의 탁월한 신뢰 관계를 만들기 위해서는 고객이 어려움에 처해 있을 때 적극적으로 '행동'해야 한다. 고객과 함께 하는 순간에 최선을 다하면 나의 작은 행동 하나가 고객에게는 의미 있게 기억될 수도 있다. 위 사례 역시 결정적인 순간에 영업직원이 판매자가 아니라 고객의 고민을 해결해 줄 수 있는 사람으로 인식됐기에 성공적인 비즈니스가 가능했던 것이다. 이처럼 고객의 문제를 해결하고자 최선을 다하는 모습에서 고객들은 믿음을 갖고 제품을 구매한다.

구매부서가 신뢰하는 영업직원은 따로 있다

구매부가 다시 만나고 싶어 하는 신뢰받는 영업직원이 되고 싶다면,

업체를 선정할 때 어떤 규정과 절차가 있는지 알아야 한다. 또한, 고객의 관점에서 구매를 통하여 얻고자 하는 가치를 생각해야 한다. 구매하는 사람은 무엇을 생각하고 고민하는지, 업체 선정 시 무엇을 먼저 고려하는지 반드시 사전에 생각을 정리하고 방문하여야 한다.

B그룹 인재육성부서에서 일할 때, 영업직원의 역량 강화를 위해 다양한 교육프로그램을 개발하고 운영했지만 학습 효과가 그리 오래 가지 않았다. 교육할 때는 학습 내용이 도움이 될 것처럼 보였지만 막상 영업 현장과는 괴리가 있어 적용이 쉽지 않았던 것이었다. 현업 적용관점에서 교육과정을 보완하고자, 그룹 내 B2B 구매 임원을 만나 그가 경험한 영업직원의 강·약점에 대해 인터뷰를 했다. 구매관점에서 바라본, 다시 만나고 싶은 영업직원과 다시는 만나고 싶지 않은 영업직원의 영업 방식에 대한 내용이었다. 영업 현장에서 나온 생생한 사례인데다 영업직원의 일하는 방식을 담고있기에 어떤 내용보다 영업직원에게 울림을 줄 수 있을 것 같았다. 해당 내용으로 강의를 부탁했고, 구매 임원은 흔쾌히 응해주었다. 자신의 강의를 통해 B2B 담당 영업직원의 일하는 방식이 조금은 스마트하게 바뀌길 바란다고 했다. 결과적으로 영업직원에게 가장 울림을 준 강좌가 되었고, 참가자에게 선호도가 높은 강의 주제가 되었다. 해당 강의의 핵심내용은 다음과 같았다.

구매부가 만나고 싶어 하는 영업직원은,

"첫째, 고객 관점에서 구매하는 사람이 무엇을 먼저 고려하는지를 알고 찾아와 관련 정보를 준다. 둘째, 구매 부서는 어떤 규정과 절차로 업체를 선정하고 구매하는지를 이해하고 시의적절하게 다음 단계로 진행한다. 셋째, 의사 결정 프로세스에서 누가 언제 관여하는지를 알고 영업을 한다. 넷째, 이러한 일을 성공적으로 수행하기 위해 소통 능력뿐 아니라 고객과 자주 만나는 성실함과 집요함을 갖고 있다"

구매부가 만나고 싶지 않은 영업직원은,

"첫째, 인맥을 중시하면서 최고경영진 중심으로만 만나고, 공급사 관점에서 가치를 평가하고 구매해줄 것을 강요한다. 경영진이 바뀌면 지속 거래에 어려움을 겪기 쉽다. 둘째, 자신이 취급하는 제품에 대해서는 잘 모른 채 가격과 물량만 중시한다. 제품의 독점적 지위를 이용해 마케팅 활동을 전혀 하지 않거나 매번 중간에서 전달만 하고 본인은 의사 결정을 하지 못해 시간을 지연시킨다. 셋째, 어려운 일은 윗사람 혹은 다른 부서에 핑계를 대고 자신은 뒤로 빠지거나, 약속을 남발하고 이를 준수하지 못하는 경우다. 이와 같이 신뢰를 주지 못하는 영업직원은 다시 만나고 싶지 않다"

다음에 제시하는 체크리스트로 '나는 구매부가 신뢰하는 영업직원인지 아닌지' 여부를 점검해 볼 수 있다. 구매부 방문 전후 신뢰 구축을 위한 자기 점검 도구로 활용해보기 바란다.

항목	구매부서와의 상담 전/후 점검할 영업 활동	예	아니오
1	나는, 제품을 영업하지만 나의 제품뿐 아니라 경쟁사 제품과 시장에 대해 이해하고 고객과 만나고 있다.		
2	나는, 부품과 제품의 정보(시장의 규모 및 성장, 기술/부품/제품의 트렌드)를 파악하고 주기적으로 고객과 공유하고 있다.		
3	나는, 양사가 거래할 수밖에 없는 합리적인 논리를 제공함으로써 구매 담당자가 내부 고객 및 상사에게 자사와 거래할 수밖에 없는 이유를 명확히 설명할 수 있도록 협업하고 있다.		
4	나는, 고객사의 주요 회의에 참석하고 중요한 의사 결정사항은 영업직원인 나를 통해서만 전달되도록 원활히 커뮤니케이션하고 있다.		
5	나는, 업무에 혼선을 주는 불필요한 정보유출을 차단하고 있다.		
6	나는, 고객과 약속한 것은 비록 작은 것일지라도 최우선적으로 신속하게 해결하고 있다.		
7	나는, 제품 및 솔루션에 대해서 정확히 알고 고객에게 제시하고 있다.		

구매부서와의 상담 전/후 점검할 체크리스트

CHAPTER 3

[이해 Understanding] 고객을 '이해'하라

고객은 원하는 제품과 서비스를 구매하고자 할 때 영업직원에게 관련 정보를 요구한다. 이때 영업직원은 자사와 고객을 연결하는 정보제공자로서 고객의 기대에 맞춰 제품과 서비스에 관한 정보를 설득력 있게 제공할 수 있는 커뮤니케이션 역량을 갖추고 있어야 한다. 그러나 정보기술의 발달로 인해 오늘날의 고객은 영업직원과 만남 전에 필요한 정보를 얼마든지 가질 수 있다. 이런 변화에 맞춰 영업직원의 역할도 바뀌어야 한다. 즉, 단순 정보 전달자에서 이제는 고객의 비즈니스에 실질적인 도움과 유익함을 주는 가치 전달자가 되어야 한다. 이미 기본적인 정보를 숙지한 고객은 영업직원이 자신이 원하는 가치를 어떻게 충족시켜 줄지 기대하게 된다. 물론 경쟁사에도 똑같은 기대를 할 것이다.

경쟁사와 차별화된 가치를 전달하기 위해 필요한 것이 있다. 바로 '고객'을 누구보다 잘 이해하는 것이다. 고객이 속해있는 시장과 산업에는 어떤 변화가 있는지, 고객이 당면한 비즈니스 이슈는 무엇인지, 겉으로 드러나지 않은 숨어 있는 니즈는 어떤 게 있는지, 이에 따른 우리 제품의 가치는 무엇인지 깊이 있게 이해한다면 경쟁을 뛰어넘을 만한 가치를 발견할 수 있다. 그 외에도 구매 프로세스의 주요 의사결정자와 구매 영향력 구조, 고객의 고객까지 이해한다면 그에 맞는 전략을 만들 수 있고 고객의 기대를 뛰어넘는 솔루션과 가치를 전달할 수 있을 것이다. 이렇게 다양한 고객 상황을 이해하기 위해서 영업직원은 정치, 사회, 경제에 이르는 다양한 사회적 지식을 갖추어야 할 필요가 있다.

시장과 고객을 이해하라.

영업직원이 고객이 들려주는 업무 내용이나 전문용어를 제대로 알아듣지 못한다면 어떻게 될까? 경험이 많지 않은 영업직원이라면 시장과 산업을 깊이 있게 이해하기가 쉽지 않겠지만, 경영학에서 다루는 기본적인 이론과 산업분석 정도는 알고 있어야 한다.

영업전문가가 시장과 고객을 이해하는 것이 무엇보다 중요하다. 먼저, 고객의 외부 환경을 이해하기 위해 정치, 경제, 사회문화, 기술 요인의 영향을 먼저 분석하고 추가로 법률적, 환경적 요인을 분석해야 한다. 영업과 마케팅 전략을 수립하여 의사 결정에 사용하기 위한 이 과정에서 기업 외부 환경 분석에 유용한 5 포스 분석을 활용할 수 있다. 마이클

포터Michael Porter의 5 포스 모델5 Force Model은 산업구조 모형으로, 산업의 경쟁력과 수익률은 기업을 둘러싼 5가지 경쟁 환경(기존 경쟁자, 잠재적 진입자, 대체재, 수요자, 공급자)에 의해 결정된다는 것이다. 기업이 속한 산업이 어떤 상태에 있는지를 파악하기 위해서 이 다섯 가지 요인 분석이 많이 사용된다.

내부 환경 정보로는 고객, 자사, 경쟁사에 대한 역학관계 분석이 필요하다. 고객 조직 내부의 강점과 약점, 개발 및 개선점을 파악하기 위해 공유가치, 전략, 조직구조, 시스템, 구성원, 스킬, 스타일 등을 분석해야 한다. 또한 자사의 SWOT(강점-약점-기회-위협 요인) 분석도 필요하다. 시장 내에서 고객을 세분하고, 선제적으로 공략할 고객을 선정하고, 시장에서의 위치를 정해야 하기 때문이다.

요즘은 고객사를 이해하고 학습하는 데 필요한 웬만한 정보가 인터넷과 유튜브 등에 널려 있다. 우리나라에서는 특히 금융감독원의 전자 공시 시스템DART, http://dart.fss.or.kr/이나 네이버 금융http//finance.naver.com 등을 검색하면 많은 기업 정보를 얻을 수 있다. 온라인으로 알 수 없는 고객 상황이나 비즈니스 이슈는 고객사 방문이나 인터뷰를 통해 파악해야 한다. 이는 영업기회 발굴의 시작이자 성공하는 영업의 기본이다. 고객 정보를 알지 못하면 누구에게 언제 어떤 솔루션을 제안하고 영업을 진행해야 할지 알 수 없다. 이와 더불어 사람에 대한 정보도 아주 중요하다. 우리 회사와 좋은 관계를 유지하고 있는 고객 임원은 누구인지, 거북한 관계에 있는 고객이 누구인지를 알면 영업에 큰 도움이 된다.

고객과 시장에 대한 분석이 끝나면 세부적인 고객 프로파일Account Profile을 작성한다. 여기에는 담당 고객사의 경영방침과 전략, 주요 목표, 재무 상황, 개인적으로 관계를 만들고 유지해야 할 주요 인물의 인적 사항과 역할 등이 포함된다. 또한 주요 임원이나 담당자의 경우에는 우리 회사 임직원들과 접촉한 이력과 전달했던 자료와 정보, 상의했던 내용까지 요약해둔다. 수년간 거래를 했던 모든 비즈니스 이력을 기록한다. 그 외의 고객정보는 다양한 방법으로 알아내야 한다. 고객사의 경영정보는 우선 고객에게 요청해 공식적으로 입수한다. 언론에 보도된 내용을 참조하거나 소셜 미디어와 인터넷 포털 사이트에서 검색을 통해 수집할 수도 있다. 최근에는 고객 관계 관리CRM 소프트웨어에서 고객명을 입력하면 각종 관련 정보를 자동 검색해서 보여주기도 한다. 접촉 및 거래 이력은 담당 영업직원과 팀원들이 입력해둔 내용을 기본으로 한다. 이렇게 고객 프로파일에 담긴 정보는 영업직원이 해당 고객을 대상으로 그해 영업 목표와 전략을 수립하고 활동 계획을 작성하는 데에 기본 자료가 된다. 예를 들어, 대표이사의 신년사에 담긴 경영방침과 중점적으로 강조한 사항을 들여다보면 투자의 우선순위가 어떤 분야에 있는지를 알 수도 있다. 그러면 우리 회사의 어떤 제품에 대한 수요가 있을지, 어떤 솔루션을 제시하면 고객의 경영 목표 달성에 도움을 줄 수 있을지를 예상할 수 있다.

고객 정보를 정확하게 입력하고 체계적으로 유지 관리하면 많은 이점을 얻을 수 있다. 담당 영업직원이 변경되었을 때 이 프로파일을 보고 고객을 한눈에 파악하게 된다. 덕분에 고객과의 의사소통에서도 중복 없이 일관된 메시지 전달이 가능해 고객의 신뢰를 얻을 수 있다. 단, 거래나 인적 접촉이 일어날 때마다 최신 정보를 갱신할 수 있도록 내용을 수정해야 한다. 대부분 기업 차원에서 CRM 도구를 이용해 고객 정보를 체계적으로 관리한다. 하지만 영업직원이 개인적으로 작성하다 보니 유지관리가 안 되고 일회성 정보로 그치는 경우가 있다. 영업 활동에 바쁘다는 이유로 CRM 정보관리를 소홀히 하는 경우도 많다. 고객을 만나고 협상을 하는 직접적인 영업 활동 자체가 중요하다는 인식을 가진 영업직원이 많은 탓이다. 그러나 영업직원 혼자서 고객을 알고 있는 것으로는 부족하다. 함께 일하는 지원 부서의 동료들과 관리자, 영업 임원을 비롯한 모든 관련 직원들이 같은 정보를 공유해야 할 필요가 있다.

한 사람의 영업직원은 직급과 상관없이 고객 앞에서 회사와 팀을 대표해 영업활동을 펼치게 되지만, 여러 이해관계자가 관여하는 B2B 영업에서는 모든 팀원이 공통 목표를 갖고 고객을 리드하는 임무를 수행해야 한다. 이는 팀원 모두가 고객을 잘 이해하고 있어야 실현 가능한 일이다.

숨은 니즈까지 파악하라

낚시를 잘하려면 물고기의 습성을 이해해야 하고 사냥을 잘하려면 사냥감의 습성을 제대로 간파하여야 한다. 매사에 좋은 결과를 기대한다면 상대를 이해하는 것이 그 출발점이 돼야 한다는 뜻이다. 영업의 출발도 고객과 그의 니즈를 먼저 이해하는 것이 우선돼야 하고, 그것이 가치 제안서의 가장 기본적이면서도 중요한 근거가 되는 것이다. 그러나, 경쟁을 뛰어넘고 더 차별화된 성과를 얻고자 한다면 겉으로 드러난 니즈뿐 아니라 고객의 마음속에 숨겨진 '니즈'나 고객 자신도 잘 몰라서 드러내지 못한 '니즈'까지도 파악할 수 있어야 한다. 바로 여기서 차별화된 가치 제안서가 나올 수 있기 때문이다. 고객에게서 숨은 니즈를 꺼내려면 고객의 마음을 얻어야 한다. 신뢰할 수 있는 상대라야 자신의 숨어있는 본심을 스스럼없이 털어놓을 수 있는 게 인간의 심리이기 때문이다. 고객을 이해하려는 진정성으로 마음을 얻고 숨은 니즈를 파악한 사례가 있다.

A사의 생산관리시스템을 전면 개편하는 사업이 있었다. 우리의 경쟁 상대는 A사의 계열사 중 하나인 IT 전문 회사였다. 우리가 들러리가 될지 모른다는 염려를 하면서도 고객의 제안 요청에 응하기로 했다. 우리는 제안 준비 과정에서 제안요청서를 면밀히 검토하는 한편, 각 부서의 실무자와 임원을 대상으로 면담과 회의를 진행하면서 업무 요건을 파악했다. 다행이었던 건 그들 대부분은 낡은 기존 시스템과 그런 서비스를 수행해 온 그룹 IT사에 대해 불만이 많았다는 것이다. 그런 분위기를 읽으면서 우리는 이 프로젝트를 수주할 수도 있겠다는 희망을 품게 됐다. 희망을 확신으로 만들기 위해 우선 제안 팀을 보강하고, 3개의 팀으로 나눠어 공장 내 모든 부서를 찾아다니며 실무자들이 현장에서 느끼는 문제를 이해하려고 노력했다. 현장의 엔지니어들은 몇 년 동안에 걸쳐 쌓인 불만으로 가득차 있었다. 우리는 그들이 털어놓는 고충

에 대해 공감을 해주면서 문제 파악뿐 아니라 해결 방안에 대한 의견도 청취하고자 했다. 반면, 이 제안에서 우리와 경쟁 관계인 그룹 IT사는 여전히 자신들의 승리를 자신하고 있었다. 늘 그랬듯이 제안보다 자사의 임원과 고객사 임원과의 친분을 다지고 이용하는 데 주력하는 듯했다. 결정적이었던 건, 현장 실무자들과 면담을 통해 제안요청서에도 들어있지 않은 진짜 문제점들을 수집할 수 있었다는 것이다. 대부분은 그룹 IT사에 대한 불만과 연관된 것이라 제안요청서에 함부로 담을 수 없었다. 우리는 제안 설명회에서 경쟁사와의 비교보다는 고객사 실무자들의 어려움에 공감하고 이에 대한 해결 방안을 부각하는 데 집중했다. 그룹 외 비즈니스에서는 우리와 협력 관계에 있기도 한 IT사를 자극하지 않으려는 의도도 있었다. 결국, 현장의 니즈를 제대로 파악함은 물론 진정성이 돋보인 우리의 제안이 좋은 평가를 받을 수밖에 없었고 당연히 수주에 성공할 수 있었다.

그룹사라는 큰 이점을 지닌 경쟁사를 이길 수 있었던 데는 현업 부서 고객의 평가가 결정적이었다. 그들은 여러 차례의 회의를 통해 자신들의 문제를 이해하고 공감하려 노력하는 우리의 진정성을 확인했고, 마음속에 감춰두었던 불만과 문제들을 털어놓은 것이다. 우리의 제안서에도 실무자들의 어려움을 경청하고 이해하고자 한 우리의 공감이 묻어났을 것이라 믿는다.

B2B 영업은 고객의 문제와 니즈에 대한 바른 이해를 기반으로 그 이

상의 가치를 제공할 때 좋은 성과를 낼 수 있다. 그렇다면 속 시원히 말해 주지 않는 고객의 숨은 니즈를 파악하는 방법은 무엇일까? 흔히 고객의 지각에 의존하는 설문조사나 FGI(Focus Group Interview: 특정한 경험을 공유한 사람들을 모아서 인터뷰를 진행하는 조사 방법)를 실시한다. 이 방법은 가장 손쉽기도 하고 고객이 편안하게 의견을 제시할 수 있다는 장점이 있어서 많이 사용된다. 그러나 이런 방법으로 고객의 숨은 니즈까지 정확히 파악할 수는 없다. 니즈는 '이미 존재하는 니즈'와 '숨겨진 니즈' 두 가지 유형으로 구분된다. 이미 존재하는 니즈는 현재 고객의 마음속에 있는 욕구로서, 쉽게 표현될 수 있다. 반면, 숨은 니즈란 고객도 인식하지 못하고 있기에 좀처럼 표현하기도 쉽지 않다. 예를 들면, 소비자들은 애플이 아이폰을 출시하고 시장을 뒤흔들기 전까지 스마트폰에 대한 숨은 니즈가 있다는 사실을 알지 못했다. 하버드 경영대학원의 마케팅 교수인 제럴드 잘트먼Gerald Zaltman은 "말로 표현되는 니즈는 5%에 불과하다"라고 주장했다. 이 말은 사람이 언어로 자신의 니즈를 표현할 수 있는 최대치가 5%밖에 안 된다는 의미다. 나머지 95%의 니즈는 고객 자신도 그것을 잘 알지 못하거나 알더라도 언어로 표현하지 못한다는 것이다. 또한 고객의 말과 행동은 다를 수 있어 고객의 의견 표명에만 의존하다 보면 숨은 니즈를 찾기는 더 어려워진다. 숨은 니즈를 제대로 파악하려면 고객의 행동을 이해하고 그 행동 이면에 있는 맥락, 특히 고객의 정서를 함께 나누는 것이 중요하다. 따라서 영업직원이 고객의 숨은 니즈를 파악하고자 한다면 고객의 맥락으로 들어가 그들의 고민과 어려움에 공감하는 것이 그 출발점이 될 것이다.

고객의 조직과 의사 결정 체계를 이해하라.

B2B 영업에서 구매 의사결정은 특정 개인에 의해 이루어지지 않는다. 구매부서의 실무담당자를 만나 제품의 차별화된 강점을 설득했다고 반드시 그가 구매 의사결정을 할 것인가? 대부분 그렇지 않을 것이다. 구매 의사 결정 체계는 고객마다 제각각이다. 보통은 실무자가 제품이나 서비스 도입을 검토하고, 의사 결정은 여러 부서의 이해당사자들이 한다. 계약업무를 별도 조직인 통합구매팀에서 하는 회사도 있다. 그렇기에 의사 결정 체계 상의 한두 명과 관계가 있는 것으로는 부족하고, 고객의 의사 결정 체계를 모두 파악하고 있어야 한다. B2B 비즈니스의 주체는 개인이 아닌 조직이기 때문이다. 특히 규모가 크고 중요한 사업일수록 기술적인 사항에 대해 검증을 하는 전문가, 재무적인 확인 그리고 사용자 측면에서의 검토 등 다양한 의사결정 단계를 거치게 되고, 주요 인물들이 구매 결정에 직간접적으로 관여하게 된다. 그러므로 구매 의사결정에 참여하는 그룹 또는 개인들이 어떤 이슈를 가졌는지 파악하고 그들의 다양한 요구에 효과적으로 대응할 수 있어야 한다. 고객 조직과 의사결정체제를 이해하고자 한다면 영업직원은 먼저 의사결정 과정에 관련된 주요 인물의 역할과 관계 등을 한눈에 볼 수 있는 아래의 예와 같은 '의사결정 과정의 역할 및 관계도'를 만들어 보면 도움이 된다.

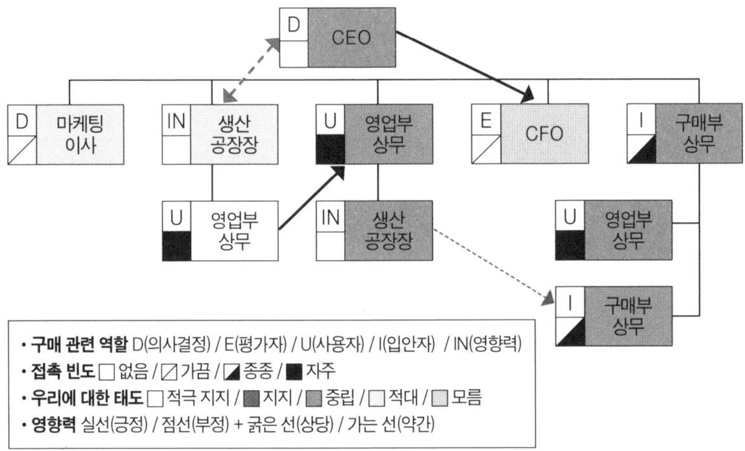

의사결정 과정의 역할 및 관계도의 예시

영업직원은 고객사의 주요 인물들이 구매할 때 어떤 역할을 하는지, 자사와의 접촉 빈도는 어느 정도인지, 자사에 대한 선호도는 어떤지, 주요 인물 간에는 어떻게 영향력을 미치는지를 수시로 파악하고 관계도를 업데이트해 가야 한다.

알아두자!
고객의 구매심리 변화 과정

의사 결정 체계뿐만 아니라 고객의 심리적 요인을 이해할 필요가 있다. 기업 고객이 제품과 솔루션을 사는 경우, 그것이 단순한 일상용품이 아닌 이상, 복잡한 심리 변화 과정을 거쳐 구매 결정을 하게 된다. 자연스럽게 고객의 마음속에 사고자 하는 충동이 일어나 기쁜 마음으로 구매를 하였을 때 비로소 진정한 판매가 이루어졌다고 할 수 있다. 결국 영업은 고객의 마음에 변화를 일으켜 제품이나 서비스를 구매하게 만드는 일련의 과정이라 할 수 있다.

잭 웰치Jack Welch GE 전 CEO는 "심리학을 모른 채 최고 경영자가 될 수 있다는 착각을 버려라"라고 말했다. 합리적이고 이성적인 판단이 요구되는 경영자나 영업직원은 심리학을 잘 알아야 한다. 사업을 이끌어가는 경영자도, 영업 과정을 이끌어가는 영업직원도, 현재 처한 이슈나 문제를 해결하기 위해 제품이나 솔루션을 구매하는 구매담당자도 결국 사람이기 때문이다.

영업직원은 영업 단계마다 고객의 구매심리를 이해하고 고객의 마음을 변화시켜 의사 결정할 수 있도록 도와가며 영업 활동을 전개해야 한다. 이에 영업직원은 '고객은 지금 무엇을 생각하는가?', '무엇을 바라는가?', '무엇을 말하려 하는가?', '숨겨진 니즈는 무엇인가?' 이러한 것을 항상 염두에 두고 고객의 반응을 살피며 그 이면의 심리적 측면을 파고들어야 한다. 고객이 영업직원과의 첫 만남부터 계약체결까지 가는 과정에서 갖는 심리적 상태 변화를 3단계로 나누면 다음과 같다.[21]

1단계는 고객과의 접촉 단계다. 고객은 처음 만나는 영업직원에 대한 서먹함과 잘 알지 못하는 제품에 대해 막연한 불안을 갖고 있다. 이때 영업직원은 고객의 비즈니스 상황을 파악하고 적절한 화법으로 고객의 불안감을 제거해 줌으로써 상담하기 쉬운 분위기를 조성해 주어야 한다. 이때는 고객이 자신과 회사에 대한 신뢰감을 느끼게 해주는 것이 무엇보다 중요하다. 자기 자신을 불태우지 않고서는 남을 불태울 수가 없다. 성냥개비는 자기가 먼저 불타야만 땔감에 불을 붙여 주변을 따뜻하게 할 수 있다. 영업직원이 스스로 자신의 일에 대한 자신감과 자기 제품에 대한 열의를 가지고 고객에게 성실하게 다가갈 때 비로소 고객은 마음의 문을 열어 준다. '고객은 상품이 아닌 영업직원을 산다'라는 말이 있다. 고객은 영업직원의 인격, 신용, 성실, 성의, 열의가 감지되어야 구매 프로세스라는 여정에서 영업직원을 믿고 함께 할 수 있게 된다.

2단계는 고객에게 제품을 설득하는 단계다. 고객은 이성과 감성에 근

21 제록스의 영업 매뉴얼 중에서 구매 심리 과정인 AIADCCA(Attention–Interest-Association-Desire-Comparison-Confidence-Action)를 재구조화하였다.

거해 다양한 생각 끝에 제품 구매를 결정한다. 그들은 자사가 처해 있는 이슈나 문제를 해결하기에 가장 적합한 제품과 솔루션을 선택해야 한다는 심리적 불안감과 책임감을 느끼고 있다. 이때 영업직원은 제품의 효용 가치를 제시하고 자사의 제품과 솔루션이 고객의 문제를 해결할 수 있다는 확신을 주어야 한다. 이후에는 자사 제품이나 솔루션의 가치와 효용을 고객의 니즈와 이익에 연결함으로써 제품 구매 욕망을 끌어올려야 한다. 이 과정에서 영업직원은 정확한 셀링 포인트를 설명해 상품 가치를 인식시켜야 한다.

3단계는 고객이 구매하도록 클로징하는 단계다. 고객은 자기 스스로 구매 이유를 정당화하고 결정에 확신을 갖고자 한다. 합리적인 의사 결정을 했다는 심리적 안정감을 원하기 때문이다. 고객은 같은 제품을 남보다 더 좋은 조건으로 구입하는 데서 만족감을 얻는다. 영업직원이 회사의 이익과 고객의 만족을 동시에 충족시킬 만한 해결방안을 제시해야 하는 이유다. 구매에 확신을 갖게 하기 위해서는 이미 사용하고 있는 고객의 실제 사례, 기술 인증, 품질 보증 등 구체적 통계를 통해 이익이 된다는 것을 보여줘야 한다. 다른 어느 제품보다 품질이 우수하고 가격 면에서 유리하다는 점도 통계 데이터와 열의로써 입증해야 한다. 고객은 구매 후에도 올바른 선택을 했다는 것을 확인받고 싶은 심리가 있기 때문이다.

고객은 구매 과정을 거치며 다양한 생각, 느낌, 감정, 반응 및 공포를 동시에 느낀다. 이때 영업직원은 심리적인 측면에서 만족감을 느끼게 만들어 고객의 구매 의사 결정을 촉진할 수 있어야 한다.

고객의 고객도 이해하라.

고객의 고객을 이해한다는 것은 고객의 비즈니스를 아는 것과도 같다. 이를 통해 고객 비즈니스와 함께 고객의 이해 당사자들의 고민까지 이해할 수 있게 된다. 다행스럽게도 요즘은 고객의 고객을 알기가 쉬워졌다. 각종 SNS와 블로그, 구글, 네이버 등의 다양한 매체를 통해 조금만 노력하면 고객의 시장과 경쟁사, 최종 사용자End User까지 쉽게 알 수 있다.

고객의 최종 사용자의 문제점을 파악해서 성공한 인도 IBM의 세일즈맨 비벡 굽타Vivek Gupta 사례가 있다. 그는 인도 통신산업의 아웃소싱 시장을 개척하라는 미션을 받고, 한 통신사를 방문했다. 하지만 현재 거래처에 만족한다는 대답을 들었다. 굽타는 실망하지 않고 고객의 현장 업무를 파악하기로 하고 통신 중계센터 방문을 요청했다. 거기에서 우연히 고객의 초단파 무선설비가 종종 말썽을 부린다는 중계센터 엔지니어의 이야기를 들었다. 또한, 통신사의 콜센터 상담원을 통해서 매주 6~7번 네트워크가 다운된다는 사실도 확인할 수 있었다. 굽타는 이렇게 발로 뛰어 얻은 현장의 정보를 통신사 주요 임원과의 대화에 활용했다. 그는 IBM의 기술로 무선설비, 네트워크 다운 문제를 해결할 수 있다고 설득했고, 결국 고객의 고객으로부터 들은 사소한 이야기에서 출발한 상담은 1년 만에 1억 달러짜리 계약으로 돌아왔다.

이처럼 고객의 최종 사용자가 겪는 불편사항과 같이 사소해 보이는 단서들이 영업직원에게 새로운 영업기회가 되기도 한다. 실제로 고객의 실무자는 최종 사용자가 어떤 불편을 겪고 있는지 제대로 모르는 경우가 많다. 때문에 SNS나 인터넷을 통해 고객의 사용자들이 올린 사소한 불편 사항을 발견한다면 우리가 미처 몰랐던 비즈니스의 단서가 될 수 있다.

고객의 고객을 이해함으로써 성공적인 영업을 이뤄낸 또 다른 사례를 알아보자. 운전자라면 자동차 트렁크에 짐을 실을 때의 불편함을 잘 알고 있을 것이다. 양손 가득 짐을 들고 있으면 물건을 잠시 바닥에 내려놓고 트렁크를 열어야만 했다. 이러한 운전자의 불편을 최초로 해결한 기업이 자동차 부품 공급업체인 브로제Brose이다. 포드의 부품 공급사였던 브로제는 기술의 범용화와 경쟁업체의 등장으로 제품 차별화와 가격 경쟁에 어려움을 겪고 있었다. 결국 가격 인하 전략만으로는 고객과의 거래를 이어갈 수 없다는 판단 끝에, 혁신적인 부품을 공급하겠다는 전략을 세우게 된다. TF팀을 구성하고 최종 소비자인 운전자의 니즈와 불편사항을 파악했다. 그 결과, 모션 센서를 이용해 발의 움직임만으로 트렁크를 열 수 있는 '핸즈프리 리프트 게이트' 솔루션을 개발할 수 있었다. 운전자가 트렁크 아래의 센서에 다리를 갖다 대면 센서가 신호를 인식해 자동으로 트렁크를 열고 닫는 기능이었다. 브로제는 자동차 부품 공급업체로서 제품의 품질과 가격에 초점을 맞추는 것을 넘어 자동차 구매자의 니즈를 충족시키는 솔루션을 제공할 수 있었고, 고객사인 포드는 최종 소비자인 운전자의 불편사항을 해결할 수 있었다. 또한, 브로제의 기술이 적용된 자동차 모델이 더 잘 팔린 덕에 프리미엄 가격을 받아 높은 실적까지 올릴 수 있었다. 결국 기업의 이미지 쇄신은 물론, 고객에게 신뢰받는 결과를 얻게 된 것이다. 고객의 고객을 잘 헤아린 결과였다.

CHAPTER 4

[가치Value] 고객에게 '가치'를 제공하라

경영학자이자 리더십 구루로 인정받고 있는 램 차란Ram Charan은 《진화하는 B2B 세일즈》라는 책에서 성공 기업이 되려면 영업 방식이 변해야 한다고 했다. 오늘날과 같은 치열한 비즈니스 환경 속에서 기업은 기존의 세일즈 방식인 제품 및 공급자 중심에서 고객 가치 기반의 영업으로 전환해야 시장에서 살아남을 수 있다. 영업은 '고객에게 파는 것이 아니라 고객이 사게 하는 것'이라는 말이 있다. 즉, 우리의 제품이나 솔루션만을 내세우기보단 고객의 이익과 욕망에 어떤 효용 가치가 있는지를 보여주고 고객이 사고 싶도록 만들어야 한다는 것이다.

성공하는 영업을 하고자 한다면 공급자 중심 영업에서 고객 가치 기반의 영업으로 방향을 틀어야 한다. 이는 분명 다른 접근이며 영업의 결과가 달라지는 출발점이다. 고객이 구매하는 것은 제품과 솔루션이 아니라 제품과 솔루션이 가져다줄 가치다. 고객에게 가치를 제공하는 것이 진짜 영업이다.

가치기반 영업은 왜 중요한가?

영업을 전투에 비유할 수 있을까? 경쟁에서 승리해야 하는 것이 영업이라고 정의한다면, 그렇다. 그렇다면 '지피지기면 백전불태', 나를 알고 적을 알면 백번 싸워도 위태롭지 않다는 유명한 손자병법의 구절은 영업에도 통할까? 늘 그렇지는 않다. B2B 영업은 전투와 다른 점이 있다. 심판이 없는 전투와 달리, B2B 영업에는 나와 경쟁사의 강약점을 심판하고 승자의 손을 들어주는 고객이 있다는 점이다. 공급자가 제안한 솔루션이 어떻게 고객의 문제를 해결하는지? 어떤 차별적인 가치를 제공하는지? 고객의 요구에 신속하고 완결성 있게 대응할 수 있는지? 감성적인 거리감은 없는지? 고객은 이런 다양한 질문을 통해 누가 더 나은 가치를 제공하는지를 심판한다. 고객은 사실에 기반하여 공급자가 제공하는 가치의 진위를 판단하려 할 것이다. 그러나 사실과는 달리 고객이 가진 인식에 의해 좌우되는 경우도 있다. 즉, 내가 장점이라고 생각한 것이 고객에게는 장점이 아닐 수도 있고, 경쟁사의 약점도 의사 결정의 변수가 되지 않을 수 있다. 결국 고객의 인식과 관점에 따라 승자와 패자가 가려진다. 고객이 인식하는 진정한 가치란 과연 무엇일까? 그 가치는 어떻게 만들 수 있고, 어떻게 하면 고객에게 제대로 인정받을 수 있을까?

가치영업Value Selling이란 "판매하는 제품이나 서비스로부터 이점Benefit을 얻을 것이라는 고객의 기대를 이용하는 영업 기법이다."

-브라이언 트레이시Brian Tracy

가치기반 영업Value-Based Selling은 공급자가 제공하는 솔루션이 구매자에게 왜 가치 있는 것인지를 이해시키고 이러한 인식을 강화시켜 나가는 과정이다. 이 과정에서 고객은 구매 가격에 대해 가지고 있는 잠재적인 부담을 해소할 수 있고, 구매 의사결정에 대한 책임과 리스크를 덜어 의사결정에 확신을 가질 수 있다. 그렇다면 가치기반 영업에서의 성공이란 무엇일까? 바로, 고객이 투자할 만하다고 느끼게 만드는 것이다. 고객에게 가치를 잘 전달했다면 거래의 성공 가능성은 물론, 고객의 지불 대가까지도 높일 수 있다. 그렇다면 고객이 제품과 솔루션의 가치를 평가할 때 공급자를 선택하는 기준은 무엇일까? 좋은 품질, 저렴한 가격, 유연한 지급 조건, 검증된 서비스, 브랜드 인지도 등 여러 가지 요소가 기준이 될 수 있다. 물론 이러한 기준은 거래의 기본 조건이며 고객의 요구나 상황에 따라 우선 순위는 달라질 수 있다. 그러면 고객이 B2B 영업에서 이러한 기본 조건보다 더 중요하게 여기는 것은 무엇일까?

B2B 고객은 공급자의 제품과 서비스를 이용해서 자신들이 가진 이슈나 문제를 해결하고 싶어 한다. 따라서 영업직원이 먼저 파악해야 할 것이 있다. 나의 고객이 일반화된 제품을 싼 가격으로 사고 싶어 하는지, 진정한 솔루션으로서의 가치를 평가하고 구매하고자 하는지를 알 필요

가 있다. 이 정보에 따라 수주 확률을 예상하고, 제안의 들러리인지 아닌지를 판단하여 참여 여부를 결정해야 한다. 고객의 가치 판단 기준이 가격, 오퍼링, 비즈니스 결과 중 어디에 있느냐에 따라 영업 전략이 달라야 한다.

B 금융에서 진행하는 제안 요청 설명회에 참석한 적이 있다. 제안 설명회를 주관하는 담당자는 제안에 참여하는 SI 업체의 영업직원들에게 다음과 같은 당부의 말을 했다. "금번 프로젝트는 보안 시스템과 장비를 구매하는 게 목적이 아닙니다. 저희가 현재 직면해 있는 보안 문제를 해결하는 것이 궁극의 목표입니다. 전례를 보면, 제안서는 현란하게 작성하여 프로젝트를 수주해놓고 정작 프로젝트 종료 후에 이슈가 제대로 해결되지 않은 경우를 많이 보았습니다. 비싸게 산 장비가 방치되는 경우도 발생하곤 합니다. 저는 이번 프로젝트가 끝나면 보안 이슈가 해결되기를 원합니다. 보안 장비만 남는 일은 없기를 바랍니다." 이 담당자는 프로젝트에 거는 기대와 사업자 선정의 기준으로 공급자의 제품 혹은 서비스 그 자체가 아니라 보안 문제를 해결하는 비즈니스 솔루션으로서의 가치를 강조한 것이었다.

'가치기반 영업'을 하려면 고객의 산업, 고객의 고객, 고객의 경쟁사, 고객의 제품과 서비스 등에 대해 깊이 있는 이해가 전제되어야 한다. 누구나 생각할 수 있는 뻔한 아이디어가 아니라 고객의 문제를 해결할 창의적인 아이디어가 있어야 경쟁사와 차별화될 수 있다. 영업직원이 이런 고객 기대 가치에 부응하지 못하면 고객의 파트너가 아닌 단순 제품 공급자로 취급되어 늘 가격 인하 요구에 시달릴 수밖에 없다. 뿐만 아니라, 고객에게 진정한 가치를 제공하지도 못하고, 그저 고객의 요구조건에 대응만 하는 소극적인 영업에 머물 수 밖에 없다.

고객은 가치에 투자한다.

컨설팅 회사인 베인앤드컴퍼니Bain & Company는 B2B 영업이 고객에게 주는 40가지의 고유한 가치를 정의하고, 5단계의 피라미드 모형으로 가치 프레임워크를 만들었다. 물론 여기 40개의 가치 요소는 보편적인 분류이고, 기업이나 산업에 따라 각 요소를 선별하고 재구성하여 사용할 수 있다. 피라미드의 아래쪽에는 객관적인 가치 요소가, 위쪽으로 갈수록 더 주관적이고 개인적인 가치 유형이 배치돼 있다.[22]

피라미드의 맨 아래에는 가장 기본적인 가치 요소로 사양 충족, 적정 가격, 규정 준수, 윤리 표준 등이 있다. 그 위에는 원가 절감과 확장성 같은 회사의 재무 또는 제품 성능에 대한 요구를 만족하는 기능적인 가치 요소가 있다. 이들 기능적인 가치 요소들은 제조업과 같은 전통 산업에서 오랫동안 우선순위가 높은 가치이다. 구매자이자 판매자인 B2B 기업에서는 대부분의 에너지를 이같은 기능 요소에 집중한다.

세 번째 단계는 구매자에게 객관적인 유형의 요소로서 생산성 향상(시간 절약, 노력 절감 등) 또는 운영 성능 개선(간소화, 조직 등)을 통해 좀 더 효율

---

22 Eric Almquist,Et.Al., 〈The B2B Elements of Value〉, HBR(March-April 2018) http://hbr.org/2018/03/the-b2b-elements-of-value

출처 베인앤컴퍼니

B2B 영업의 가치 피라미드

화된 운영을 도와주는 가치들이다. 또한, 구매자의 주관적인 판단과 관련된 요소를 포함한다. 응답성, 전문성, 영업직원의 고객 조직에 대한 헌신 및 문화적 적합성 등 당사자 간 관계를 개선하는 요소들이 그것이다.

네 번째 단계는, 개인적인 가치 요소(디자인과 미적감각, 불안 해소) 또는 직업 관련 가치 요소(시장성 또는 네트워크 확대) 등 구매자 개개인이 우선순위로 생각하는 또 다른 주관적인 가치 요소를 보여준다. 이 단계의 가치 요소는 매우 감정적인 관심사를 해결하기 위한 것이다. 많은 돈을 지출해야 하고 회사에 중대한 영향을 미칠 수 있는 결정을 내려야 하기에 구매자는 실패에 대한 두려움을 가지고 있다. 사업 수행에 결정적인 영향을 미치는 제품과 서비스를 구매할 때는 항상 예상치 못한 위험이 따르기 때문이다.

몇 년 전 광통신 비디오 서비스를 업그레이드한 미국 통신 업체의 결정을 보자. 이 회사는 제안서를 검토한 끝에 최저 가격을 제시하고 필요한 규격을 충족시킬 만한 중국의 통신장비 회사를 공급업체로 선택했다. 그러나 새로운 네트워크 장비가 설치된 이후 원인 모를 정전으로 어려움을 겪게 됐고, 통신사는 12시간이나 떨어진 중국으로부터 기술 지원을 받아야 했다. 이 과정에서 공급자와의 의사소통에 오류가 있었을 뿐 아니라 예고 없는 주요 서비스 변경으로 인해 그야말로 여러차례 큰 문제를 겪었다. 회사는 결국 네트워크 장비 업체를 변경했지만 많은 시간과 비용을 낭비하고 회사 명성에도 손상을 입었다. 공급업체로서는 최저가격에 규격 등 제반 기대 요건을 충족하여 선정될 수 있었지만, 사후 서비스 단계에서 구매자의 감성적인 관심사 즉, 서비스에 대한 '불안 감소' 가치 요소를 제대로 제공하지 못해 고객 불편을 끼친 사례다.

다시 피라미드를 살펴보자. 피라미드의 맨 위는 영감적 가치 요소들이다. 고객의 미래 비전을 달성하고(예: 고객사가 시장 변화를 예측하도록 돕는 요소), 조직 또는 구매 담당자의 미래에 희망을 주는(예: 미래 기술에 쉽고 경제적으로 접근할 수 있는 요소) 또는 회사의 사회적 책임을 강화하는 요소들이다.

피라미드 맨 아래의 요소인 기본적 가치는 오랫동안 쉽게 측정될 수 있었고 경쟁도 단순했다면, 중상위 단계의 감정적이고 영감적인 요소는 분류나 정량화가 어려워서 측정과 구현이 쉽지 않았다. 그러나 최근에는 이런 비거래적인 측면을 평가지표로 삼는 경우가 많아지고 있다. 전략 담당 또는 제품 관리자의 경우, 고객의 토탈 경험이라는 무형 자산(제품을 둘러싼 모든 서비스, 지원, 상호작용 및 네트워크 등)을 완벽하게 파악하는 게 중요한데, 이는 제품을 더 빠르고 저렴하고 내구성 있게 만드는 것보다 훨씬 어려운 일이다. 그럼에도 차별화를 위한 경쟁력은 이런 비거래적인 측면으로 이동하고 있다.

가치 프레임워크에서 보여주는 B2B 고객의 40가지 고유한 가치 요소는 기업이 다양하고 광범위한 과제들을 해결하는 데 도움이 되는 것들다. 최신 조사 방법과 통계 분석을 사용하여 모든 가치 요소를 일정하게 수량화할 수 있다면 고객이 진정으로 가치를 부여하는 것은 무엇인지, 어떤 측면이 고객에게 투자 가치를 느끼게 하는지 알 수 있다. 그렇게 되면 의사 결정자들은 지금까지 본능적으로 판단했던 영역에 과학적인 잣대를 적용할 수 있게 될 것이다.

이제 B2B 기업이 숨겨진 고객 가치 요소를 발견하는 방법에 대해 살펴본다.

숨은 가치를 발견하라

하버드 경영대학원의 저명한 마케팅 교수인 시어도어 래빗Theodore Levitt은 "드릴을 사 가는 소비자는 드릴을 산 것이 아니라 그 드릴로 뚫을 구멍을 사 간 것"이라고 말했다. 고객이 원하는 것은 제품 자체가 아니라 그 제품을 통해 얻고자 하는 서비스, 즉 가치를 강조한 것이다. 고객이 제품과 솔루션을 구매하는 이유를 명확히 설명하고 있다. 기업 고객은 자사가 처해 있는 비즈니스 이슈나 문제를 해결하고 싶어 한다. 그래서 영업직원은 고객의 드러나 있는 요구보다 숨어있는 욕구Needs를 발견하고 가치 요소가 무엇인지를 분석해야 이에 맞는 우리의 가치를 제안할 수 있다. 일반적으로 고객이 가장 중요하게 생각하는 가치 요소는 드러나지 않는 경우가 많다. 숨어있는 고객의 니즈에 맞는 가치가 무엇인지 파악하고 제안 솔루션의 가치를 향상하기 위해서 다음과 같은 다섯 단계를 실행해보자.

벤치마킹하라.

우리 회사의 제안 가치를 경쟁사에 대비해서 벤치마킹해 본다. 우리의 제품과 서비스가 경쟁사와 비교했을 때 가치 피라미드의 4개의 기본 가치인 사양, 적정가격, 규정 준수, 윤리표준을 제외한 36개 비 기본적 가치 요소 중 어디서 우위를 차지하고 있는지 조사해본다면 인상적인 통찰력을 얻을 수 있을 것이다.

대화를 통해 고객 경험을 이해하라.

대규모 조직에서는 많은 사람이 구매 결정에 참여하기 때문에 누가 구매당사자이고, 영향을 미치는 사람인지를 알아서 그들의 각기 다른 가치 우선순위와 그 이유도 분석해 볼 필요가 있다. 예를 들어, 시장점유율을 높이고자 하는 사업부 책임자는 신규로 진입한 시장의 요구를 해결하길 원하고, 최종 사용자는 사용법이 쉬운 제품을 원할 수 있다. 이 때문에 영업이 끝난 후 후속 인터뷰를 통해 고객의 요구와 만족과 불만의 원인 그리고 제품과 서비스를 사용하면서 느낀 점 등 고객 경험을 탐색해 볼 필요가 있다. 그리고 그 결과를 가치 제안에 반영하는 것이 중요하다.

고객을 위해 가치를 높일 방안을 상상하라.

주목해야 할 가치 요소들을 파악한 후, 관련된 부서가 모여 아이디어 회의를 개최하여 어떤 가치 요소에 가장 중점을 둘지 결정한다. 일반적으로 이런 세션을 잘 준비하려면, 경쟁사 벤치마크 조사와 인터뷰 자료를 배포해 미리 읽고 오도록 하고, 숙제를 주거나(예 : "고객에게 가치를 높일 수 있는 아이디어를 5개 가지고 오라") 경쟁사의 제품과 서비스를 이용하는 고객의 견해를 들어볼 수 있다.

다듬고 테스트하면서 배워라.

회사의 실행 능력을 고려하여, 고객이 기꺼이 수용할만한 최상의 대안을 아이디어 회의에서 도출한다. 이를 통해 고객에게 제공할 가치를 재정의하고, 전반적인 고객 경험에 어떻게 적용될지를 예상한다. 이후 개선된 가치 요소로부터 고객이 기대하는 구체적인 혜택을 파악한다. 이런 통찰력으로 시장 테스트나 제안 발표에 앞서 고객에게 제시할 가치를 반영한 제안서를 빠르게 다듬고 개선할 수 있다.

최후 검증을 하라.

고객에게 제공할 가치 제안서를 개선한 후에 경쟁 업체와 어떻게 비교되는지를 재평가한다. 특히 시장은 빠르게 변화하기 때문에 우리가 가치 제안을 보완하는 동안 경쟁 업체도 자체 혁신을 수행했을지 모른다. 우리의 가치 제안이 실제로 고객이 추구하는 가치를 만족시켰는지에 대한 객관적인 사후 분석이 중요하다.

가치를 스토리텔링하라

영업에서 중심이 돼야 하는 것은 상품이나 서비스, 영업사원이 아닌 바로 고객이며, 어떻게 하면 그들에게 더 큰 가치를 줄 수 있느냐가 성패를 좌우하는 중요한 부분임을 우리는 이미 알고 있다. 그러나 많은 노력을 기울여 만든 가치 제안이 고객에게 인정받지 못한다면 무슨 소용이 있을까. 고객이 추구하는 가치를 효과적으로 전달할 수 있어야 진정한 가치 제안이 완성되는 것이다.

지금까지 가치가 무엇이고 어떻게 만들지 알아봤다. 이제 가치를 효과적으로 전달하는 4단계 방법을 알아보자.

1 단계: 문제를 정의한다.

B2B 영업에서 가치 커뮤니케이션의 첫 번째 원칙은 문제를 명확하게 정의하는 것이다. 이는 구매자와 소통하는 첫 단계이자 가치를 전달하는 가장 중요한 단계지만, 흔히 간과하기 쉽다. 문제 정의는 다음 두 가지 측면에서 바라볼 수 있다. 첫째는 고객이 생각하는 문제를 현실적이고도 생생하게 재현하는 것이다. 둘째는 문제를 재무적인 비용과 연결하는 것이다.

2 단계: 솔루션이 가져다주는 혜택을 보여준다.

영업직원은 자칫 기능에 중점을 두고 솔루션을 판매하기 쉽다. 기능도 가치를 제공하는 제품의 한 측면이기 때문에 이론적으로는 의미가 있으나 기능은 제품 구매 시 자연스럽게 따라오는 부분이므로 영업팀은 솔루션이 가져다주는 혜택에 초점을 맞추어야 한다. 당신이 설명하는 기능에 대해 "그래서 뭐가 어떻게 좋아지는지"를 설명해야 한다. 기능에 관해 이야기하면 대화가 고객이 아닌 제품에 집중되지만 혜택에 관한 이야기는 고객이 제품에서 얻을 수 있는 효익을 정확하게 보여주는 방법이 된다.

3단계: 가치를 분명히 설명한다.

문제를 정의하고 솔루션의 이점을 설명한 이후의 단계는, 자사가 제공하고자 하는 가치를 분명히 표현하는 것이다. 여기서는 다음 두 가지 가치를 모두 고려해야 한다. 하나는 가치 동인Value Driver이다. 가치동인이란, 자사가 제공하는 제품이나 서비스를 통해 고객이 갖고 있는 비즈니스 이슈나 고민(생산성 저하 / 매출 감소 / 시장점유율 하락 / 수익성 개선 / 신사업 발굴 / 비용절감 / 금융비용 등)을 해결할 수 있음을 보여주는 것이고, 다른 하나는 실제 금전적 가치 또는 ROI투자 수익다.

4 단계: 모든 것은 스토리와 함께 전달한다.

가치 제안 전체를 스토리로 만들어서 전달한다. 단순한 제품과 서비스의 이점을 제시하는 것이 아니라 문제, 솔루션, 가치라는 세 가지 요점을 통합한 스토리를 의미한다. 가치 스토리를 가장 효과적으로 전달하는 방법은 실제 고객 사례를 들려주는 것이다. 고객 사례는 훌륭한 스토리가 된다. 상황공통점, 행동제품 구매 및 결과ROI를 포함한 스토리를 개발하고 이를 영업 자료에 포함한다. 영업 대상이 되는 현업부문별, 업종별로 하나 이상의 사례를 개발하고 분석해 자신 있게 전달한다.

만약 가격으로 경쟁하고 있다고 감지되면 가치를 분명하게 효과적으로 표현하지 못한 것이다. 물론 가격이 중요하지 않다는 것은 아니다. 모든 고객은 지급해야 하는 금액을 궁금해 한다. 그러나 앞서 언급한 대로 가치에 대한 효과적인 소통 단계를 거쳤다면 고객은 단순한 가격 이상을 생각하게 될 것이다. 프리미엄 가격으로 제안되었더라도 가격에 대해 질문을 하지 않을 것이다. 어떤 가치가 있는지 고객은 이미 이해했기 때문이다.

가치를 효과적으로 전달해 성공한 사례가 있다. IT업체인 B사는 데이터센터 임대료 문제로 고민하는 A기업에 '공동 데이터센터'를 구축하는 선제안을 스토리텔링하여 성공적인 결과를 이끌어냈다.

- **문제 정의** 외국계 업체인 B사는 A 기업의 IT시스템 운영을 아웃소싱 서비스로 제공해오면서 고객과 윈-윈할 수 있는 추가적인 비즈니스 기회를 만들고자 했다. 먼저 'A기업의 데이터센터가 임대료가 비싼 본사에 꼭 있어야 할 필요가 있을까?'를 생각했다. 실마리가 된 건 신축 데이터센터 구축 타당성 검토 과정에서 알아낸 "본사에서 멀지 않은 거리의 기업혁신도시가 대기업 데이터센터 유치를 원하고 있다는 정보"였다.
- **솔루션 혜택** 기업혁신도시는 토지 분양 시 외국인 투자자를 유치하고자 많은 혜택을 주고 있었다. B사는 기업혁신도시 발전추진단과 타당성 검토를 한 후, B사가 직접 투자하는 방안과 A 기업과 함께 공동 투자하는 방안으로 두 가지 가치 제안을 만들었다.
- **가치 설명** B사는 A기업 CEO에게 "비싼 임대료를 부담해야 하는 본사 사옥의 데이터센터를 양사가 협력하여 기업혁신도시에 건립 이전하면 재정적, 기업 이미지, 대 고객서비스 측면에서 혜택이 크다"고 제안했다.

  제안에는 공동데이터센터 구축 시 기업혁신도시, B사, A 기업 모두가 얻게 될 혜택과 사업 비전이 담겨 있었다. B사로서는 기존의 데이터센터 외에 또 하나의 제2센터가 필요한 시점이었다. 기업혁신도시는 외국인 투자자를 유치하는 실적을 거두게 된다. A기업 입장에서는 신축 데이터센터에 대한 투자를 B사와 분담하게 되어 부담을 줄이는 동시에 B사에 운영을 맡길 수 있어서 데이터센터 관리에 고민할 필요가 없었다.

- **종합 스토리 전달** B사는 이러한 혜택을 종합해 만든 가치 스토리를 A기업에 전달했고, 얼마 지나지 않아 기업혁신도시 정보산업단지 내에 데이터센터를 구축하는 사업계획이 확정됐다.

좋은 가치 제안을 만드는 것도 중요하지만 의사 결정에 도움이 되도록 임팩트Impact 있는 문장으로 고객에게 전달하는 스토리텔링 역시 중요하다.

CHAPTER 5

[목표 Target] '목표'에 도전하라

영업 목표를 설정하고 성취도에 따라 인센티브나 성과급을 연동하는 것은 영업에서 오래도록 당연하게 여겨져 왔다. 회사의 전반적인 사업 전략을 수행하고 전사적인 매출과 수익 목표 달성을 위해서 영업부서가 기여해야 할 부분을 세부적인 목표로 만들어 영업직원에게 부여하게 된다. 때에 따라 영업직원 스스로 목표를 정할 수도 있다. 어떤 영업직원은 부과된 목표가 도전적이라 여길 때 부담감을 가질 수 있다. 그러나 약간의 부담감은 오히려 자극제가 되는 긍정적인 작용을 하기도 한다. 영업직원 스스로 이와 같은 적극적인 사고방식을 갖는 게 바람직하다. 그렇다면 목표는 왜 필요하고 어떻게 설정하고 관리하는 게 좋을까?

목표는 영업의 필수조건이다.

목표가 빠진 영업을 상상할 수 있을까? 영업직원은 과연 무엇을 위해 일하는가. 보통은 회사의 성장 목표 또는 매출과 수익에 기여하는 것을 목표로 한다. 기업은 영업직원의 목표 달성 여부나 기여 정도에 따라 영업직원에게 적정한 수준의 보상을 함으로써 동기 부여를 한다. 반대로 목표 달성을 하지 못했다면 어디에 문제가 있는지 파악하여 개선할 수 있어야 한다. 그렇게 선순환을 하면서 영업직원의 능력이 향상되고 영업 조직과 회사는 발전한다.

영업목표는 일반적으로 하향식Top-down으로 영업직원에게 부여된다. 그러나 선도적인 B2B 기업에서는 다음과 같은 방식으로 하향식과 상향식Bottom-up을 결합하여 만들어진 목표를 부여하기도 한다. 기업은 일반적으로 3분기 정도가 되면 재무와 기획부서의 주도로 차기 연도의 사업 계획과 전략을 수립한다. 이때 국가의 GDP 성장률, 시장의 변화 등 여러 경제 지표를 참고한다. 이렇게 장기적인 전략 목표와 지표를 바탕으로 매출과 수익 목표를 설정하고 제품별 또는 시장별 목표 즉, 어떤 제품을 전략적으로 더 성장시킬지, 어느 시장에 더 중점을 둘지 세부적인 실행 전략을 수립한다. 마지막으로, 직접 고객을 상대하는 사업부나 영업부의 주도로 주요 고객별 사업 계획을 입수해 이를 계획에 반영한다. 이렇게 하향식으로 만들어진 계획은 일선 영업부서가 주도해서 만든 사업계획과 대조하고 취합되어 마침내 전사적인 사업계획으로 완성된다.

다음으로 영업팀이 기여해야 할 세부 목표를 설정하게 된다. 기업의 정책에 따라서 다르지만 영업 목표는 대개 전사적인 성장 목표에 약간의 도전 목표를 추가하여 설정되기도 하는데, 일반적으로 5~10% 정도를 더한다. 연초에 영업직원별로 부여하는 영업목표는 그 항목이 더 구체적으로 세분될 수 있다. 일단 한번 주어진 목표는 그대로 연간 목표로 확정될 수도 있지만, 몇 달 후 다시 한 번 상향식 수정 과정을 거치기도 한다. 아무리 신중하게 세웠다고 해도 완벽한 계획이란 없다. 그래서 시장의 단기적인 변화와 고객의 수요 변화 여부를 재확인한 결과를 반영해서 수정 목표를 세우게 되는 것이다.

대체로 글로벌 기업과 대기업은 목표 설정 과정과 관리 시스템이 명확하지만, 중소기업의 경우 목표가 구체적이지 않거나 목표 설정과 관리 체계가 제대로 되어 있지 않은 경우가 많다. B2B 영업을 하는 중소기업에서는 사장이나 임원 레벨의 네트워크를 활용하여 대부분의 비즈니스 기회를 만들고 영업직원은 팔로우업Follow-up 역할에 불과하다고 여기는 경우가 많다. 당연히 목표 달성에 따른 인센티브 제도를 갖춘 곳도 많지 않다. 목표 설정이 세분되지 않고 전사적인 목표를 모든 부서가 공유하고, 영업직원 간 담당 구역(산업별 혹은 고객별로 구분)만 정해진 경우도 있다. 이때는 한 팀의 실적이 부진하면 다른 팀이 부족한 부분을 메워주길 바란다. 그러나 영업이 잘될 때는 팀워크에 아무 문제가 없을지 모르지만, 불황이 닥쳐서 내 팀의 실적 달성도 힘든 상황이라면 어떨까? 마치 축구 경기에서 골키퍼를 제외한 10명의 선수가 경기장 이곳저곳을 우르

르 떼지어 몰려다니는 것과 다를 바 없다. 공격수와 수비수의 역할이 달라야 하는 건 당연한 이치 아닌가. 각각의 플레이어가 제 역할을 다하면 경기는 잘 풀리게 되어 있다. 영업 목표도 각자가 제 역할을 감당할 수 있도록 개별적으로 구체화시키는 것이 바람직하다. 각각의 영업직원이 주어진 목표를 달성하면 전체의 목표는 저절로 달성된다.

글로벌 기업과 대기업의 경우, 규모가 크고 장기 영업 사이클을 필요로 하는 비즈니스의 특성상 특정 임원이나 영업직원이 혼자 힘으로 영업을 성사시킬 가능성은 별로 없다. 영업과 마케팅, 개발, 기술지원 등 다양한 역할을 하는 직원들의 집합적인 능력이 영업 실적을 만든다. 영업기회 발굴과 고객 지원을 위해서 다양한 영업 자원을 어떻게 활용하느냐가 영업직원의 역량이 되는 것이다. 당연히 영업직원의 목표도 제각각 달라져야 한다. 목표는 1년을 주기로 매년 재설정하는 게 일반적이다. 간혹 영업 사이클이 1년을 초과하는 대규모 비즈니스의 경우에는 다년간의 계약액으로 목표를 설정하기도 한다.

이런 과정을 거쳐 일단 목표가 설정되면 영업직원은 그것을 달성하기 위한 계획을 세워야 한다. 이처럼 목표는 회사 전체와 각 사업부서 그리고 실무 영업직원에 이르기까지 각각의 역할과 책무에 따라 부여되고 이들이 모여서 전사적인 사업 계획이 된다.

도전적인 목표를 설정하라

영업조직은 조화나 균형보다 도전적이면서 목표 달성 의지가 충만한 성취 지향적인 조직 문화를 추구해야 한다. 예를 들어 세 명으로 구성된 영업팀에서 1인당 연간 목표는 10억 원인데, A는 3억 원, B는 5억 원, C는 7억 원을 달성했다고 하자. 이런 경우 영업직원은 목표가 부당함을 하소연한다. "우리 영업 목표는 10억인데 평균 5억밖에 못했잖아. 우리가 부여받은 10억 원은 애당초 실현 불가능한 목표였어! 우리 경영층은 시장을 몰라도 너무 몰라. 평균 5억 원밖에 못 하는데 무슨 영업 목표가 10억이나 돼" 라고 불평을 하며 목표를 달성하지 못한 이유를 외부 환경 탓으로 돌린다. 그러나 팀원들의 유대나 팀워크는 좋을 수 있다. 반면 A는 5억 원, B는 7억 원, C는 15억 원을 달성했다면, A와 B 영업직원은 영업방식에 의심을 받거나, 목표에 대해 불평을 해도 인정받기 어렵다. 이 때문에 팀 분위기는 다소 어색해질 수도 있지만 A와 B가 목표인 10억 원에 도전하도록 만드는 효과가 있다. 도전적이고 성취 지향적인 조직문화가 형성되는 것이다. 이처럼 역량이 상향 평준화되고, 고 성과 창출조직이 되면 조직도 성장한다. 그러나 하향 평준화된 조직은 머지않아 영업조직 자체가 존재하지 않을 수도 있다.

목표는 적당히 도전적으로 설정하는 것이 좋다. 누구에게나 쉬워 보이는 목표는 설령 달성했다 해도 기쁨은 덜할 것이다. 성취감을 맛볼 수 있는 목표를 설정해야 한다. 목표 설정 방법으로는 스마트SMART 방법론이 있다. '스마트 목표 설정' 기법은 피터 드러커가 MBOManagement By Object, 목표관리에서 목표의 타당성을 확인하기 위해 제시했던 방법이다. SMART는 효과적인 목표 설정을 위한 5가지 요소를 제시한다. 무엇을 달성할 것인지, 어느 정도 달성할 것인지, 목표를 달성하기 위해 어떤 일을 해야 하는지, 아주 구체적으로 측정할 수 있는 목표를 설정하는 것이 '스마트 목표 설정' 기법이다. MBO는 그의 저서 《경영의 실제》 1954년에서 처음 언급된 이후 그 의미가 조금씩 변하거나 추가되고 있지만, 목표 설정의 핵심을 담고 있어 여전히 많은 공감을 얻고 있다. 다만 스마트 목표는 목표설정 측면에서는 충분하나 실행과정에서 동기를 부여하기에는 다소 아쉬운 부분이 있다. 목표가 주어진 숫자로만 머물거나 조직으로부터 일방적으로 주어지고 의무적으로 달성해야 하는 조건이라면 공감을 얻지 못한다. 아무리 도전적인 목표라 할지라도 실행과정에서 스스로 동기 부여가 되고 가슴 뛰는 목표로 받아들여질 때 비로소 숫자가 아닌 실행가능한 목표가 될 수 있다. 멘탈 코치인 더그 스트리챠직과 피터 클리프Doug Strycharczyk & Peter Clough는 스마트 목표 설정 기법에 목표가 주는 심리적인 요인 즉, 동기 부여 측면을 추가해야 한다고 강조한다.[23] 즉, 열정과 몰입을 이끌어낼 정도로 흥분시키는Exciting 목표여야 하며, 목표를 달성하는 과정에서 새로운 배움과 경험을 통해 성장할 수 있을 때 더욱 실행에 힘을 쏟게 된다고 한다. 또한, 변화하는 상황에 따라 검토 가능한Reviewable 목표가 되어야 효과적이라고 한다. 이 두 가지 요소를 추가한 것이 'SMARTER 목표 설정' 기법이다.

IT 기업들은 영업목표의 설정과 측정 그리고 성과 관리가 상당히 시

23 Doug Strycharczyk & Peter Clough, 〈Developing Mental Toughness〉, Journal of Sport Psychology in Action, 2019

S	구체적인 (Specific)	• 목표는 명확하고 간결해야 한다. 목표가 명확할수록 효과적이다. • 두루뭉술한 목표보다 구체적인 목표가 달성 가능성이 높다.
M	측정 가능한 (Measurable)	• 제대로 된 목표라면 달성도를 측정할 수 있어야 한다. 정량적으로 측정할 수 있는 기준이 있어야 한다. 목표를 달성했을 때를 인지하고, 그 성공은 어떤 모습인지를 알아야 한다.
A	달성 가능한 (Achievable)	• 충분히 도전적이지만 불가능하지는 않아야 한다. 능력, 역량, 쓸 수 있는 시간들을 모두 고려해보고 달성 가능한 목표를 세워야 한다.
R	타당한 (Relevant)	• 현재 상황에서 타당해야 하며, 실질적인 영향을 미치는 목표이어야 한다.
T	시간제한적인 (Time-bounded)	• 진전을 위해서는 마감일이 있어야 한다. 목표에 마감일이 생기면 목표를 달성하기 위해 무엇을 해야 하는지 스스로 확인하게 된다.
E	흥분시키는 (Exciting)	• 목표는 열정과 몰입을 끌어내야 하며 이로 인한 유익과 영향은 의미 있고 가치 있어야 한다. • 진행 과정 역시 영감을 주거나 새로운 기술의 습득과 같은 개발 기회를 제공해야 한다.
R	검토 가능한 (Reviewable)	• 변화하는 상황에 따라 목표를 검토하고 재설정할 수 있어야 한다.

SMARTER 목표 설정

스템화 되어 있다. 그러나 일부 소프트웨어 기업들은 지나칠 정도로 도전적인 목표를 설정하는 경향이 있다. 목표를 과도하게 주다 보니 달성하고자 끝까지 노력하기보다 중도에 포기하거나 매너리즘에 빠지는 영업직원을 보게 된다. 이런 때, 성공하는 영업직원은 목표 설정에 보다 적극적인 자세로 임한다. 연초에 주어진 목표가 과도하다 싶은 경우, 조목조목 근거를 들어서 논리적으로 자기 의사를 정리하고 관리자와 협의를 통하여 목표 수정 사이클에 반영한다. 스스로 계획을 세워보고 자신이 세운 목표와 회사가 기대하는 목표의 중간에서 타협하고 합의하는 과정을 거치는 것이다. 이렇게 합의된 목표가 만들어지면 영업직원은 열정을 가지고 몰입하게 되며 스스로 동기부여가 될 것이다.

영업리더를 위한 팁: 영업직원이 공감하는 도전적인 목표를 설정하는 방법

영업직원이 목표를 잘 달성할 수 있도록 동기를 부여하는 것은 리더의 중요한 역할이다. 영업직원을 목표에 공감하게 하려면 어떻게 해야 할까?

1. **영업직원 스스로 공감되는 목표여야 한다.** 목표를 그저 달성해야 하는 수치로만 받아들이지 않도록 하려면 목표가 고객으로 하여금 가치를 창출할 수 있어야 한다. 그리고 이것을 영업직원이 공감할 수 있을 때 실행으로 이어진다. 실행력은 공감대에서 나온다.
2. **목표를 설정할 때 영업직원들을 참여하게 한다.** 목표 설정에 영업직원들을 참여시키면 목표에 대해 이해할 수 있고, 자신의 목표를 설정할 때도 보다 구체적으로 계획을 수립할 수 있게 된다.
3. **목표와 관련된 과제를 세분화하고 구체화하라.** 과제를 세분화하고 구체화하면 영업직원이 실행하기가 용이해진다. 또한, 이를 통해 개별 과제를 수행할 수 있는 인력과 자원을 명확히 할당할 수 있게 된다.
4. **목표를 달성할 수 있는 자원을 제공하라.** 아무리 좋은 목표라도 실행할 수 있는 자원이 지원되지 않으면 좋은 결과를 만들기 어렵다. 영업직원이 책임감을 느끼고 과업을 수행할 수 있도록 인력과 예산 등 필요 자원을 지원해 주는 것이 필요하다.
5. **평가지표와 보상 기준을 명확히 하라.** 목표 달성에 대한 평가지표와 보상 기준을 명확히 하여 공헌 정도에 따라 보상해야 한다. 객관적이고 공정한 평가지표는 구성원들의 동기 부여에 큰 영향을 미친다.

궁극적인 목표는 고객의 성공이다.

영업팀의 목표는 매출이나 수익, 또는 회사가 전략적으로 밀고자 하는 특정 제품과 솔루션에 관련된 실적으로 주어지는 게 보통이다. 회사가 해결해야 할 전략과제 위주로 목표를 설정하는 것은 어떻게 보면 당연하다. 일부 B2B 영업을 선도적으로 수행하고 있는 글로벌 기업은 고객의 만족도나 평판 등을 지표로 개발하여 영업직원의 실적 평가 항목으로 사용한다. 영업 실적은 결국 고객의 구매에 의해서 만들어지고, 구매한 솔루션이 얼마나 큰 혜택을 주는지에 따라서 고객의 반응이 결정되며 이는 재구매로 연결될 수 있는 이유가 되기 때문이다. 좀 더 적극적으로 고객의 반응을 목표 설정에 반영하는 경우도 있다. 고객의 성공 여부를 영업의 최종 목표로 보는 것이다. 영업의 성공 여부는 결국 고객이 어떻게 평가를 하느냐에 달려있기 때문이다.

고객에게 성공은 무엇인가. 그건 고객이 왜 그 제품이나 솔루션을 구매했는지에 달려있다 할 것이다. 고객은 자신이 가진 문제를 해결하거나 미래의 과제 달성에 도움이 된다고 판단해서 제품이나 서비스를 구매한다. 생산성을 높이는 데 도움이 되거나 비용을 절감하는 경우 또는 자기 회사의 제품과 브랜드의 가치를 올려주는 데 도움이 된다면 고객은 기꺼이 투자한다. 이런 측면을 고려해보면 고객의 성공은 여러 가지 형태로 나타날 수 있다. 특정 이슈가 해결되었는지 여부와 그 결과로 얻어지는 구체적인 업무 성과가 있다면 성공이라고 볼 것이다. 예를 들어, 개발이나 생산 리드 타임의 단축 또는 생산성의 향상, 나아가 수익 개선과 매출 상승효과

등의 형태로 업무 성과가 나타날 수 있다. 이런 성과가 고객 성공 사례로 외부에 소개되는 경우가 있다면 담당 영업직원에 대한 좋은 평가 지표로 사용된다. 그 외에도 업무에서 거둔 성과로 고객사의 담당자나 관리자가 승진하는 경우도 영업팀의 업무 성과로 볼 수 있다.

이처럼 다양한 형태로 나타나는 고객의 성공을 예측하는 평가 항목이 영업 목표의 일부가 되는 것은 바람직하다. 결국 영업직원은 나 자신과 회사의 성공이 고객의 업무 성과와 성공으로부터 주어진다는 것을 항상 마음에 새기고 영업에 임해야 한다.

국영기업인 A사는 기존 업무를 새로운 체계로 전환하는 차세대 프로젝트를 진행하기로 했다. 신규 프로젝트의 수행을 자회사인 B사에 맡기면서 소프트웨어 개발 프로젝트 관리 전문가로 해외에서 영입된 C 박사를 임명했다. 그러나 프로젝트를 발주한 A사가 하드웨어는 먼저 선정했지만 소프트웨어의 핵심인 데이터베이스 관리 시스템DBMS의 결정을 늦추고 있었다. 공교롭게도 선정을 검토하던 담당 팀장이 퇴사하면서 공백이 생긴 때문이었다. 프로젝트의 납기일은 이미 정해져 있었고 절대 변경이 불가능한 상황이었다. 프로젝트 관리자인 C 박사는 A사의 결정만 무한정 기다리고 있을 수 없는 난감한 입장이 되었다. DBMS를 제안 중이던 나는 그의 입장과 어려움에 충분히 공감했다. 아직 검토 단계라서 계약 가능성이 모호했지만 C 박사를 돕는 건 물론이고 A사의 기간 업무 전환 프로젝트가 제때 성공적으로 끝날 수 있도록

일종의 모험을 할 것을 회사에 건의했다. C 박사에게 시험 사용 권한Trial License을 주고 제품을 선 설치한 후, 필요한 기술 지원도 제공 해줌으로써 프로젝트를 원만하게 진행할 수 있도록 도와주기로 했다. 얼마 후 A사는 해당 프로젝트용 DBMS로 우리 회사 제품을 공식 선정했다. 물론 프로젝트도 성공적으로 마무리됐다. 프로젝트 종료 후 C 박사는 "제품이 선정되지도 않은 상황에서 저를 믿어주고 도와줘서 고맙습니다"라고 인사를 했다. 난 "제품이 선정되지도 않았는데, 우리 제품을 사용해 주셔서 고맙습니다"라고 답하며 굳은 악수를 나눴다.

국영기업체의 프로젝트를 수행할 때는 공식적인 절차와 일정을 지키는 일이 매우 중요하다. 그러나 대규모 프로젝트의 경우에 개발 일정이 촉박해서 모든 절차를 지키며 고객을 지원하기가 수월하지 않은 상황이 일어나기도 한다. 이럴 때 영업직원은 고객의 어려움을 해결해주고 고객의 성공을 함께 이룰 수 있는 해답을 찾아내야 한다. 회사의 규정을 지키면서도 사고의 유연성을 통해 관련 부서와 협력을 이끌어내는 리더십을 발휘해야 한다. 결과적으로 좋은 성과를 내고 고객으로부터 신뢰도 얻는 소중한 경험을 하게 된다.

드문 경우지만, 만약 고객과 우리 회사 간 이익이 상충된다면 어찌할 것인가? 단기적인 시각으로 영업 목표와 성과만을 생각하면 고객의 이익을 위해 일하기 쉽지 않을 것이다. 그러나 장기적이고 궁극적인 영업의 목적을 생각한다면 어떤 선택을 해야 할지 자명하다. 단기적으로 자사에 손실이 있더라도 고객의 입장을 생각하고 필요한 조치를 취하는 것이 바람직하다. 그것이 장기적으로 두 회사가 파트너가 되어 윈-윈Win-Win하는 길이다. 고객의 성공이 궁극적인 영업의 성공임을 다시 한 번 마음속에 깊이 새겨두자.

목표달성을 위한 시스템을 만들어라.

목표가 설정되었다면 그것을 관리하기 위한 시스템이 있어야 한다. 영업 목표Target는 사업 기회Opportunity나 거래 상황의 건강 상태를 쉽게 측정하고 추정하기 위한 것으로 매출액, 수익, 전략 제품의 수량 등을 일정 기간 내 달성해야 한다. 이런 구체적인 목표의 달성은 시장점유율 또는 매출 증가율과 같은 부서 또는 회사 수준의 더 큰 목표Goal의 성취로 연결된다.

영업 목표를 관리하기 위해서 영업 파이프라인 관리Pipeline Management 방법을 사용한다. 이는 영업의 프로세스를 따라서 목표 달성의 진도를 추적하고 관리하는 방법이다. 단순히 목표 숫자만을 추적하는 것이 아니라, 고객별 그리고 영업기회별로 영업 사이클의 어느 지점에 와 있는지 실시간으로 모니터링 하고 시각적으로 표현하기도 한다. 송유관을 흐르는 석유처럼 영업기회가 충분히 만들어졌는지, 제대로 흘러서 목표 지점에 잘 도착하는지를 보는 것이다.

파이프라인 관리는 기본적으로 영업 단계별로 계약 성공 확률을 부여한다. 이를 백분율로 나타내고 가중치로 측정할 수 있다. 이를 통해 파이프라인의 건강 상태를 파악한다. 즉, 목표 달성을 위해서는,

• 영업목표 대비 영업기회가 충분히 확보되었는지,

• 영업 프로세스의 어느 단계에 와 있는지,

• 경쟁 상황은 어떠한지,

• 계약까지 마무리할 수 있는 확률은 얼마인지,

• 마무리가 된 것인지 또는 아직 진행 중인 거래인지,

• 목표로 한 계약 일정 대비 어느 지점에 와 있는지,

등을 파악하고 관리한다.

ABC 주식회사
2021년 파이프라인 현황

(단위: 백만원)

고객명	파이프라인	마감 분기	매출액	가중 확률	가중 예상매출	1분기 예상매출	2분기 예상매출	3분기 예상매출	4분기 예상매출
AA 자동차	리드	1분기	₩300	25%	₩75	₩75			
BB 전자	리드	1분기	₩200	25%	₩50	₩50			
CC 은행	확정기회	1분기	₩100	50%	₩50	₩50			
DD 증권	확정기회	2분기	₩500	50%	₩250		₩250		
AB 보험	제안완료	2분기	₩400	75%	₩300		₩300		
EE 통신	제안완료	2분기	₩300	75%	₩225		₩225		
FF 텔레콤	내부결재	3분기	₩200	100%	₩200			₩200	
GG 상사	내부결재	3분기	₩100	100%	₩100			₩100	
IJ 주식회사	리드	3분기	₩500	25%	₩125			₩125	
JJ 푸드	확정기회	4분기	₩300	50%	₩150				₩150
KK 화학	제안완료	4분기	₩400	75%	₩300				₩300
LL 케미칼	내부결재	4분기	₩200	100%	₩200				₩200
MM 전선	리드	1분기	₩100	25%	₩25	₩25			
NN 은행	내부결재	1분기	₩200	100%	₩200	₩200			
OO 투자신탁	내부결재	2분기	₩300	100%	₩300		₩300		
PP 중공업	확정기회	2분기	₩300	50%	₩150		₩150		
QQ 전기	리드	4분기	₩400	25%	₩100				₩100
RR 제약	리드	4분기	₩200	25%	₩50				₩50
SS 기업	내부결재	4분기	₩500	100%	₩500				₩500
TT 코퍼레이션	제안완료	2분기	₩300	75%	₩225		₩225		
UT 약품	제안완료	2분기	₩200	75%	₩150		₩150		
HH 병원	제안완료	3분기	₩200	75%	₩150			₩150	
합 계			₩6,200		₩3,875	₩400	₩1,600	₩575	₩1,300
						₩400	₩2,000	₩2,575	₩3,875

영업 파이프라인 관리 양식(예)

ABC 주식회사 Win Plan(1/2)			
고객명		기존고객/신규고객	
프로젝트명		담당자(OO)	
영업 단계		예상 매출(백만W)	
예상종료일		고객 URL	
1. 프로젝트 개요			
2. 주요 이벤트별 일정(주요 이벤트 및 예상 종료일 등)			
3. 산출물 및 성공도 판단 기준			

4. 영업기회 평가	일자	답변/주요 내역
1. 이 영업기회는 확정되었는가?		
a. 강력한 추진 이유가 있는가?		
b. 예산은 확보되어 있는가?		
c. 프로젝트 추진은 결정되었는가? 혹은 계획은?		
d. 재무적 타당성은 있는가?		
2. 확실한 제안 계획이 있는가?		
a. 고객의 비즈니스 이슈나 기대 사항을 알고 있는가?		
b. 한 명 이상의 우호적인 의사결정자가 있는가?		
c. 인플루언서가 우리의 가치 제안을 숙지하고 있는가?		
d. 경쟁사 대비 더 좋은 관계를 가지고 있는가?		
3. 우리에게 가치있는 거래인가?		
a. 수익성이 있는가?		
b. 리스크에 대해 대비되어 있는가?		
c. 전략적인 가치가 있는가?		
d. 후속 비즈니스 기회가 있는가?		

ABC 주식회사 Win Plan(2/2)					
5. 주요 의사결정자					
역할	이름	직책	선호 업체	담당	친밀도
의사결정자1					
의사결정자2					
주요 인플루언서1					
주요 인플루언서2					
주요 인플루언서3					

6. 경쟁상황 분석 및 차별화 계획		
제안항목	강약점 비교	차별화 요소
7. 경쟁 전략		

8. 경쟁사 분석			
경쟁업체	강점	약점	차별점
9. 제안 솔루션 내역			
10. 가격 전략			

11. 고객 구매/의사결정 프로세스	
주요 의사결정 일정	종료일

윈 플랜 양식(예)

다음으로 목표 달성을 위한 게임 플랜Game Plan을 작성한다. 게임 플랜에는 어느 고객에게 어떤 제품이나 솔루션을 언제까지 계약하여 주어진 목표를 달성할 것인지를 보여주는 목표 달성 로드맵Roadmap이 포함된다. 모든 비즈니스 기회가 성사되지는 않을 것이므로 150% 이상의 영업기회를 담아내는 것이 바람직하다.

다음으로는 예상한 영업기회별로 윈 플랜Win Plan을 작성한다.

- 고객이 가진 이슈를 해결하기 위해 어떤 솔루션을 제시할 것인가.
- 의사 결정 과정에서 우리 제안을 호의적으로 판정하고 다른 의사 결정권자에게도 긍정적인 영향을 미칠 만한 파워 스폰서는 확보되어 있는가.
- 의사 결정권자 중 누구를 중점적으로 공략할 것인가.
- 전략의 실행을 위해서 내가 할 수 있는 부분과 회사나 동료의 지원이 필요한 부분은 무엇인가.
- 내가 세운 계획대로 잘 되지 않을 경우의 플랜 B는 무엇인가.

등의 내용이 포함되어야 하고 구체적인 행동 계획Action Plan이 반드시 들어있어야 한다.

게임 플랜과 윈 플랜을 기반으로 목표 달성의 진척도를 관리하기 위해서는 주간 단위 또는 수시 점검을 해야 한다. 이때 CRM 시스템에서 제공하거나 회사가 요구하는 양식을 추가로 활용할 수 있다. 특히 진척이 부진할 때 즉, 달성해야 할 목표와의 갭Gap이 클 경우가 있다. 이때는 관리자로부터 압력을 받기 전에 영업직원이 먼저 문제의 원인을 발견할 수 있어야 한다. 그 후 상급자의 코치를 구하거나 필요한 지원을 요구하는 것이 성숙하고 바람직한 영업직원의 자세이다. 이런 적극적인 목표 관리를 위한 행동 양식이 체질화될 때 성공적인 영업직원이 될 준비가 되는 것이다.

영업 목표의 관리 방법과 시스템도 중요하지만, 더 중요한 건 목표에 대한 긍정적인 마음가짐과 적극적인 자세다. 주어진 목표에 부담을 가지기보다 긍정적인 마음으로 임하고 스스로 동기 부여를 하는 것이 최선의 방법이다. 영업직원이라면 누구나 정해진 목표는 달성하고야 만다는 책임감있는 자세로 임해야 할 것이다.

작가의 이야기 3

고객이 원한다면 난 할 수 있어!

인생을 살아가면서 스스로 세운 비전을 실현하며 하루하루를 즐겁게 살아가는 사람이 얼마나 될까. 자진해서 영업직원의 길을 선택하고 난 후, 내 생활에서 크게 바뀐 점이 있었다면 목표를 새롭게 정의한 것이다. 엔지니어로서의 삶을 지속했다면 이런 목표를 갖기는 쉽지 않았을 것이다. 영업을 위해 외근을 나가게 되면 금융과 IT의 중심인 여의도를 벗어나 서울 중심으로 진입하면서 수많은 건물 숲을 지나게 되는데, 어느날 나는 문득 '저 많은 건물 안에는 모두 전산실이 있을 거야'라는 상상을 했다. 그러면서 앞으로 기필코 저곳에 들어가 오라클 데이터베이스 관리 시스템DBMS을 사용하게 만들겠다는 다짐을 하게 됐고 자연스럽게 그것이 나의 영업 비전이 됐다.

나를 포함해 5명으로 출범한 한국오라클(주)의 규모는 매년 두 배 이상으로 성장하고 있었다. 고객 숫자도 빠른 속도로 늘어나고 있었고 회사와 제품의 인지도 또한 몰라보게 좋아지고 있었다. 세계 시장 점유율을 제품 설명 자료에 인용하면 힘들여 설명하지 않아도 고객은 우리 제품을 인정해줬다. 우리끼리는 국내 시장 점유율을 더는 외부에 알리지 말자는 말을 농담처럼 하기도 했다. "대한민국에 오라클 DBMS가 공급되지 않는다면 어떤 일이 벌어질까?"하고 우스갯소리를 꺼낸 후배에게 입 조심하라고 하면서도 "정말 어떤 일이 벌어질 것 같니?"라고 되묻기도 했다. 이미 이즈음에 나는 내가 세운 비전을 이루고 살아가는 행운아였다.

그런 나에게도 시련이 없었던 건 아니다. 시련은 나를 더 강인하게 만드는 고마운 기회이기도 했고, 나에게 기쁨과 환희의 순간을 만끽하게 해준 기회이기도 했다.

K사의 T 프로젝트를 진행하면서 참으로 어이없게도 내가 미처 예상하지 못했던 어려움에 부딪히게 됐다. 나는 이 어려움을 성장의 밑거름으로 삼는 계기로 승화시킬 수 있었고, 이 기회를 통해 고객과의 진정한 파트너십을 새롭게 정의할 수 있었다.

T 프로젝트는 K사의 기간 통신망을 구성하는 데 있어서 기능적인 측면과 사업적인 측면에서도 매우 중요한 사업이었다. 사업 예산 규모가 수백억 원대여서 정보통신 사업을 하는 소프트웨어, 하드웨어, 네트워크업체들은 물론이고, 국내 대형 SI 업체들이 오래전부터 눈독을 들이고 호시탐탐 경쟁의 발톱을 드러내고 있었다. 내 입장에서는 이미 시범 프로젝트에 제품과 엔지니어를 선 지원하고 있었고, 프로젝트를 맡고 있던 연구원들은 물론이고 팀장과의 관계도 원만하게 유지되고 있던 터라 크게 걱정하지 않고 우리 제품이 포함된 예산이 삭감되지 않도록 고객 관리에 힘썼다. 관련 업체들과는 등거리 전략을 펼치며 속칭 꽃놀이패를 즐기는 상황이었다. 더구나 T 프로젝트와 데이터를 공유하는 주변 프로젝트들 대부분은 이미 오라클 DBMS로 구축되었거나 개발 중이었으며 고객 만족도 또한 매우 높은 상태였다.

예상치 못한 변수가 있었다면 프로젝트를 담당하던 P 팀장이 승진하면서, L 박사가 새로운 프로젝트 리더로 외부에서 영입되었는데 나와는 별 무리 없이 순탄하게 지내는 사이로 순항 중이었다. 그런데 어느 순간 L 박사는 경쟁사에서만 제공하는 분산 데이터베이스 기능 중 하나인 복제 투명성 기능Replication Transparency을 써야겠다고 고집했다. 아쉽게도 우리 제품은 차기 버전에서 제공하겠다고 발표한 기능이었고, 아직은 본사 내부에만 존재하는 알파 버전Alpha Version 상태였다. 소프트웨어 회사에서는 제품 출시 전 개발 과정에서 제품을 두 단계로 나누어 관리한다. 개발 초기의 단계로 회사 내부에서 테스트 중인 상태를 알파 버전이라고 부르고, 이후 공식 출시 전 단계에서 선별된 일부 고객사와 시범 테스트 중인 상태를 베타 버전Beta Version이라고 한다. L 박사의 요구는 프로젝트의 특성상 필요한 기능임은 틀림없으나 적용 시점에는 이견이 있을 수 있었다. 규모가 큰 장기 프로젝트였기 때문에 응용 프로그램은 수년에 걸쳐 개발해야 했고 상용화 기간이 별도로 잡혀있는 상황이었다. 초기에는 현재의 기능만으로 개발하고 차기 버전으로 상용화해도 크게 문제가 되지 않을 거라고 개발자들과 공감대를 형성하고 진행하던 터였다. 승진한 P 팀장과도 서로 문제 삼지 않고 진행하고 있었는데 L 박사가 자신의 논리로 강하게 필요성을 고집하니 개발자들이나 P 팀장도 어쩌지 못하는 상태가 됐다. 프로젝트 규모나 지금까지의 진행 상황으로 비춰봤을 때 이런 이유로 경쟁사에 질 수는 없는 상황이었다. 경쟁사와는 몇 해 전에 K사의 다른 프로젝트에서 내가 막판 뒤집기로 이겼기 때문에 경쟁사에서도 엄청나게 열과 성을 다해 고객을 지원하겠다고 선언하고 나섰다. 고객을 설득할 묘안이 쉽게 떠오르지 않았기에 답답함을 넘어 위기감마저 느껴졌다. 고객이 제품의 특정한 기능에 너무 집착하고 있었기 때문이다.

나는 L 박사를 만나 설득했다. 먼저 프로젝트 리더인 L 박사의 입장을 충분히 이해한다고 공감해주고 나서, T 프로젝트와 관련된 주변 프로젝트들에 이미 우리 제품이 사용되어 그 기능과 안정성이 입증되었음을 강조하고, 기술 지원과 영업에 대한 평판을 포함하여 T 프로젝트의 중요성과 L 박사의 소명 의식에 대해서도 진지하게 의견을 나눴다. L 박사는 K사 내 주변 프로젝트 상황을 나름대로 파악하고 있었고 개발자들의 의견도 타진해 보는 한편, 프로젝트 진행 상황을 보고 받고 결심을 해야 하는 입장이 된 상황이었다. 마침내 L 박사가 나에게 질문을 했다.

"지금 제품 상태가 알파 버전이라면 본사 개발 부서에는 틀림없이 책자라도 있을 테니, 그걸 찾아서 보여 주면 사용을 적극 고려해 보려고 하는데 구해줄 수 있겠습니까? 책이 있다면 제품이 있는 것입니다."

알파 버전에 대한 책자를 구하는 것도 쉬운 일이 아니었지만, 아직은 내부용인 자료를 외부로 반출해야 하는 상황이라 본사를 설득하는 일은 무척 어려운 일이었다. 다행히 한국지사장과 아태지역 사장을 비롯한 나의 지원군들이 총동원되어 고객에게 내부 자료를 제공하는 유례없는 일이 벌어졌다. 국제우편을 통해 전달된 책자를 받아든 순간 나는 세상을 다 얻은 듯한 승리감을 만끽했다. L 박사에게 책자를 전달하고 나오면서 지금까지 내가 세웠던 비전을 스스로 실현하며 즐겁게 살아가는 행운아라는 사실을 새삼 확인할 수 있었다.

고객의 의도를 명확하게 파악하고 적극적으로 고객이 원하는 바를 이룰 수 있도록 도와주며, 고객의 마음을 읽고 공감해주는 것은 영업직원의 중요한 역할이자 역량이다. L 박사도 후에 이런 이야기를 들려줬다. "나도 이 분야에서는 해외 박사학위를 소지한 전문가이자 책임감과 소명 의식으로 똘똘 뭉친 사람인데, 내 요구사항을 들어주고자 최선의 노력을 다하는 영업직원의 자세와 지식과 경험은 정말 인정하지 않을 수가 없었다." 이런 노력을 바탕으로 T 프로젝트에 우리 제품이 선정됨으로써 K사에서는 오라클 DBMS가 사실 상의 표준이 되는 계기가 됐다.

고객과 좋은 관계를 유지하며 쌓아온 신뢰를 지키고 싶었다. 고객이 원하는 핵심 요구를 파악하고 해결해주기 위해 본사를 설득하여 전례없는 사례를 만들어 가며 고객을 만족시킨 쾌거였다. 이처럼 영업직원은 지속해서 고객에게 믿음을 주고 있음을 보여줘야 한다. 자신이 말한 대로 실천하고, 자신의 행동에 책임을 지고, 고객과의 약속을 이행함으로써 신뢰를 보여줄 수 있다.

직원들이 보다 큰 범위의 업무 프로세스를 의식하지 않고,

자신의 업무 목표에만 집중하는 조직은 붕괴하기 쉽다.

- 와튼스쿨, 피터 카펠리 교수Peter Cappelli

PART 4

성과를 만들어 내는 영업 프로세스

'영업은 숫자의 게임이다.'라는 말이 있다. 영업실적 달성의 압박과 중요성을 표현한 말이다. 그렇다면 영업직원이나 영업팀이 예측 가능하면서도 더 나은 영업실적을 달성하려면 어떤 준비가 필요할까.

하버드 비즈니스 리뷰의 연구[24]에 따르면, 영업 프로세스를 적용하는 회사는 그렇지 않은 회사에 비해 더 뛰어난 성과를 보인다고 한다. 실제로 표준화된 영업 프로세스를 보유한 기업은 최대 28%의 매출 증가세를 보였다. 반면, 저성과 조직의 48%는 영업 프로세스가 없거나 비공식적인 영업 프로세스를 가지고 있었다. 또한, 기업이 표준화된 영업 프로세스를 적용하면 세 가지 주요 영업 매개변수인 매출수익, 성과, 예측 정확도가 매우 증가한다는 연구결과도 있다. 반면, 무려 68%의 영업직원이 영업 프로세스가 마련되어 있음에도 불구하고 이를 전혀 따르지 않는다는 조사 결과를 보여주었다. 요약하면, 많은 B2B 기업들이 영업 프로세스 관리를 더 잘해야 한다는 걸 의미한다.

기대하는 결과를 만들어 내려면 유의미한 활동이 있어야 한다. 어떤 일을 언제, 어떻게 하면 될지, 그리고 무엇에 집중할 것인지를 결정하는 것이 일을 더 잘하는 방법이고 이를 위해 반드시 프로세스가 있어야 한다. 성과를 내는 영업팀이 되고자 한다면 영업 프로세스를 잘 준수해야 하는 이유가 바로 여기에 있다.

---

24 https://hbr.org/2015/01/companies-with-a-formal-sales-process-generate-more-revenue

CHAPTER 1

프로세스 영업의 중요성

프로세스의 사전적 정의는 '일이 처리되는 경로나 공정'이다. 한편, 기업들의 해석은 조금씩 다르다. GE는 '자원 및 정보를 특정한 제품 또는 산출물Output로 변환시키기 위해 필요한 활동Activity과 과업Task들의 집합'이라고 했고, IBM은 '고객에게 유용할만한 결과를 도출해내기 위한 반복적이며 측정 가능한 과업들의 시리즈'라고 정의했다. 프로세스 혁신의 대가인 마이클 해머Michael Hammer는 프로세스를 '하나 이상의 입력 정보Input를 토대로 고객을 위한 가치 있는 결과물을 산출해내는 행동들의 집합'이라고 정의했다. 특히 그는 각각의 개별적인 프로세스에서 이루어지는 작업도 중요하지만, 전체 프로세스가 제대로 작동하지 못한다면 그 어떤 작업도 고객에게는 무의미하다고 강조했다.

목적달성을 위한 프로세스

위 내용을 종합해 보면, B2B 영업 프로세스는 '하나 이상의 입력 정보 Input를 받아들여 고객이 가치Value 있다고 느낄만한 산출물Output을 만들어내는 행동들의 집합'이라고 정의할 수 있겠다.

B2B 영업 프로세스의 특이점은 고객 중심의 프로세스Customer Oriented Process로써 고객 의존적이라는 점이다. 이는 고객으로부터 입력을 받아서 처리한 산출물을 다시 고객에게 제공하는 프로세스임을 의미한다. 예를 들면, 고객이 특정 스펙에 대한 정보 요청을 하면 영업직원은 회사 내 기술부서의 도움을 받아 관련 정보를 취합하고 정리한 후 고객에게 자료를 제공하게 된다. 이처럼 고객의 다양한 요구에 영업직원이 적합한 대응을 했을 때 영업 프로세스는 비로소 다음 단계로 나아갈 수 있다. 영업 프로세스를 영업직원이 주도적으로 이끌어가기 위해서는 각 단계에서 고객의 기대와 니즈가 무엇인지 사전에 충분히 예측하고 가치 있는 산출물을 제공할 수 있어야 한다.

B2B 영업에서 탁월성을 발휘하고 있는 글로벌 IT기업들은 사건 중심 영업Event Driven Selling보다 프로세스 중심 영업Process Driven Selling을 강조한다. 이유는 간단하다. 사건 중심 영업을 통해 수주한 영업 기회가 오히려

해가 되는 경우도 있기 때문이다. B2B 영업의 매력은 어느 단계에서라도 고객의 요구에 맞춰 잘 대처하기만 한다면 설령 영업 기회에 뒤늦게 참여하더라도 계약에 성공할 수 있다는 데에 있다. 이는 영업 측면에서 보면 매력적일 수 있으나 고객과 자사의 가치 측면에서 보면 전혀 다른 평가를 받게 될 수도 있다.

사건 중심 영업Event Driven Selling으로 수주에 성공한 사례를 보자.

SI 비즈니스를 하는 A 기업의 영업직원인 김 과장은 이번 분기에 계약을 예상했던 영업기회를 1년간 관리해왔음에도 불구하고 수주에 실패하고 말았다. 자신 때문에 영업팀 목표를 달성할 수 없게 될지도 모른다는 미안함에 새로운 영업기회를 찾던 중 친구의 형이 대표로 재직 중인 모 제조 회사의 ERP 혁신 프로젝트를 발굴하게 되었다. 대표는 경쟁사 제안의 개략적인 내용을 알려주면서 프로젝트를 수행할 수 있다고 판단되면 입찰에 참여할 기회를 주겠다고 했다. 영업팀 내부 검토 결과 입찰 참여를 결정하였고, 경쟁사가 1년간 영업해 온 프로젝트에 뒤늦게 참여했음에도 대표의 지원 덕분으로 뒤집기에 성공할 수 있었다. 김 과장은 수주 인센티브를 받고 팀은 그해 우수 팀으로 선정되었다. 그러나 기쁨은 거기까지였다. 준비가 제대로 안 된 상태에서 시작된 프로젝트는 수행 기간 내내 고객 측 실무책임자와의 갈등과 기술적인 문제들로 인해 지연되고 말았다. 결국 이로 인해 수주 금액의 2배에 달하는 지체 보상금을 물어야 하는 상황이 발생했다. 그보다 더 큰 손실도 있었

다. 고객사에 10년간 발을 디딜 수 없게 됐으며, 동종업계에 소문이 퍼져서 추가 신규 영업기회 확보에도 진땀을 흘려야 했다.

영업직원은 주어진 목표를 달성해야 하는 막중한 책무를 지닌다. 이 때문에 영업직원은 고객의 다양한 요구에 대응하는 프로세스 기반의 영업 활동보다 단시일에 결과를 만들기 위한 사건 중심 영업에 힘을 쏟는 경향이 있다. 물론 부여받은 목표를 달성하는 영업도 중요하지만, 단계적인 과정을 거쳐 제대로 된 성과를 내는 것이 오래 가는 영업, 지속 가능한 영업, 고객에게 이로움을 주는 영업으로 이어진다는 것을 명심해야 한다.

CHAPTER 2

B2B 영업 프로세스와 단계별 주요 활동

B2B 영업 프로세스는 제품과 시장, 그리고 사업 모델에 따라서 달라지기 때문에 어느 하나로 정형화하기 쉽지 않다. 그럼에도 일반적으로는 1) 고객예측 -> 2) 사전준비 -> 3) 접근 -> 4) 제안 -> 5) 의견조정 -> 6) 클로징 및 사후관리 단계로 나눌 수 있다.

고객 예측 Prospecting	사전 준비 Preparing	접근 Access	제안 Proposal	의견 조정 Handling Questions &Objections	클로징 및 사후 단계

B2B 영업 프로세스

고객예측Prospecting **단계**는 잠재고객(또는 가망고객)을 발굴하고 자사의 제품이 고객 니즈에 맞는 솔루션이 될 수 있는지를 평가하여 영업기회

Business Opportunity를 만드는 단계다. 잠재 고객의 발굴을 위해서는 마케팅 팀의 지원을 받을 수 있다.

이때 고객은 자사의 솔루션에 관심을 보이긴 하지만 본격적으로 검토할지 어떨지 아직 알 수 없는 상태다. 주요 영업 활동으로는 먼저 고객에 대한 사전 조사를 통해 정보를 입수하여 고객 프로필을 작성한다. 이후 전화, 메일 또는 방문 등의 방법으로 고객을 접촉하고 영업기회에 관한 기초 사항을 파악한다. 예를 들면, 이전에 고객 관련 활동 이력이 있는지, 고객의 비전과 목표, 당면한 과제 등을 확인하고 솔루션을 구매하거나 기존 솔루션을 변경하려는 이유는 무엇인지, 그리고 예산과 같은 기초적인 상황을 조사하거나 고객으로부터 청취한다. 이를 토대로 고객이 갖고 있는 문제는 무엇이고, 어떤 해결책을 검토하는지 그리고 자사의 제품이나 서비스가 솔루션이 될 수 있는지 등의 관점에서 영업기회를 사전에 평가해보는 것이다. B2B 영업은 경쟁사보다 얼마나 일찍 영업기회에에 접근했느냐에 따라 수주 가능성이 높아질 수 있다. 반대로, 수익성이 없거나 경쟁력이 부족한 영업기회에 일찍 들어갔다가 너무 많은 비용과 노력을 투입함으로써 기회비용을 허비하는 경우도 종종 발생한다.

잠재 고객과 대면 또는 비대면으로 의사소통하는 과정에서 영업직원에 대한 강한 신뢰를 얻을 수도 있고 그렇지 못할 경우에는 다음 단계의 프로세스로 진전되지 못할 수도 있다. 따라서 첫 영업 상담에서는 어색한 분위기를 깨는 가벼운 대화를 위해서 라포Rapport를 잘 활용하는 것이 중요하다. 적합한 언어 사용, 태도, 복장, 이미지, 발표자료, 유인물 등이 고객의 눈높이에 맞춰 적절히 준비되어야 한다. 또한, 고객과 상담을 마무리할 때는 반드시 다음 약속이나 계획을 고객과 합의한다.

사전준비Preparing **단계**는 고객과의 상담을 통해 고객이 목표하는 모습과 현재 상황에 비추어 효과적인 제안 영역을 판별하고 제안의 방향성을 잡기 위한 단계다.

이 단계는 영업기회의 진척을 위한 정보 수집이 충분하지 않고, 고객 역시 프로젝트 진행 계획이 아직 불투명하거나 정리되지 않은 상태이다. 이로 인해 타사와 차별화할 수 있는 제안 포인트가 명확하게 만들어지지 않은 상황이다.

이 단계의 주요 영업 활동으로는, 고객과의 상담을 위한 초기 과제 가설을 설정하고, 예상 효과, 주요 의사 결정권자와 영향력 있는 담당자, 평가 프로세스와 의사 결정 프로세스, 제안 솔루션을 선택해야 할 설득력 있는 이유, 경쟁 상황과 장애요인, 그리고 예산과 기대 ROI 등을 파악해야 한다. 또한, 실무 추진자와의 양호한 관계를 구축하고 고객의 사업 전략 및 조직도를 파악하고 정리한 후, 과제 가설과 제안 골자를 담은 제안 초안을 작성한다. 결국 이 단계에서는 발굴된 영업기회에 대한 영업 추진 여부를 확정Qualification 짓는 것이 가장 중요한 결과물이라고 볼 수 있다.

접근Access **단계**는 자사의 강점을 반영한 제안을 통해 솔루션 도입 가치를 업무 추진자에게 인식시키고, 의사 결정에 영향을 미치는 주요 인물에게 제안할 기회를 획득하는 단계다.

이 단계는, 추진자 또는 기안자가 누구인지 모르거나 추진자가 자사에게 주는 가치가 무엇인지를 명확하게 이해하지 못하여 사내의 이해관계자(의사 결정에 영향을 미치는 주요 인물)에게 자신있게 제안하지 못하는 상황이다.

주요 영업 활동으로는, 경쟁사 대비 차별화 요소를 바탕으로 시연하고 비용 대비 효과ROI를 산출한다. 추진자와 의사 결정권자의 관계를 파악하고, 자사에 대해 긍정적인 주요 인물들을 확보하는 동시에 고객의 추진 프로젝트 가동을 지원하며, 의사 결정에 영향을 미치는 주요 인물에게 제안할 기회를 획득해야 한다. 또한 사내에서는 수주 시 예상되는 자원(기술 전문가나 지원 엔지니어 등)을 확보하여야 한다.

제안Proposal **단계**는 의사 결정에 영향을 미치는 주요 인물에게 프레젠테이션을 통해 솔루션 도입 가치를 인식시키고 고객사로부터 최종 후보 기업 중 하나로 선정되기 위한 단계다.

이 단계는, 의사 결정에 영향을 미치는 주요 인물이 자사의 가치를 아직 충분히 이해하지 못한 상황이다. 추진자/기안자의 납득은 얻었지만, 의사 결정자용 시연 및 제안서 작성은 아직 마치지 못했고 의사 결정에 영향력이 있는 주요 인물의 참여도 아직은 확실하지 않다.

따라서 이 단계의 주요 영업 활동으로는, 자사가 제안하는 제품이나 서비스의 기능 요건, 솔루션 성능 등 제안의 핵심을 의사 결정자에게 확인시켜줄 수 있어야 한다. 먼저 최종 의사 결정자의 의사 결정 기준 및 프로세스를 파악한다. 유인물이나 브로슈어를 통한 설득이 될 수도 있고 의사 결정에 영향을 미치는 주요 인물이 참석한 회의에서 솔루션을 발표하거나 시료나 샘플 등을 제시할 수 있다. 자사 방문 또는 공장견학 등 고객과의 논의를 확장하거나 자사의 가치를 입증하기 위한 다양한 활동이 추가될 수 있다. 제품이나 솔루션을 제시할 때는 고객이 가진 문제점이나 요구에 대응하여 자사가 보여줄 수 있는 차별적인 가치를 제시하는 것이 중요하다. 핵심적인 활동은 자사의 강점을 강조하되 고객의 상황에 맞춤 대응하는 커뮤니케이션이다. 또한, 도입 후의 진행 방법 및 이행 프로젝트 책임자와의 합의, 파트너 체제 및 가격 합의, 비용 대비 효과ROI의 합의, 제안 가격의 사내 승인 등의 활동이 포함되고 마지막으로 계약 체결을 위한 준비가 필요하다.

의견조정Handling Questions & Objections **단계**는 최종 의사 결정 전 좀 더 명확한 근거를 요구하는 고객을 위해 각종 질문에 답하고 고객이 제기하는 이의 사항을 해결하는 단계다.

이 단계는 자사의 솔루션이 최종 후보 중 하나지만, 아직 최종 결정에는 이르지 못한 상황이다. 라이선스·가격·일정 등 최종적으로 자사 솔루션 도입에 관한 고객사 내부 합의가 아직은 이루어지기 전이다. 고객으로서는 결과에 대한 책임을 져야 하기에 의심하거나 불만을 제기하는 것은 아주 당연한 일이다. 그러나, 영업직원 입장에서 보면 고객의 저항은 큰 도전으로 비칠 수 있다. 확보된 예산을 초과하거나, 제안 요청 시 제시한 규격에 맞지 않거나, 고객이 기대한 가격에 미치지 못하거나, 경쟁사가 더 좋은 조건을 제시하는 등으로 인해 지금까지의 노력이 한순간에 물거품이 될 수 있고 고객의 이탈이 발생할 수도 있기 때문이다. 영업직원의 경험이나 직감에 의해 고객의 다양한 태도와 저항에 순발력 있게 대처하는 경우도 있지만, 자칫 쉽게 고객을 놓칠 수도 있고 반대로 고객의 과도한 요구를 받아들임으로써 수익성을 악화시켜 사업이나 프로젝트 수행 시 리스크 요인으로 작용할 수 있다. 따라서 신중한 검토를 한 후 대응할 필요가 있다. 의견조정을 위해서는 이용 가능한 정보와 내/외부 자원을 활용해 주어진 시간 내에 최적의 대안을 제시해야 한다. 일반적으로 고객은 경쟁사, 예산, 시간, 자원, 성공 가능성 등 다양한 변수들을 동시에 고려하기 때문에 고객이 제기한 이슈나 요구에 일희일비하기보다는 서로 윈-윈Win-Win할 방안을 찾아 제안할 필요가 있다.

주요 영업 활동은, 구매 합의를 위한 고객측의 최종 요구조건을 확인하고 사내 또는 협력사와 제안 내용을 최종 협상 및 합의를 하는 일이다. 프로젝트 체제, 일정, 가격, 라이선스, 협력사의 조건을 합의하고, 가격과 계약 조건 등을 고객에게 최종 제시한다. 또한, 구매 프로세스상의 특이사항이나 계약 조건을 검토함으로써 계약 체결과 관련된 리스크에 대응해야 한다.

클로징Closing **및 사후관리 단계**는 고객에게 필요 서류를 전달하고 완료 예정일까지 주문서 및 계약 서류를 수령하는 단계다. 일반적으로 계약서Contract나 양해각서MOU; Memorandum of Understanding 등 문서로 최종 구매 의사 표시를 하게 되는데, 주의할 점은 아직 수주가 결정된 것이 아닐 수도 있다는 것이다. 계약서에 사인하기 직전, 계약이나 구매가 결렬, 보류, 취소되는 경우도 있다. 따라서 영업직원은 늘 긴장해야 한다.

주요 영업 활동은 계약 내용에 대해 최종 합의를 하고 고객으로부터 주문서를 수령하는 일이다. 수령한 주문서는 담당 부서에 보내고, 법무팀의 지원을 받아 계약서에 상호 사인과 날인을 받음으로써 마무리한다. 그러나 영업의 최종 마무리는 사후 관리Follow-up까지를 반드시 포함해야 한다.

사후 관리를 어떻게 하느냐에 따라 회사와 브랜드 이미지가 달라질 수 있다. 고객이 사후관리에 만족해 재구매로 이어지는 경우도 있지만, 불만족한 고객은 다시 구매하지 않거나 심지어는 부정적인 소문을 내 회사가 힘들어지는 상황이 발생하기도 한다. 따라서 사후관리의 기준도 반드시 고객 중심이어야 한다. 까다로운 고객의 과도한 사후 관리 요구처럼 정상적이지 않은 경우를 제외하고는 항상 고객의 불편과 불만에 귀를 기울여야 한다.

영업 프로세스는 영업활동의 절차만 규정하는 것이 아니라, 영업기회 파이프라인 관리Opportunity Pipeline Management와 연계되어서 영업팀과 영업 직원별 목표Quota 대비 진척 및 달성도를 관리하는 데 필요한 기초 데이터를 제공한다. (183페이지 파이프라인 관리 양식 참조) 그러나 파이프라인 관리가 지나치게 내부 성과를 관리하는 도구로 활용되는 건 바람직하지 않다. 성과에 대한 지나친 압박감 때문에 영업 활동이 고객에게 실질적인 도움이 되지 않거나 다음 영업 단계로 진척되지 못하는 정체의 원인이 될 수도 있다.

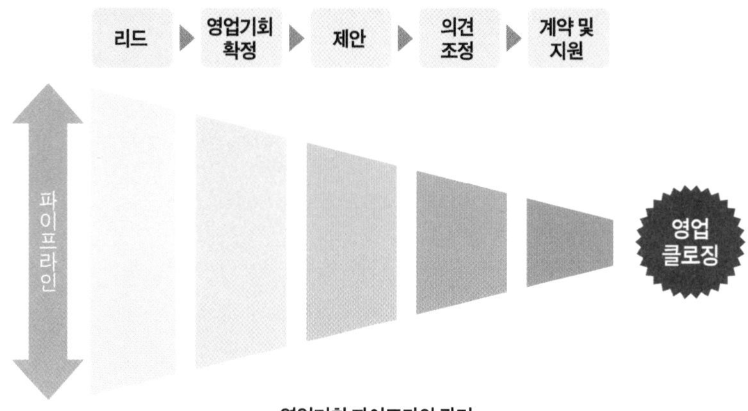

영업기회 파이프라인 관리

영업 프로세스를 정형화하는 이유는 어떤 일을 어떻게 할지 미리 정해 놓아서 바로 행동할 수 있도록 하는 것이다. 또한, 영업 단계별로 지속 진행 여부를 판단하는 의사결정 기준을 정해 놓고 가치 있고 유의미한 영업 활동에 집중하자는 것이다. 단, 영업 프로세스와 단계별 영업활동은 영업측면에서만 보기보다는 고객의 관점에서 생각해야 한다. 고객이 어떤 아픔과 고통이 있는지, 다음 단계로 진전하려면 무엇을 해야 하는지, 나아가 고객 만족과 충성도를 높이기 위해 챙겨야 할 일 중 빠뜨린 건 없는지를 확인하고 고객과 의사소통해야 영업 현장에서 실질적으로 작동하는 영업 프로세스가 된다.[25]

25 여기에 소개한 6단계의 B2B 영업 프로세스는 일반적인 단계별 분류이지만 대표적인 CRM 제품인 세일즈포스(Salesforce.com)의 영업 프로세스 자료를 참조하여 기술하였다.

사업 특성별 영업 프로세스의 유형

영업 프로세스는 어느 하나로 고정되어 있지 않고 업의 특성에 따라 비즈니스 모델, 영업 전략, 방향을 반영해 그 단계와 주요 활동이 달라질 수 있다. 과거 하드웨어 중심 시장에서 독보적이었던 IBM은 영업직원의 대고객 세일즈 상담에 초점을 맞춘 5단계의 논리적 영업 프로세스LSP; Logical Selling Process를 제시했다. 그러나 1990년대에 들어서 비즈니스 모델을 하드웨어 제품 중심에서 소프트웨어 및 컨설팅 서비스 모델로 전환하면서 영업 프로세스와 관리체계에도 혁신이 필요했다. 이 시점에 시장진입 전략과 가치Value의 관점에서 영업기회를 검증하는 영업 단계와 활동이 추가되었다. 새롭게 만들어진 영업 프로세스 7단계 중 2~6단계는 CRM시스템과 연동하여 영업기회에 대한 성과 관리 체계를 수립하였다. 이를 기반으로 영업 관리자의 일하는 방식도 SSMSignature Selling Methodology 프로세스에 맞추어 진척 관리하고 코칭 및 피드백하는 방식으로 전환하였다.

B2B 영업 프로세스에 업의 특성을 반영하여 운영하게 되면 효율성이

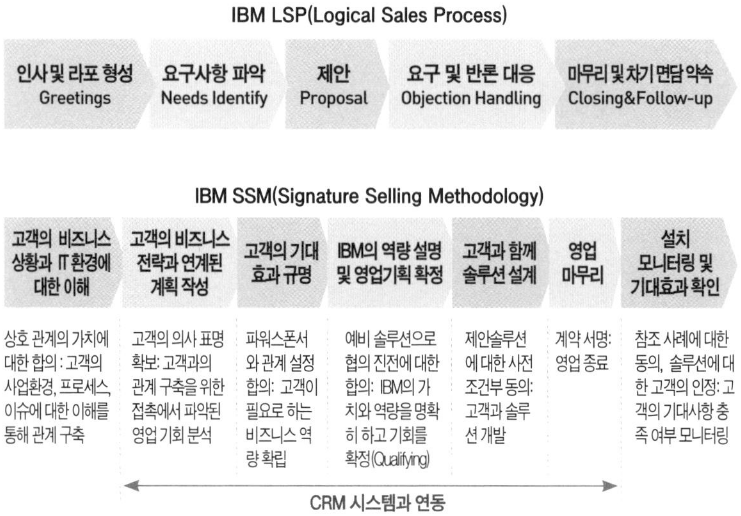

IBM LSP(Logical Sales Process)

인사 및 라포 형성 Greetings	요구사항 파악 Needs Identify	제안 Proposal	요구 및 반론 대응 Objection Handling	마무리 및 차기 면담 약속 Closing&Follow-up

IBM SSM(Signature Selling Methodology)

고객의 비즈니스 상황과 IT 환경에 대한 이해	고객의 비즈니스 전략과 연계된 계획 작성	고객의 기대 효과 규명	IBM의 역량 설명 및 영업기회 확정	고객과 함께 솔루션 설계	영업 마무리	설치 모니터링 및 기대효과 확인
상호 관계의 가치에 대한 합의 : 고객의 사업환경, 프로세스, 이슈에 대한 이해를 통해 관계 구축	고객의 의사 표명 확보: 고객과의 관계 구축을 위한 접촉에서 파악된 영업 기회 분석	파워스폰서와 관계 설정 합의: 고객이 필요로 하는 비즈니스 역량 확립	예비 솔루션으로 협의 진전에 대한 합의: IBM의 가치와 역량을 명확히 하고 기회를 확정(Qualifying)	제안솔루션에 대한 사전 조건부 동의: 고객과 솔루션 개발	계약 서명: 영업 종료	참조 사례에 대한 동의, 솔루션에 대한 고객의 인정: 고객의 기대사항 충족 여부 모니터링

← CRM 시스템과 연동 →

보다 극대화될 수 있다. 다음에 제시하는 영업 프로세스는 업의 특성에 따라 영업 단계와 주요활동이 조금씩 차이가 있음을 보여준다. 업의 특성에 맞는 영업 프로세스와 단계별 주요활동을 참조하기 바란다.

프로젝트 기반의 솔루션 영업 프로세스

프로젝트 기반의 솔루션 영업의 경우에는 제안한 솔루션이 고객의 요구에 부합하는지 그리고 솔루션 도입 후 고객의 기대에 부응하는지를 입증하는 것이 가장 중요한 영업 활동이라고 볼 수 있다. 특히 설치 및 지원 단계는 고객 만족도를 결정지을 뿐 아니라 후속 영업기회를 발굴할 수 있는 또 다른 시작이므로 지속적인 고객관리가 요구된다.

프로젝트 기반의 솔루션 영업프로세스

리드 발굴 (Lead Generation)	리드 확정 (Qualify Leads)	가치 제안 (Demonstrate Value)	반론 대응 (Manage Objections)	설치 및 지원 (Deliver and Support)
구매 의사결정자 파악	예산 확보 여부, 시간 할애, 고객의 의지 등 확인	자세한 솔루션과 기대 효과를 설명	고객의 반론을 예상하고 대응. 구매 의사 결정 확인	고객과의 약속 이행 및 후속 영업 기회의 시작단계

프로젝트 기반의 솔루션 영업 또는 계약 후 유지 보수가 요구되는 사업 수주 제안 영업 프로세스에 유용함

파트너를 통한 영업 프로세스

파트너를 통한 영업을 하는 이유는 B2B 기업이 직접 판매 채널과 영업 인력을 운영하는 것보다 파트너를 이용하는 것이 고객 만족과 비용 측면에서 유리하기 때문이다. 파트너의 영업 인력과 채널을 활용하여 고객 커버리지를 확대하고 짧은 기간에 영업 매출을 올리기 위해 협업을 하는 것이다. 메이커의 제품력이나 서비스 지배력이 파트너와의 관계에 크게 영향을 끼친다. 메이커는 파트너에게 과도한 영업목표를 요구한다든지, 재고 밀어내기나 압력행사 등을 통해 직접적으로 간섭하거나 관여하지 않는 것을 원칙으로 삼아야 한다. 메이커와 파트너가 협업하는 과정에서 영향력을 행사하는 방식에 따라 다양한 전략을 구사할

파트너 영업프로세스

고객예측 Prospect	영업기획 확정 Qualification	제안 Proposal, POC/BMT	고객동의 Agreement	계약 Cosing
영업기회 실마리 찾기	확인된 영업기회 집중 메이커와 영업기회 회의	제안 및 POC (Proof of Concept), BMT (Benchmark Test)	고객동의 및 발주	계약서 작성 및 제품 배달 및 설치 등

수 있는데, 파트너 간 경쟁을 유도하여 성과를 올리는 방법도 있다. 하지만 메이커로서는 갈등 발생을 최소화하는 파트너 관리, 그리고 목표달성이 가능하도록 동기를 부여하는 영업 지원을 하는 것이 더 바람직하다.

제조기반의 B2B 영업 프로세스

제품 개발과 생산과정이 포함된 제조기반의 B2B 영업 프로세스는 다음과 같다. 마케팅에서 목표 시장 조사와 경쟁사 제품 조사가 이뤄지고 영업에서 예상 수요가 파악되면 제품개발, 시연의 과정을 수행한다.

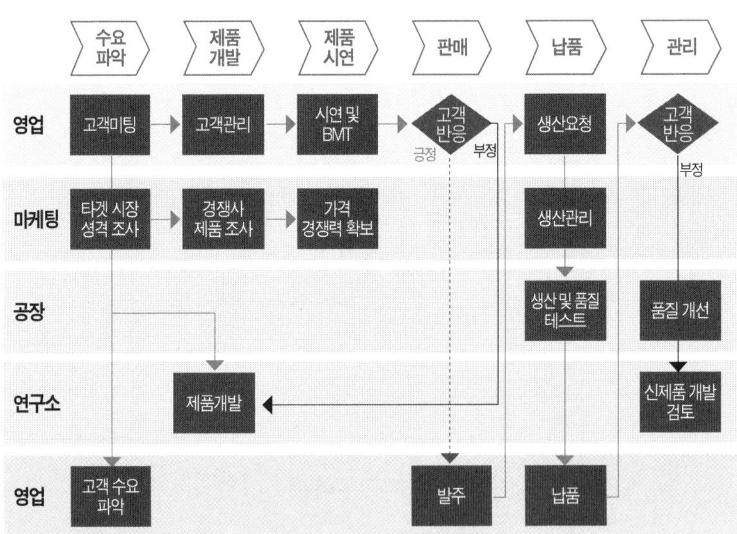

제조기반의 B2B 영업 프로세스

B2G 영업 프로세스

공공기관이나 정부 부처를 대상으로 하는 B2G Business to Government 영업은 크게 사업추진 검토단계, 예산 확보 단계와 RFP 발행 이후의 단계로 나눌 수 있다. B2B 사업과 비교하면 시간이 오래 걸리고 협의해야 할 관련 기관이 더 많기 때문에 사업 이력 관리와 관련 부처의 인맥 관리가 중요하다.

구분	사업 추진 결정	ISP 수립	예산 확보	사전 RFP 공고	RFP 공고 사업자 선정
주요 활동	• 사업 추진 방침 결정 • 기술 방식 조사 - 기술 적용 현황 - 기술 발전 방향 - 표준화 방향 - 산업 생태계 현황	• ISP 수립 업체 선정 • ISP 수립 - 현황 분석 - 목표 검토 - 구축 범위 검토 및 설계 - 소요 예산 검토 - 예산 검토 등	• 예산 확보 요청 • 예산 심의 및 확정	• 사전 규격 공개 • 각 업체 및 기관별 이슈 및 의견 개진 • 개진 의견별 수용 여부 결정 및 RFP 수정	• 조달청 RFP 공고 • 참여 업체 제안서/가격 제출 • 제안 설명회 • 우선협상 대상자 선정 • 기술협상 • 계약
주요 기관	• 중앙정부부처/지자체/공사 등 수요기관	• 수요기관	• 수요기관 • 기획재정부	• 조달청	• 조달청

CHAPTER 3

영업 프로세스가 필요한 10가지 이유

영업직원이 자신의 재능과 지략에 의존하여 영업할 수도 있지만, B2B 영업은 예측 가능한 영업 단계와 표준화된 주요 영업 활동에 따라 진행해 가는 것이 더 효과적일 수 있다. 이것을 우리는 '영업 프로세스'라 한다. 영업 프로세스를 마련하고 이를 잘 지켜나가는 조직의 성과는 남다르다. 그럼 지금부터 B2B 영업에서 표준화된 영업 프로세스가 필요한 이유를 자세히 살펴보자.

1. 불필요한 업무를 줄인다.

영업 프로세스를 따라가다 보면 각 단계의 영업 활동이 물 흐르듯 이어져 최종 결과에 이르게 된다. 특정 단계에서 다음 단계로 나아가도록 하는 요건이 잘 정의되어 있다면, 그 시점에 필요한 활동을 쉽게 알 수 있다. 병목 현상을 유발하거나 결과가 확실하지 않은 영업 활동은 무시하면 된다. 어떤 영업 활동을 하는 것이 영업직원과 고객에게 도움이 될 것인지를 사전에 판단할 수 있다. 즉, 영업 프로세스를 이용하면 불필요한 업무를 미연에 방지해 시행착오를 줄일 수 있다.

영업 초기, 잠재고객의 니즈 파악을 위한 상담 시 고객의 요구에 과잉 대응하느라 시간과 자원을 낭비하는 때가 있다. 예를 들어, 제품 설명 중에 갑자기 고객이 어려운 기술적인 문제를 물어오면, 혹시라도 우리 제품에 부정적인 선입견을 가지고 있어 나온 질문이 아닐까 우려하여 대응하느라 불필요한 시간을 낭비한다. 이런 때에는 경청과 질문 기술을 사용하여 고객이 가진 문제와 기대효과에 대해 정리한 후, 우리 제품이 솔루션이 될 가능성만 제시하는 본래의 활동에 집중한다. 기술적인 질문에 대한 대응은 이후의 제안 단계에서 구체적으로 제시해도 된다. 당장 고객의 긍정적인 반응을 얻기 위해 무리한 답변으로 혼란을 주거나, 엔지니어와의 다음 방문을 약속하는 것은 이 단계에서는 불필요할 수 있다.

2. 영업의 궤도 이탈을 막아준다.

영업 프로세스는 고객 입장에서 보면 제품의 필요성을 깨닫는 것에서 실제 구매에 이르기까지의 여정이기에 영업직원에게는 고객에게 다가가는 로드맵이기도 하다. 로드맵이라고 해서 "이 활동 후에는 반드시 저렇게 해야 한다"와 같은 일방적인 지시를 따르라는 건 아니다. 그보다는 명확하게 구분된 단계와 이정표를 가진 GPS 시스템과 유사하다. 각 단계에서 실행해야 할 활동을 알려줌으로써 영업직원이 영업 프로세스상 어디에 위치하는지, 언제 다음 단계로 넘어갈 지 그리고 혹시 단계를 조정해야 할 필요는 없는지를 판단할 수 있도록 도와준다. 영업 프로세스를 진행하면서 엉뚱한 활동을 하지 않도록 함으로써 궤도 이탈을 사전에 막아주는 지침이 되는 것이다.

축구 경기에서 감독은 경기 전반에 대한 전술과 포지션별 선수들의 역할에 대한 가이드라인을 제시한다. 선수는 감독의 가이드라인을 따르되, 자신의 판단력과 창의력을 발휘해서 경기에 임한다. 마찬가지로 로드맵은 길을 보여줄 뿐, 그 길을 따라가다가 어디를 거쳐갈지 또는 사고가 났을 경우 기다릴지 돌아갈지 여부는 운전자 즉, 영업직원이 판단하는 것이다.

3. 재능과 창의성을 발휘하게 한다.

영업프로세스에 따라 영업활동을 전개해 나가다 보면 각 단계에서 해야 할 일을 쉽게 가늠할 수 있다. 이로 인해 어느 시점에 자신이 보유한 재능과 창의성을 발휘해야 하는지를 알 수 있게 된다. 왜냐하면, 영업 프로세스가 잘 정의됐다 하더라도 소셜 미디어 활용 방법, 상담 시나리오 준비 방법, 이메일 작성법이나 제안서 초안을 작성하는 방법 등과 같이 세부적인 활동을 전개해 나갈 때는 영업직원의 재능과 창의력이 발현되어야 하기 때문이다. 예를 들면, 영업 기회를 찾기 위한 리드 생성 단계에서는 고객의 애로 사항을 듣고 이면에 숨어 있는 니즈와 진정 원하는 것이 무엇인지 찾아내야 한다. 영업직원은 이때 미리 준비한 질문을 통해 고객의 걱정과 경쟁 관계 등을 알아낼 수 있어야 한다. 이후 고객에게 들은 이야기를 종합해 사내의 전문가들과 솔루션을 만들 때도 고객 관점에서 자신만의 창의적인 아이디어를 더하여 전달할 수 있어야 한다.

4. 고객의 관점에서 바라보게 한다.

기업은 종종 고객 관점을 충분히 반영하지 못한 채 판매자 관점에서 프로세스를 설계하기도 한다. 그러나, 효과적인 영업 프로세스가 되려면 다양한 영업 상황을 고려하고 고객 요구에 맞추어 조정이 가능해야 한다. 그래야 영업사이클을 단축할 수 있다. 고객의 관점에서 영업 프로세스를 만들기 위해서는 반드시 다음과 같은 질문을 해보아야 한다. 나의 주요 고객 그룹은 누구인가? 어떤 구매 사이클이 있는가? 중요시하는 구매 가치 기준은 무엇인가? 나의 고객은 신규 고객인가 아니면 기존 고객인가? 이런 질문의 답에 따라 각 영업단계에서 고객의 요구와 기대치가 달라지며, 다양한 고객의 기대치를 충족시키기 위해 영업직원이 점검해야 할 포인트 역시 달라진다. 예를 들면, 영업목표를 달성하기 위해 특정 고객의 영업 기회를 계획보다 앞당겨 마무리해야 할 경우가 있다. 이럴 때 고객의 관점에서 생각해 볼 수 있다. 고객사 내부의 의사 결정 및 구매 프로세스를 빠르게 진행하면 어떤 이점이 있는지에 대한 논리를 만든 후, 촉박하지 않게 사전에 도움을 요청한다면 큰 문제없이 원하는 대로 클로징을 할 가능성이 커진다. 이처럼 판매자의 관점에서 벗어나 고객의 관점을 반영한 영업 프로세스가 만들어져야 영업의 효율을 높일 수 있다.

5. 정체된 원인을 쉽게 찾을 수 있다.

표준화된 영업 프로세스에 따라 영업 활동을 전개하면, 일이 계획한 대로 진척되지 않을 때 영업이 정체된 원인을 쉽게 찾아낼 수 있다. 체계적으로 정의된 일련의 단계를 진행하면서 개별 영업기회에 대한 조치가 충분히 이뤄졌는지 확인할 수 있기 때문이다. 영업직원이 마땅히 취했어야 할 조치를 놓쳤다거나 실수나 시간 낭비로 판명된 사항까지 분석할 수 있고, 모든 영업기회에서 지금까지 달성한 것과 달성하지 못한 것을 알 수 있다. 또한, 일선 영업직원부터 최고 영업관리자까지 어떻게 하면 모두가 원하는 것을 달성할 수 있는지 알 수 있게 된다.

영업 일선에선 초보 영업직원이든 경험이 많은 영업직원이든 언제나 문제가 생기기 마련이다. 초보 영업직원은 모르는 것이 많아서 실수를 하고, 경험이 많은 영업직원은 나름대로 아는 것이 많아서 해야 할 일을 제대로 하지 않고 시간을 낭비하는 경우도 있다. 하지만 표준화된 영업 프로세스에 맞춰 실행하고, 영업 관리시스템을 운영하면 이런 오류를 줄일 수 있다. 영업직원부터 관리자에 이르기까지 영업에 관여된 이들이 모두 단계별로 해야 할 일을 확인할 수 있어, 영업이 정체된 이유를 찾을 수 있고, 영업 성공 가능성을 높일 수 있기 때문이다. 또한 영업기회와 관련하여 모든 이해 당사자가 동일한 언어로 소통하고 같은 눈높이를 갖게 되어 일관된 방향성을 가질 수 있다.

6. 리드 검증Lead Qualification이 쉬워진다.

명확하게 정의된 영업 프로세스를 채택하여 운영하면 목표 달성에 도움이 된다. 어떤 잠재 고객이 구매 가능성이 낮은지 아니면 높은지를 식별할 수 있기 때문이다.

B2B 영업에서 신규 고객을 대상으로 할 경우 기존 고객일 때보다 영업 사이클이 길어서 영업직원이 담당하기 꺼리는 원인이 되는데, 70% 이상의 영업기회가 생성부터 마무리까지 약 4~12개월의 시간이 걸린다. 검증된 리드를 프로세스 영업 초기에 식별할 수 있다면 판매 주기를 단축하거나 좀 더 분명한 목표를 설정하는 데 도움이 될 수 있다. 또한 검증된 리드 확보를 통해 월 목표, 분기 목표, 연간 목표를 효율적으로 관

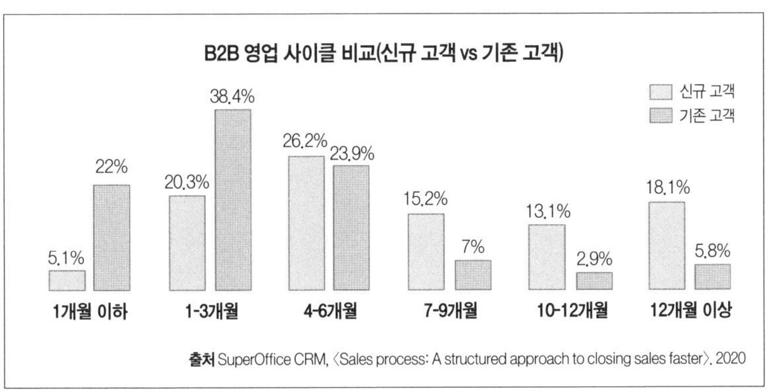

출처 SuperOffice CRM, 〈Sales process: A structured approach to closing sales faster〉, 2020

리할 수 있게 되어 영업팀의 성과예측을 극대화할 수 있다. 이로써 모든 영업직원이 한 팀이 되어 투명하게 공동의 목표를 향해 나아갈 수 있는 일하는 방식을 구축할 수 있게 된다.

영업 본부장으로서 팀장들과의 주간 영업 회의를 주관하면서 가졌던 궁금증이 하나 있었다. 영업팀장들은 분기 초에 집계한 팀별 목표 달성률이 분기 말이 다가올수록 감소하는 이유를 명쾌하게 설명하기가 어렵다고 했다. 영업 프로세스를 적용한 CRM시스템을 도입하고 나서야 영업직원들은 모든 영업기회에 대해 체계적인 검증을 할 수 있었고, 개인의 타성과 감에 의한 영업에서 벗어나게 됐다. 목표 달성률 오차 범위도 자연스럽게 좁힐 수 있었다. 그 결과, 분기 말이 다가와도 긴장하지 않고 평소처럼 지내는 밝은 표정의 영업직원을 볼 수 있었고 영업본부장, 팀장, 직원이 일사불란하게 일하면서도 여유를 잃지 않게 되었다.

7. 실적 예측 정확도와 매출수익을 높여준다.

영업 프로세스는 반복된 일련의 단계이므로 일관성있는 업무 처리가 가능해진다. 이에 따라 실적 예측Forecasting의 정확도를 높일 수 있다. 예를 들어 현재의 상황이 프로세스 중 어느 단계에 속하는지 알게 되면 구매 발주PO; Purchase Order의 양과 시기를 예측하기 쉽다. 결국, 영업 프로세스를 통한 경험이 쌓여 갈수록 매출 수익을 예측할 때 오차범위가 줄어들고 결과를 예측하는 정확도가 높아지면서 더 높은 매출 수익을 올릴 수 있게 된다.

A 영업직원은 10건 중 5건의 계약을, B 영업직원은 10건 중 1건의 계약을 성공했다고 가정해 보자. 두 영업직원의 영업 활동을 프로세스 관점으로 보면, 단계별로 잘한 부분과 좀 더 노력해야 할 부분이 보인다. 이러한 경험이 쌓이면 단계별 예측도는 물론, 실적 정확도도 높아지게 된다.

8. 고객에게 해야 할 후속조치를 놓치지 않는다.

영업 결과의 성패와 상관없이 영업직원은 후속 이메일Follow-Up Email을 보내는 것으로 영업 프로세스를 마무리해야 한다. 후속 이메일은 고객이 영업 과정과 결과에 대해 생생한 감정이 남아있을 때, 시기를 놓치지 않고 보내는 것이 중요하다. 영업 결과가 성공한 경우에는 고객이 보여준 배려와 결과에 대한 감사의 마음을 충분히 표현하고, 앞으로도 지속적인 사후 관리를 해나갈 것에 대해 약속하고 다짐해야 한다. 결과가 성공적이지 않더라도 고객의 배려와 감사한 점을 찾아 상기시켜 주고, 일을 통해 맺어진 인연을 인간적인 신뢰로 이어가도록 노력해야 한다. 고

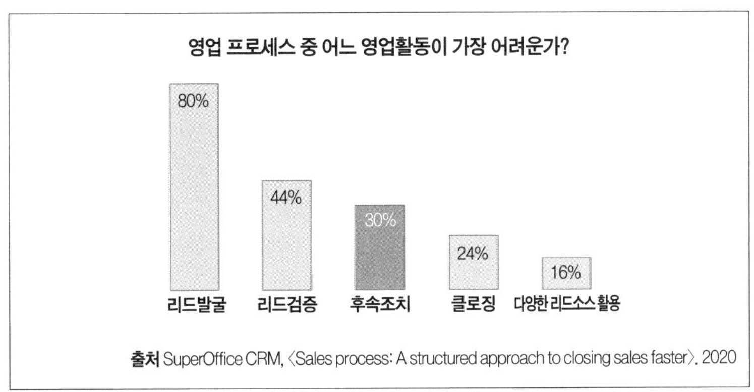

출처 SuperOffice CRM, 〈Sales process: A structured approach to closing sales faster〉, 2020

객의 구매 욕구에 지속성을 부여하는 후속 조치는 사실 그리 쉬운 활동은 아니다. 고객관리 마케팅 전문 회사인 수퍼오피스SuperOffice의 설문 조사에 따르면, 실제 영업팀들은 영업 활동 중 어려운 도전 항목으로 리드 발굴과 검증 다음으로 후속 조치를 꼽았다.

고객에 대한 후속 조치를 잊어버리는 순간, 영업기회는 물거품이 될 수 있다. 표준화된 영업 프로세스는 영업의 마지막 단계에서 후속 조치를 잊어버리지 않도록 상기시켜 준다. CRM 시스템은 영업직원이 후속 조치에 필요한 활동과 사용할 템플릿 등을 제공해서 영업기회 파이프라인을 유지하는 데 도움을 준다. 또한, 영업직원이 후속 조치를 한 결과를 등록하지 않으면 프로세스가 완결되지 않도록 엄격하게 관리하기도 한다.

9. 더 나은 고객 경험을 제공한다.

제품과 서비스의 수명 주기Life Cycle가 단축되고 갈수록 더 많은 상품이 상용화됨에 따라 가격과 품질은 이제는 핵심적인 구매 기준이 되지 못하고 있다. 그보다는 가치 있는 고객 경험 관리가 더 중요하게 여겨진다. 간혹, 계약을 끌어내야 한다는 압박감으로 인해 영업 상황을 객관적으로 보지 못하고 아직 준비도 되지 않은 고객을 다음 영업 단계로 성급하게 밀어붙이는 경우가 있다. 이로 인해 고객과의 관계가 손상되거나 잘 진행되던 거래까지 중단될 수 있다. 잘 계획된 영업 프로세스는 막무가내로 밀어붙이는 영업으로부터 자신을 되돌아볼 수 있게 해준다. 이를 통해 고객의 관점에서 바라보고 고객의 우려나 기대를 찾아 해결책을 제공함으로써 고객의 신뢰를 얻게 해준다. 고객에게 초점을 맞춘 영업 프로세스는 고객 가치 중심의 영업을 가능케 하고, 나아가 고객과 더 강한 유대관계를 형성할 수 있게 도와준다.

석탄 영업을 하는 L 사의 영업직원은 구매부서에서 제시한 가격에 맞춰 고객에게 제안을 했기에 계약이 성사될 거라 믿었다. 그러나 고객은 좀처럼 반응이 없었다. 구매 부서를 통해 확인한 결과, L사의 석탄이 발전에 적합한지 판단할 수 없어 계약이 지체된다고 했다. 공급하고자 하는 석탄의 에너지 효율을 분석한 데이터를 고객사 품질관리 부서에 제공해 설득하는 영업 활동을 진행했어야 했는데, 이를 간과한 탓에 구매 담당자가 다음 단계로 나가지 못했던 것이다. 이를 확인한 영업직원은 고객사의 구매 담당 매니저와 품질인증 담당자를 L 사의 석탄광으로 초대하여 석탄 열량을 검증하는 프로세스를 거친 후에야 순조롭게 계약을 성사시킬 수 있었다. 구매 담당자는 구매에 확신을 하지 못했던 구매 매니저와 품질인증 담당자를 자기 대신 설득해준 영업직원에게 고마움을 표했다. 이러한 영업 활동으로 경쟁사와는 차별화된 가치를 고객에게 제공할 수 있었고, 고객사 구매 담당자가 자사 내 다른 발전소를 소개해 줌으로써 새로운 영업기회까지 확보할 수 있었다.

10. 신입 영업직원의 적응을 돕는다.

영업 프로세스는 신입 영업직원을 대상으로 현장직무교육OJT을 할 때나 신입사원이나 영업팀을 대상으로 코칭을 할 때도 유용하다. 제대로 정의된 영업 프로세스는 영업직원이 따라야 할 구체적인 영업 단계를 제시할 뿐만 아니라, 영업 각 단계에 필요한 행동과 기술, 그에 따라 예상되는 결과까지 알 수 있게 해주기 때문이다. 이는 영업직원이 자신만의 강점을 발휘해 영업 활동에 전념할 수 있도록 돕는다.

L사의 영업본부장은 새로운 영업기회의 확장으로 인해 경력직 영업직원을 채용했다. 그러나 기대했던 성과가 나오지 않았다. 원인을 파악해 보니 전 직장의 영업 프로세스가 몸에 밴 탓에 새로운 환경의 영업에 적응하지 못해 좀처럼 성과를 내지 못했던 것이다. 이에 영업본부장은 고 성과를 내고 있던 시니어 영업직원에게 영업 프로세스를 정리하게 했다. 주요 영업단계를 정의한 후 단계별 활동Input과 결과Output, 그리고 고객의 구매 프로세스Buying Process에 맞춰 단계별로 영업직원이 해야 할 영업 활동과 사내 지원부서의 지원사항까지 한눈에 볼 수 있었다. 이를 내부 직무 교육OJT 매뉴얼로 활용하자 영업직원의 일하는 방식으로 정착되었고 곧 구체적인 성과를 보이기 시작했다. 매뉴얼화된 영업 프로세스는 이후 영업 현장에 적용하며 계속해서 업데이트됐다. 사내 신입 영업직원 육성 프로그램인 세일즈 아카데미에 '영업 프로세스의 이해'라는 학습 과정이 개설됐고 이 과정을 이수한 신입 영업직원은 현업에 빠르게 적응하면서 조기 전력화될 수 있었다.

잘 정의된 영업 프로세스에 기반하여 유효한 영업 활동을 수행하면

보다 나은 영업성과를 얻을 수 있다. 또한, 모든 직원과 공유하는 사내 영업 프로세스가 마련되어 있다면 동일한 실수의 반복을 피할 수 있다. 이 외에도 업의 특성에 맞게 잘 정의된 영업 프로세스를 토대로 업무 방식이 정착되면 장기적으로 얻을 수 있는 이점이 많다. 영업팀은 고객에게 높은 가치를 제공할 수 있어 관계 유지 비용을 절감하면서도 지속적인 고객 관계를 구축하고 유지해나갈 수 있게 된다. 또한 고객에게 신뢰를 얻어 또 다른 고객을 추천받음으로써 매출 수익이 증가하기도 한다. 그뿐만 아니라 리드 발굴, 목표 계획 수립, 업무 우선순위 지정, 진척관리, 실적 예측 등과 같이 중요한 사항에 집중할 시간을 얻게 돼 더욱 효율적인 영업 활동이 가능해진다.

작가의 이야기 4

"친구야 미안해."

나는 영업을 시작하며, '절대 하지 말아야 할 행동' 하나를 나와 약속한 적이 있다. 실적의 압박이 있더라도 지인 영업을 하지 않겠다는 약속이다. 그래서 선택한 것이 B2B 영업이었다. 입사 후 영업 초기에는 무난히 부여받은 목표 실적을 달성할 수 있었다. 그러다 어느 순간 실적이 나오지 않자 압박을 받기 시작했다. 영업소장 주관 실적 리뷰 미팅이나 진척관리 회의 일정이 다가오면 가슴이 답답하고 어깨에 힘이 빠졌다. 나를 더욱 힘들게 했던 것은 나로 인해 영업팀에 부여된 팀 목표를 달성하지 못해 성과 평가에 부정적인 영향을 미칠까 하는 미안함이었다. 실적달성을 위해 무언가를 해야 할 것만 같은 압박을 느꼈다. 자기 통제력을 잃어버리는 순간이었다. 수단과 방법을 가리지 않고서라도 목표 달성을 할 것인가, 아니면 아무리 압박을 느껴도 편법으로는 영업하지 않을 것인가, 마음이 교차했다.

그때 문득 동대문시장에서 가방 부자재 도매점 사업을 하는 친구의 얼굴이 떠올랐다. 영업이 힘들 때 찾아오면 언제든 도와주겠다고 말하던 배려심 많은 친구였다. 배려는 고맙지만, 나와의 약속을 당당하게 말하며 친구에게는 절대 영업하지 않겠다고 했었다. 하지만 지금은 상황이 달랐다. 지푸라기라도 잡는 심정으로 친구를 찾아가 도움을 요청하고 말았다. 친구는 마침 사업이 번창하고 있어서 생산공장과 긴급하게 문서로 연락하려면 팩시밀리가 필요했다며 기꺼이 계약해 주었다. 그런데, 아뿔싸! 제록스는 영업 규정

중 하나로 지역영업대표제를 운용하고 있었다. 동대문 시장은 내가 근무하는 동부영업소가 아닌 종로영업소의 관할지역이라 지인이어도 지역을 담당하는 영업대표에게 실적을 넘겨주어야 하는 것이 불문율이었다. 관할 지역에서 발생하는 모든 거래 실적은 지역을 맡은 담당 영업대표에게 소개만 할 뿐 지인이 계약할 수 없다는 규칙이다.

나는 회사 규정인 지역영업대표제로 인해 관할인 종로 영업소로 친구를 소개해 주어야 하는 상황이었다. 이때, 영업 선배가 좋은 방법이 있다며 알려주었다. 제품을 동부영업소 사무실로 배송한 후, 설치 기사와 함께 친구 사무실에 방문해 설치하고 3개월 후 관할 지역으로 서비스를 이관하면 된다는 것이다. 물론 바람직한 방법은 아니었다. 서비스 이관 시 종로영업소에서 알게 되고, 영업팀장 간에 갈등이 발생할 수밖에 없기 때문이다. 그런데도 나는 실적 압박에 그만 선배가 알려준 방식으로 계약을 하고 말았다. 또한, 친구이다 보니 회사에서 제공하는 계약범위를 넘어서는 약속을 하고 말았다. 팩시밀리 소모품인 카트리지 무상제공 기간을 3개월에서 6개월로 연장해 주겠다고 약속을 했다. 도움을 준 친구에게 내가 할 수 있는 최선의 제안이라 생각했다. 제품 설치 3개월 후 관할 영업소가 다르다 보니 어쩔 수 없이 서비스를 종로 영업소로 이관할 수밖에 없었고, 이관받은 영업소는 감정이 상해 A/S에 비협조적이었다. 이로 인해 A/S 요청이 발생할 때마다 종로 영업소 서비스 엔지니어에게 개인적으로 부탁해야 하는 수고를 감내해야만 했다. 서비스 이관 후 개인적으로 약속한 소모품은 직접 비용을 지불하고 구매해서 가져다주는 것으로 친구와의 우정을 지킬 수 있었다. 돌아보면, 지인 영업은 그리 바람직하지 않았다. 친구라는 이유로 계약 시 정해진 영업 프로세스에 맞춰 진행하지 않고, 모든 단계를 대충대충 넘어갔다. 계약 단계에서도 사적인 대화에 치우치다 보니 계약 내용 설명에 소홀해졌다. 사후 관리를 위해 친구 사무실을 방문했다가도 사적인 이야기를 주고받다가 말미에 "제품 괜찮지?"라며 대충 넘어갈 뿐이었다. 내 불찰로 인해 결국 나의 친구는 고객으로서 당연히 받아야 할 정당한 대우를 받지 못했고 일정 기간 서비스에 불편을 감내해야만 했다.

B2B 영업은 회사와 회사의 거래이기에 개인과 개인의 관계에 의해 움직이기보다는 시스템에 맞춰 이루어지게 되어 있다. 또한, 기업이 정한 규정과 영업 프로세스가 있기에 개인적으로 할 수 있는 것은 한계가 있다.

현재를 파괴하는 기업만이 미래를 가질 수 있다.
창조는 파괴의 또 다른 이름이다. 리스크를 두려워하면 창조는 없다.
새로운 것에 대한 도전은 엄청난 리스크를 떠안는다.
반면 도전의 성공은 미래 시장 지배라는
천문학적 가치의 과실을 보상받는다.

- 조셉 슘페터 Joseph A. Schumpeter**, 경제학자**

PART 5

환경의 변화와 영업의 미래

영업 패러다임의 변화

기술이 주도하는 미래 변화

COVID-19 팬데믹이 가져온 변화

미래 변화에 대비하는 영업직원의 자세

새로운 기술과 기법을 포용하자

세상은 과거 어느 시기보다 복잡하고 모호하고 불확실하게 변하고 있다. 그야말로 뷰카VUCA [26]의 시대다. 산업혁명 이후 거의 한 세기가 지난 20세기 후반에 컴퓨터와 인터넷에 기반한 지식정보 혁명으로 일하는 방식에 큰 변화를 경험했던 인류는 인공지능AI을 비롯한 지능정보 기술의 급속한 발전으로 상상하지 못한 파괴적인 혁신을 목도하고 있다. 모든 것이 연결되고 지능적인 사회로 진화하는 이런 움직임을 두고 2016년 세계경제포럼에서는 '4차 산업혁명'이 도래하고 있다고 선언하면서, 우리의 직업 세계에 큰 변화가 올 것이라고 경고했다. 연구에 따르면, 향후 20년 내에 AI를 중심으로 한 신기술이 현재 직업의 47%를 자동화하여 수많은 일자리가 없어지거나 새로운 직업으로 대체될 것이라고 한다. 더욱이 지금까지 비교적 선형적linear으로 변화하던 세계는 2020년 코로나19 팬데믹의 급습으로 통제나 예측이 전혀 불가능해져 이제는 외부 환경 변화의 추이나 트렌드 전망조차 무의미할 지경에 다다르게 되었다. 이런 '불확실성의 시대'에는 고집이 세거나 둔해서는 살아남기 쉽지 않다. 치밀한 계획에 집착하기보다는 일단 실행하면서 보완해 나가고, 뭔가 잘못됐다 싶으면 거침없이 과거와 결별하고 새로운 표준(뉴노멀)을 받아들이는 데 주저하지 말아야 한다.

그러면 이런 변화의 소용돌이에서 영업은 어떤 영향을 받을 것이며

---

26 VUCA: 변동성(Volatile), 불확실성(Uncertainty), 복잡성(Complexity), 모호성(Ambiguity)의 머리글자. 1987년 리더십 이론에서 처음 소개된 이후 군사용어로 사용되었고, 상황이 빠르게 바뀌는 현대 사회 및 불안정한 금융시장과 고용시장 상황을 표현하는 용어로 사용된다.

어떻게 변화해야 할까. 확실한 것은 기술의 발전이 모든 직업을 변화시킬 것이고, 영업직도 예외일 수는 없다는 것이다. 과거 어느 때보다 변화의 흐름을 놓쳐서는 안 되는 시기다. 변화의 방향을 예측하려면 변화의 바람이 어디에서 불어오는지부터 알아야 한다. 이 장에서는 B2B 영업을 둘러싼 주요 변화들을 짚어보고 영업직원들은 어떤 자세와 준비로 미래를 맞이해야 할지 생각해 본다.

CHAPTER 1

영업 패러다임의 변화

2000년까지의 변화

앞 장에서 몇 차례 언급한 대로, B2B 영업의 패러다임은 영업을 둘러싼 환경의 변화에 따라 계속 발전해왔다. 초기의 제품 판매 위주의 영업Product Pitch Selling에서 관계중심 영업, 그리고 솔루션 영업을 거쳐 이제 컨설팅 영업Consultative Selling으로 진화했다. 그 사이 경제가 발전하고 산업이 다양해지면서 기업의 수가 늘어났으며 그에 따른 경제활동도 매우 복잡해졌다. 무엇보다 모든 생태계에서 경쟁이 심해졌고, 따라서 영업에서도 단순한 판매행위로는 기업의 성장에 한계가 있었다. 더욱이 글로벌 선도 기업이 되기 위해서는 여러 면에서 경쟁사 대비 차별화된 탁월함이 필요해졌다. 무엇보다 경쟁에서 다른 기업보다 더 나은 솔루션을 제시하는 능력이 요구됐다. 어느 편이 '더 나은' 솔루션인가는 그 제품이나 서비스를 통해 최종적으로 향유할 부가가치가 얼마나 크냐에 따라 고객이 판단한다. 고객이 필요로 하는 가치를 창출하고 그것을 인정받기 위해서는 영업을 시작하는 첫 단계에서부터 경쟁사와 다른 접근 방법과 역량이 필요해졌다. 고객이 가진 문제를 정확히 파악해 해결해줄 수 있다면 기본적인 가치는 인정받을 수 있다. 그러나 이것은 영업의 기본이고, 경쟁력을 가지기 위해서는 경쟁사와 어떻게 차별화해서 고객에게 얼마나 더 큰 가치를 만들어줄 것인가가 관건이다. 그리 되려면 고객이 문제를 제대로 파악하고 있는지 의심하고, 질문을 통해서 의심을 확신으로 바꿔야 한다. 고객이 문제를 정확하게 파악했다면, 이제 영업직원은 가장 적합한 솔루션이 될 만한 제품이나 서비스를 제안해야 한다. 이것이 컨설팅 영업이다.

컨설팅 영업(또는 컨설턴트 영업)은 단순한 주문 받기식 영업 혹은 일방적으로 상품이나 서비스를 판매하는 영업이 아니다. 컨설팅 영업에서는 영업직원이 가진 전문지식을 활용해 고객의 비즈니스에 관해 상세하게 상담하고 자문을 제공하면서 문제를 정확하게 정의할 수 있도록 도움을 주는 역량이 필요하다. 이를 통해 최적의 솔루션을 제공하여 문제 해결은 물론 고객의 비즈니스가 더욱 성장할 수 있도록 돕는다. 이때 비로소 신뢰가 형성되고, 고객이 자신의 사업 이슈나 고민Pain Point을 영업직원에게 솔직하게 털어놓게 되면서 진정한 비즈니스 파트너가 되는 것이다.

2000년 이후의 변화

2008년의 경제 위기 이후 전 세계는 저성장 시대로 진입했고, 모바일, AI, 빅데이터 그리고 클라우드가 선도하는 신기술은 기업 경영을 비롯한 우리 생활 전반에 큰 변화를 만들고 있다. 기업들은 디지털 기술을 기반으로 업무를 재설계하고 경영 전반의 프로세스를 혁신하는 디지털 전환DT, Digital Transformation을 경쟁 우위와 지속 성장을 위한 최우선 과제로 설정하고 있다. DT를 얼마나 일찍 실행하느냐가 경쟁력의 상당 부분을 좌우하고 있는 것이 현실이다. 이런 DT 혁신의 영향으로 고객의 구매 프로세스와 구매 패턴도 바뀌어서, 당연히 그에 대응해야 하는 B2B 기업의 마케팅과 영업의 역할에도 큰 변화가 불가피해졌다. 특히 영업 리드를 가진 잠재 고객을 발굴하여 신규 고객으로 전환하는 과정에서 디지털 기술을 활용하기 위한 마케팅과 영업의 협업이 강조되고 있다. 리드와 잠재 고객의 니즈를 체계적인 방식으로 발굴하고 관리하되, 관심Awareness, 리드 생성Lead Generation, 영업 촉진Sales Acceleration, 영업기회 개발Opportunity Development, 고객의 지지 확보Customer Advocacy 등 단계별 목적에 맞추어서 디지털 도구를 포함한 다양한 캠페인 채널을 활용해야 한다. 또한, 고객 경험CX의 중요성을 고려하여, 고객 프로필과 영업 활동 이력 정보 그리고 마케팅 정보를 통합하여 관리할 필요가 있다. 이러한 협업은 회사 차원에서 시스템으로 접근하는 것도 필요하지만, 영업직원으로서도 마케팅의 가치를 잘 인식하고 자신의 고객에 대한 '사고 리더십'Thought Leadership (올바른 생각을 할 수 있도록 방향을 제시하는 리더십)을 발휘하면서 그들과 협업하는 자세를 잊지 말아야 한다.

영업직원은 마케팅부서 외에 협력사는 물론, 고객과도 협업해야 한다. 4차 산업혁명 시대에서는 솔루션의 융합으로 다양한 문제를 해결해야 하므로, 혼자서 다 하는 방식은 더이상 유효하지 않다. 협력사와는 특정 솔루션이나 산업 분야에서 서로 손잡고 생태계를 조성함으로써 유리한 경쟁 구도를 만들 수 있다. 나아가 고객과도 팔고 사는 관계에서 협업의 관계로 발전하고 있다. 갑과 을의 관계가 아니라, 고객이 일하는 방식으로 응대하고 새로운 아이디어와 관점으로 적극적인 상호작용을 할 때 구매하기 편한 상대, 자신들의 성공에 꼭 필요한 파트너로 인정받을 수 있다.

이제 고객은 가치 기반 영업Value-based Selling에서 통찰력을 더한 영업Insight Selling으로의 변화를 기대하고 있다. 또한, 영업직원은 아이디어 선도자Idea Driver가 되기를 요구받고 있다. 탁월한 성과를 내는 영업직원은 고객의 문제에 대한 해결책을 상의할 때, 고객과 어떻게 상호작용해야 신뢰받는 파트너가 될 수 있는지를 잘 알고 있다. 문제를 해결하는 것에서 그치지 않고, 고객이 다음 단계를 생각하고 새로운 아이디어를 낼 수 있도록 만드는 것이다. 이것이 고객에게 필요한 진정한 가치다. 즉, 고객의 드러난 문제뿐만이 아니라 충족되지 못한 고객의 불편함Pain Point을 파악하고, 잘못 형성된 인식Perception과 판단을 바꿀 수 있도록 통찰력을 제시하는 영업직원으로 거듭나야 한다. 아이디어 선도자로서의 영업직원은 고객이 현상에 안주하지 않도록 미래를 준비하는 질문을 던지고 현재의 고정관념에 벗어나서 생각할 수 있도록 도와주어 그들의 비즈니스에 긍정적인 변화를 만들 수 있도록 고무시킨다. 이것이 지속되면 고객 스스로 통찰력을 얻기도 한다. 그렇게 되면 영업직원은 고객이 더 자주 만나고 싶어 할 파트너가 되고, 더 큰 영업 기회를 얻게 될 것이다.

통찰력이란, 새로운 지식과 정보를 끊임없이 습득해야 얻을 수 있는 힘이고, 이것은 곧 미래를 멀리 내다보고 준비하는 전략적 사고와 행동으로 이어진다. 통찰력을 더한 영업은 영업직원이 고객 스스로 통찰력을 가질 수 있도록 돕는 일이며, 기존의 가치 기반 영업과는 확연히 달라진 모습이다. 고객에게 통찰력을 제시하는 영업이야말로 우리가 나아가야 할 미래의 모습일 것이다.

CHAPTER 2

기술이 주도하는 미래 변화

인류의 역사는 곧 기술 혁신의 역사라고 할 수 있다. 인류가 돌을 이용한 것이 기술 사용의 시작이었다. 이후 수만 년에 걸친 점진적이고 지속적인 기술의 혁신은 인간의 사회와 경제 구조 및 문화를 근본적으로 바꿔 왔다. 특히 1, 2차 산업혁명을 거치며 만들어진 제조업 중심의 대량생산 체제는 우리 인류의 경제 활동에 결정적인 변화를 가져왔다. 이렇게 형성된 사회 구조는 한동안 큰 변화 없이 이어져 왔으나, 이제 완전히 새로운 변화 국면에 접어들게 됐다. 생산 및 유통을 비롯한 모든 분야가 크게 달라지고 있고, 이로써 지금까지 인간이 영위해 온 삶의 방식이 근본적으로 바뀌고 있다. 이것은 새로운 기술이 주도하는 지식 정보화 시대 또는 디지털 시대가 초래한 커다란 변화다. 20세기 후반부터

PC와 인터넷의 출현으로 정보화 혁명이 시작된 이래, 디지털 기반의 기술 발전이 우리에게 가져다준 혁신은 그 속도가 워낙 빨라 따라잡기 힘들 정도다. 2016년 다보스 포럼에서 '4차 산업혁명'이라 명명한 오늘날의 디지털 기술의 중심에는 AI, 빅데이터, 블록체인, 클라우드, IOT Internet of Things, 사물인터넷 등이 있다.

이러한 디지털 기술은 기업 활동 전반에 혁신을 일으키고 있는데, 영업에도 예외가 아니다. 먼저 우리의 고객들을 살펴보자. 그들은 인터넷과 모바일 기술의 발전으로 인해 필요로 하는 각종 데이터와 정보에 쉽게 접근할 수 있게 됐다. 그리고 자신의 문제 해결 솔루션으로 어떤 대안들이 있는지 웹과 소셜 미디어에서 미리 찾아보고 분석한다. 영업직원을 만나기 전에 이미 상당한 사전 지식을 갖추는 것이다. 이에 따라 고객의 구매 프로세스도 물론 달라졌다. 요즘에는 이미 내부적으로 솔루션을 결정한 상태로 영업직원을 만나거나 제안 요청을 하는 고객이 60~70% 이상이다. 인터넷에 널려있는 방대한 정보와 인플루언서의 영향으로 인한 변화다. 영업직원은 이렇게 똑똑해진 고객을 어떤 지식과 자세로 대할지 고민하고 충분한 대비를 해야 한다. 예를 들어, 소셜 미디어를 적극적으로 활용하여 자사 솔루션에 우호적인 정보를 제공하는 인플루언서를 확보할 수 있을 것이다.

4차 산업혁명을 선도하는 기술 중 AI가 가진 영향력과 파괴력은 단연 으뜸이다. AI는 그 자체로 이미 큰 혁신이지만, 이제는 대부분의 새로운 디지털 솔루션의 기반 기술이 되고 있다. 특히 B2B 영업에도 이미 상당히 적용되어 쓰이고 있다. 예를 들면, 로봇 기반 프로세스 자동화RPA, Robotic Process Automation 기술은 봇Bot 기술과 결합하여 단순 반복 업무의 자동화뿐 아니라 시장과 고객 정보 분석, 영업기회 발굴과 검증 등에 활용되고 있다. 기존에 영업직원이 많은 시간을 들여야 했던 전표처리나 문서화 그리고 정보검색과 관련된 워크로드를 상당히 줄여준 것이다. 앞으로는 AI 기술과 더욱 밀접하게 융합되어 IPAIntelligent Process Automation로 진화하게 되면, 영업직원의 워크로드 중 3분의 1 이상을 차지하는 비영업 관련 관리 업무의 부담을 획기적으로 줄여줄 수 있게 된다. 그러면 고객을 만나거나 가치 제안을 고민하는 등 영업 본연의 업무에 더 집중할 수 있게 되어 영업직원의 생산성과 품격을 한층 더 높여줄 것이다.

하버드 경영대학원과 마이크로소프트의 공동 연구조사(2019년 10월)[27]에 따르면, 기업의 영업 및 마케팅 담당 임원의 66%가 '영업에서 인공지능AI을 사용하지 않고는 효과적으로 경쟁할 수 없을 것'이라고 답했다고 한다. 또한, 응답자의 약 5분의 1은 비록 미숙한 상태이긴 하지만 영업과 마케팅에서 AI를 이미 사용하고 있었다. 이들 중 5분의 2는 AI를 사용해서 잠재고객 표적화와 예측 개선으로 고객 경험을 강화했다고 응답했다. 그보다 좀 더 많은 기업은 AI 기술의 활용이 더욱 효과적인 영업 전략으로 이어졌다고 했다. 또, 응답자의 31%는 AI로 인해 매출과 시장 점

27 Harvard Business Review, Research Report, 〈Artificial Intelligence and the Future of Sales and Marketing〉, Feb., 2020 (https://hbr.org/sponsored/2020/02/artificial-intelligence-and-the-future-of-sales-and-marketing)

유율이 증가했다고 응답했다. 아직 초창기지만 이미 영업과 마케팅에 AI를 활용하고 있는 조직들은 상당한 혜택을 보고 있었던 것이다. 1등을 유지하고자 하는 선도 기업들은 혁신에 공을 들여야 할 필요가 있다는 의미다. 초반에는 AI가 비교적 간단한 업무의 자동화만을 가능케 할 것으로 봤지만, 이제 영업 및 마케팅 리더들은 AI가 그간 불가능하다고 생각했던 통찰력을 제공하는 등 장기적으로는 더 높은 수준의 기여가 가능할 것으로 내다보고 있다. 향후 영업과 마케팅에서 AI는 상당한 역할을 할 것이며, 이 기술을 둘러싼 전문 능력, 데이터, 프로세스, 기술 등의 이슈를 해결한 선구자적인 기업들이 경쟁에서 확실한 우위를 차지할 것이다. 이는 부인할 수 없는 분명한 사실이다.

그러면 선도적인 기업들은 AI를 적용함으로써 어떤 혜택을 보고 있는지 알아보자. 하버드 비즈니스 리뷰의 맥킨지 연구[28]에 따르면 영업 리드 단계에 AI를 활용해 영업 리드가 평균 50% 정도 증가했다고 한다. 고객의 관심을 끌어내고, 이를 검증하고 추적하며 관계를 유지하는 등 영업 초기 단계에서 시간이 오래 걸리는 작업을 영업직원 대신 AI가 수행한 결과다. AI는 과거의 거래 정보, 세세한 상호 작용 정보 및 소셜 미디어 게시물을 분석하여 클로징 가능성이 높은 리드가 어떤 것인지를 알려줄 수 있기 때문에 영업직원이 추적 관리할 리드의 우선순위를 정할 수 있도록 돕는다.

28 https://hbr.org/2016/06/why-salespeople-need-to-develop-machine-intelligence

또, AI 기술은 고객 니즈를 파악하기 위한 정보 수집, 영업 활동 기록, 주문 접수와 계약 준비와 같은 영업 관련 행정 업무를 자동화한다. 메켄지 연구에 따르면 AI의 지원을 받는 영업직원들은 이런 활동에 드는 시간의 40%를 줄일 수 있었다고 한다. 그렇게 확보된 시간을 고객과의 관계 형성에 활용할 수 있게 되는 것이다.

이처럼 AI는 영업 프로세스 초기 단계에 드는 시간을 줄여주기 때문에 영업직원은 고객과 협상하고 거래를 성사시키는 최종 단계의 업무에 전념할 수 있어 클로징까지의 시간을 단축할 수 있다.

뿐만 아니라, AI 알고리즘을 이용하면 각 제안별로 가장 이상적인 가격 할인율을 제공받아 거래의 성공률을 높일 수 있다. AI가 거래 규모, 제품 사양, 경쟁업체 수, 고객의 예산, 지역, 시기, 인플루언서 등 과거 거래의 성공과 실패에 관련한 세부 정보를 분석하여, 최적 가격에 대한 구체적인 정보를 제공해 주기 때문이다.

영업직원이 상향 판매Up-selling와 교차 판매Cross-selling를 위한 노력을 할 때도 AI는 어떤 고객의 구매 가능성이 더 높은지 식별할 수 있게 도와준다.

영업직원은 고객 평생 가치Customer Lifetime Value를 결정해야 하는데, 이때도 AI의 도움을 받을 수 있다. 고객 평생 가치란, 어떤 고객이 '일생 동안' 얼마만큼의 이익을 가져다주는가를 나타내는 지표로서, 기존의 고객이 자사와 재거래를 할지, 아니면 떠날지, 그렇다면 무슨 이유일지 파악하는 것이다. 이때 AI는 고객 관계의 현재 상태를 확인하고, 영업직원이 주의를 기울여야 할 고객과 충성도 높은 고객을 알려준다. AI를 잘 활용한다면 고객 평생 가치를 높이는 효과를 얻을 수 있을 것이다.

AI는 CRM 소프트웨어에도 다양하게 적용되고 있다. 세계 제일의 CRM 소프트웨어 회사인 세일즈포스닷컴은 자신들의 서비스 플랫폼에 다양한 형태로 AI 기술을 활용하고 있다. 고객 정보 파악과 분석은 물론, 고객과의 관계 형성 및 유지를 위한 기본 기능에서부터 최근에는 '세일즈포스 아인슈타인'이라는 이름의 AI 플랫폼 서비스를 통합해 스마트한 CRM으로 진화하는 중이다. CRM의 비즈니스 맥락 안에 내장된 세일즈포스 아인슈타인의 지능은, 고객과 관련된 통찰력을 발견해 이를 알려주고, 미래에 필요한 행동을 예측해서 최선의 후속 영업 활동을 능동적으로 권고하는 등 다양한 업무를 자동화한다.

AI 엔진인 '세일즈포스 아인슈타인'을 활용해 실제로 비즈니스 성과를 높이고 있는 기업 중 하나가 바로 코카콜라다. 영업직원이 모바일 앱을 통해 음료 자판기를 관리할 때면, 재고 파악은 물론, 촬영한 사진을 통해 필요한 추가 주문량을 판단할 뿐 아니라, IBM의 AI 시스템인 왓슨Watson과 연계하여 기상정보와 계절 등의 변수를 고려한 다음 최적 주문량을 자동 계산한다. 또한, AI 알고리즘을 탑재하고 터치스크린 디스플레이가 장착된 자판기는 설치된 장소의 특성을 반영하여 가장 좋은 반응을 얻을 가능성이 높은 음료와 맛을 파악하여 홍보에 활용하기도 한다. 소셜 미디어 분석에도 AI를 이용하는데, 고객이 자사 제품을 언제, 어디서, 어떻게 소비하는지 계산해 어떤 제품이 현지에서 특히 인기 있는지를 파악한다. 코카콜라와 같은 글로벌 브랜드의 경우에는 소셜 미디어나 자체 시스템(자판기 등)을 통해 생성되는 고객 데이터가 워낙 방대해서 관리에 골머리를 앓았지만, 이제 AI가 이런 데이터를 구조화해 통찰력을 도출하고 실행 가능한 방법을 제시해준다.

세계 최대의 호텔 체인 브랜드인 메리어트호텔에서는 아인슈타인 AI를 고객 서비스에 결합하여 철저히 개인화된 서비스로, 차별화된 고객 경험을 제공하고 있다. 최초 예약 상담에서부터 고객과의 모든 상호작용을 CRM에 저장한 후, 고객의 흥미나 취향에 관련된 데이터를 기초로 고객이 호텔에 머무는 동안 도움이 될 만한 정보와 프로그램을 개별적으로 추천하는 방식이다.

빅데이터와 AI 기술이 영업의 모든 활동을 자동화하거나 완전히 대체할 수는 없다. 그러나 우리가 고객을 중심으로 한 고유의 영업 활동에 더욱 집중할 수 있도록 도와주는 역할로 발전하고 적용하게 될 것은 자명한 사실이다.

CHAPTER 3

COVID-19 팬데믹이 가져온 변화

코비드-19COVID-19는 일상생활과 경제활동을 포함하여 우리를 둘러싼 모든 것에 엄청난 충격을 가져다주었다. 기업은 재택 및 원격 근무와 디지털 신기술을 이용한 업무 방식을 받아들이지 않을 수 없었다. 이제 바뀐 근무 형태는 기업의 형태와 환경에 따라 정도의 차이는 있을지 모르지만, 일상화될 것이 분명하다. 포스트 코로나 시대에도 이전의 상태로 돌아가기란 불가능해 보인다.

맥킨지의 조사 결과[29]에 따르면, B2B 기업의 80%가 원격 및 디지털 영업을 이미 새로운 영업 모델로 받아들였다고 한다. B2B 기업의 시장 접

29 McKinsey COVID-19 B2B Decision-Maker Pulse #3 7/31-8/11/2020 S. Korea (n=200)

근Go-To-Market 전략에서 획기적인 전환이 일어난 것이다. 구매 형태가 신규 고객이냐, 재구매 고객이냐에 따라 조금씩 차이가 있지만 팬데믹 이전에 고객 상호작용 방식의 약 70%를 차지했던 대면 영업은 18~38%로 감소했다. 구매자들도 일정 잡기가 편하고, 출장 경비를 절감할 수 있으며 더 안전하다는 등의 이유로, 화상회의나 온라인 채팅을 이용한 원격 접촉 및 상호작용, 그리고 전자상거래와 SNS 도구 등 디지털 기술을 활용한 상담과 구매 활동을 선호했다. 그 결과로 78%의 기업은 새로운 모델이 팬데믹 이전의 방식에 비해 비슷하거나 오히려 더 좋은 효과를 보인다고 응답했다. 이같은 효과는 국가나 산업별로도 큰 차이가 없었고, 또한 기존 고객뿐 아니라 신규고객이나 잠재 고객에게서도 비슷했다. 고객과 영업직원간 비대면 상호작용 방식 중에서도 특히 화상회의와 온라인 채팅이 선호도가 높았는데, 다른 나라에 비해 우리나라에서 더 높은 선호도를 보였다. 줌Zoom, 팀즈Teams, 웹엑스Webex와 같은 도구를 사용한 화상회의는 B2B 고객 회의의 37%를 차지했다. 고객은 화상회의의 장점으로 화면을 공유하면서 서로 얼굴을 볼 수 있는 점과 토론방 사용이 가능한 점을 들면서, 실제로 제품 설명과 시연, 가격 협상, 문제 해결과 일상적인 고객 관리 업무 등에 화상회의를 다양하게 활용하고 있었다. 한편으로는 이런 급격한 변화로 인해 기업에서는 대면 영업 위주로 활동하는 B2B 영업직원을 줄이거나 영업조직을 축소하는 경향이 나타나기도 했다.

이런 변화는 고객의 구매 활동과 프로세스에 영향을 미치기 때문에

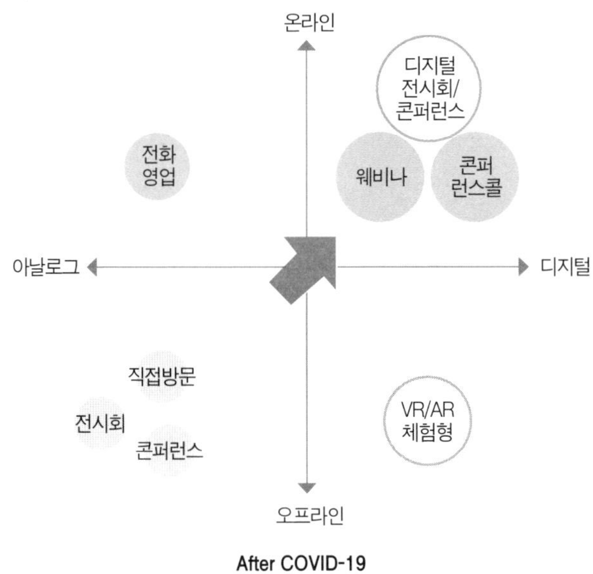

After COVID-19

마케팅과 영업 활동에도 그에 맞는 변화가 불가피해졌다. 기존의 마케팅 기법으로는 대형 콘퍼런스를 개최하고 한 고객이라도 더 초대하여 리드를 만들고자 했다면, 이제는 화상회의를 통한 비대면 디지털 기반의 콘퍼런스나 SNS, 블로그, 유튜브 등의 소셜 미디어를 활용한 소그룹 또는 개별 고객을 위한 맞춤 형식의 이벤트로 다양화되었다. 영업에서는, 디지털 기술을 활용한 인사이드 세일즈Inside sales[30]의 역할이 확대됐다. 업종이나 기업 문화에 따라 차이가 있긴 해도 화상회의와 전화를 통한 판매 활동이 고객과 영업직원 모두에게 자연스럽게 받아들여진 것

---

30 인사이드 세일즈 회사를 대표해서 기존 또는 잠재 고객에게 전화와 이메일, 소셜 미디어 등의 수단을 통해서 연락하는 등, 고객 현장에 나가지 않고 회사 내에서 수행하는 영업 활동을 말한다.

이다. 그동안 B2C의 전유물로 인식된 전자상거래e-Commerce 영업도 대형 B2B 거래에까지 자연스럽게 도입되기도 했다. 또, 과거에는 고객에게 필요한 정보와 자료를 전달하려면 고객과 대면하기 위해 직접 방문을 했지만 이젠 특별한 경우를 제외하고는 이메일이나 SNS를 이용한 전달이 더 자연스러워졌다. 제품이나 솔루션에 대한 설명회는 물론 제안 설명회도 화상회의로 가능해졌다. 21세기 들어서면서 통신과 모바일 기술의 발전으로 언젠가는 모든 것이 온라인화될 것이라는 예상을 했지만, 코로나바이러스가 그 시계를 앞당긴 것이다.

비대면 방식도 코로나바이러스가 불러온 변화 중 하나다. 신규 영업 기회 발굴 시에도 비대면 영업 방식으로 전환하는 사례를 볼 수 있다. 기업들은 가상 기술 전시회Virtual Tech-Fair, 온라인 실시간 제품 프로모션, 핵심 기술 시연 영상 제작 등 비대면 마케팅 수단을 활용한 영업 활동을 펼쳤다. 현대 모비스는 콘퍼런스나 기술 박람회 등 오프라인으로 개최했던 행사 대신 가상 기술 전시회를 동영상 콘텐츠로 만들어서 고객 커뮤니케이션에 활용했다. 자율주행 센서, 전동화, 커넥티비티 등 미래 기술과 제동, 조향, 램프, 에어백 등 핵심 자동차 기술 분야의 신기술들을 VR(가상현실) 콘텐츠로 제작해 일정 기간 링크 형태로 공개했다. 또한, 온라인 방송 플랫폼을 통해 실시간 제품 프로모션 활동을 하기도 했다. 고객이 원하는 시간에 화상 시스템을 연결해서 자료 설명, 제품 시연, 질의 응답 등을 실시간으로 진행하는 방식이다. 코로나 이후 고객과의 대면 영업이나 지역 간 이동이 원활하지 못한 상황에서 시공간의 제약을 받지 않고 온라인으로 고객사와 긴밀한 소통을 하는 것이다.

사회 전반적으로 비대면 활동을 선호하는 지금, 기술 기반의 B2B 기업들은 고객이 필요로 할 때 발 빠르게 기술 정보를 제공할 수 있는 역량과 인프라를 구축할 필요가 있다. 온라인을 통한 마케팅과 영업에 활용하고자 한다면, 주요 제품별 소개 및 시연 영상을 제작해야 한다. 이를 위해 영상 제작 시스템을 마련해두어야 한다. 영상 제작 시에는 단순히 제품과 이미지 중심의 홍보 영상이 아닌 기술 개발 배경과 의미, 특장점을 설명하는 콘텐츠로 차별화하여 구성하는 것이 좋다. 이미 일부 선도적인 기업은 회사 내에 디지털 팩토리Digital Factory라는 이름으로 쉽고 간단하게 동영상을 촬영할 수 있는 시설을 갖추고 직원들이 자유롭게 이용할 수 있도록 운영하고 있기도 하다.

코로나 이전에는 시장 공략을 위해서 인적 네트워크를 활용한 오프라인 중심의 영업 활동 외에는 생각할 필요도 없었지만, 포스트 코로나 시대에는 대면 영업보다 웨비나web+seminar: 인터넷상에서 열리는 회의, 홈페이지, SNS 등 온라인 채널을 통한 고객 접촉이 더욱 중요해졌다. 잠재 고객들은 주로 홈페이지, 블로그, 유튜브, 검색엔진 등을 통해 정보를 획득하게 될 것이므로, 영업직원은 고객이 이런 채널에서 정보를 효과적으로 획득하고 문의할 수 있도록 홈페이지를 정기적으로 모니터하여 항상 최신의 정보를 서비스하고 있는지 점검하거나 소셜 미디어 등 비대면 커뮤니케이션 채널을 활용한 고객과의 만남을 일상화해야 한다. 따라서 영업직원도 동영상, AR/VR(증강현실/가상현실) 기술을 활용하여 직접 콘텐츠 제작을 할 수 있는 능력을 갖추어야 한다. 이를 위해 유관 부서와 협업하는 능력을 발휘하는 건 물론이고, 영업직원 자신이 출연할 때를 대비하여 화면을 통해 비치는 모습을 위해 투자를 한다든지 메시지 전달 능력을 키우기 위한 노력을 아끼지 말아야 한다. 또한 기존에 사용해 온 고객용 설명 자료들은 솔루션 시연이나 동영상 등의 내용을 포함함으로써 고객이 비대면 환경에서도 콘텐츠에 몰입할 수 있도록 수정하는 것이 바람직하다. 그러나 비대면 환경이라 하여도 고객과의 관계 관리를 소홀히 할 수는 없다. 자주 통화하거나 SNS를 통해 고객의 기대사항에 공감해주는 방법으로 휴먼 터치를 유지하고, 관계에 있어 진정성을 보여줄 필요가 있다.

CHAPTER 4

미래 변화에 대비하는 영업직원의 자세

통찰력을 가진 컨설턴트 영업직원이 되자

포레스터 리서치는 B2B 영업직원을 4가지 유형으로 구분하고, 내비게이터형과 컨설턴트형의 영업직원을 미래상으로 제시했다.[31] 단순한 주문과 견적으로 일하는 주문접수형Order-Takers과 좀 더 복잡한 제품을 후보 제품과 비교하여 구매 결정할 수 있도록 정보를 제공하고 설명해주는 설명형Explainer의 영업직원과 같은 역할은 디지털화로 대체될 것이다. 온라인 사이트에서 제품 정보 제공은 물론, 주문 프로세스와 결재처리 시스템까지 편리하게 제공되기 때문이다. 반면, 적절한 지식을 바탕으

31 Forrester Research, 〈Death of A B2B Salesman〉, 2015

로 복잡한 구매 프로세스를 잘 관리하면서 고객을 바람직한 의사 결정으로 이끌어주는 내비게이터형Navigator이나, 전문가로서의 통찰, 식견과 아이디어로 무장하고 고객을 일깨워줄 수 있는 컨설턴트형Consultant 영업 직원이 B2B 영업에서 주목 받을 수 있는 미래상이란 것이다.

컨설턴트형 영업직원은 전문지식을 바탕으로 조사하고 연구하며, 질문하고 경청한다. 이들은 고객에게 일반적인 것을 제공하는 게 아니라, 고객과 함께 논의한 결과물을 토대로 맞춤화된 솔루션을 제시한다. 고객은 때로 자신에게 필요한 것이 무엇인지 명확히 모르는데, 전문성을 갖춘 영업직원은 고객의 상황과 니즈를 정확히 진단하고 기존 선택지에서 벗어난 맞춤형 처방을 내려줄 수 있다.

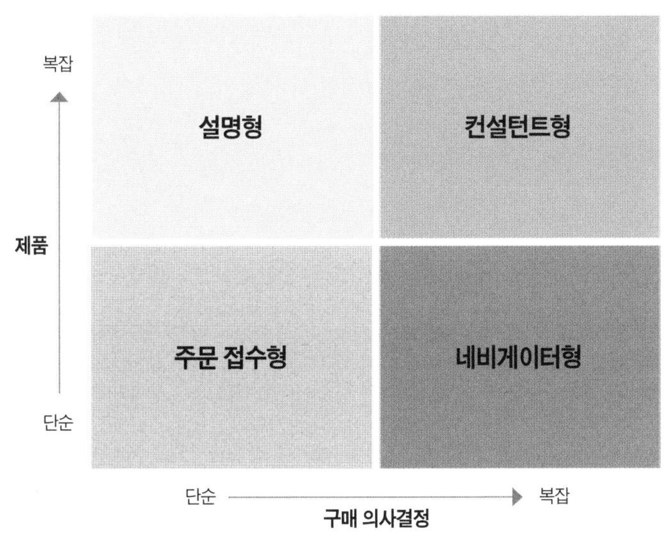

B2B 영업직원의 4가지 유형, 포레스터 리서치

기존의 영업이 고객의 니즈를 발굴하는 것에서 출발했다면, 이제는 고객이 대비해야 할 이슈를 던지고 이슈 해결책의 실마리를 제시하는 것이 영업의 시작점이 돼야 한다. 이를 위해서는 제품이나 서비스 솔루션은 물론이고, 고객과 관련한 산업, 지역, 사례 등에 대해서 더 폭넓고 심층적인 관점을 기르고 전문 지식을 쌓아야 한다. 필요하면 고객을 가르치고 일깨워 주면서 그들의 사고의 폭을 넓혀 줄 수 있는, 가치 기반의 컨설턴트 겸 아이디어 선도자Value-based Consultative Agent & Idea Driver로 거듭나는 것이 B2B 영업을 책임질 '품격을 지닌 영업직원'의 모습이다.

영업 진행 단계에서 내부 의견 조율시에도 영업직원은 통찰력을 발휘하여야 한다. 고객과의 접점에서 그 누구보다 비즈니스 상황과 고객의 니즈를 정확히 파악한 영업직원이라면 기존 선택지에서 벗어나, 고객가치에 부합하는 의견을 제시하여야 하기 때문이다. 고객에게 가치를 제안하는 단계에서 맥락을 폭넓게 이해하고 고객의 심리까지 고려하여 통찰력을 발휘한 사례를 보자.

에어솔루션을 판매하는 A사는 사무공간 임대를 주 사업으로 하는 W사로부터 제안 요청을 받았다. A사는 인공지능기능이 탑재된 자사 솔루션의 장점을 반영하여 가치 제안문을 만들어 보기로 했다. 기술지원팀이 자체 논의를 통해 확정한 가치 제안문은 "AI 기술을 이용한 솔루션을 적용하면, 공기의 질을 측정한 후 외부 공기 대비 사무실의 공기질 상태를 디스플레이해 줄 수 있습니다. 이를 통해, 사무실 임대를 원

하는 고객을 유치할 때 셀링 포인트로 활용할 수 있습니다."였다. 그러나, 수주 전략 검토 회의에서 이 가치 제안문은 채택되지 않았다. 첨단 인공지능 기반의 디스플레이 기능은 경쟁사 대비 분명한 차별화 포인트였다. 또한, 사무실을 사용하는 고객의 관점에서 보면, 외부 공기와 비교해 사무실의 공기 상태를 한눈에 볼 수 있는 기능은 매력 포인트임에 틀림없었다. 도대체 왜 이 가치 제안이 제안서에 반영되지 않았을까.

그 이유는 담당 영업직원이 자신의 현장 경험과 고객사 비즈니스 이해를 토대로 다음과 같이 의문을 제기했기 때문이었다.

"가치 제안문 자체는 설득력이 있습니다. 그러나, 디스플레이로 보여주는 사무실 공기의 질이 100%가 아니라면 고객들은 오히려 심리적으로 불안해할지 모릅니다. 그러므로 사무실을 이용하는 고객의 심리적인 측면을 고려할 때, 기술지원팀의 가치 제안문은 적합하지 않을 수 있습니다."

결국, 내부 논의 결과 기술지원팀의 가치 제안문은 제안서에 담지 않기로 했다. 디스플레이 기능은 기술 측면에서는 장점이지만, 디스플레이된 공기 질은 100% 대비 항상 부족한 것으로 나오기 때문에 사무실을 이용하는 고객의 심리적인 요인을 고려할 때, 고객에게 가치를 주지 못한다고 판단한 것이다. 대신, 빌딩을 운영하고 관리하는 관점에서 공기 질 관리를 위해서 해당 기능을 부각시키는 것으로 결정했다.

이 사례에서 보듯 영업직원은 스스로 '가치' 그 자체가 되어야 한다. 비즈니스의 전체 맥락을 이해하고 뛰어난 통찰력으로 구매자의 의사 결정을 돕기 위한 대화를 할 수 있어야 한다. 이를 위해서 자신이 파는 제품과 솔루션에 대한 지식뿐 아니라 고객의 비즈니스와 환경에 대해서도 통찰력이 필요하다. 많은 사람의 이야기를 듣고 접점을 찾아 연결하는 능력도 요구된다. 곳곳에 널린 아이디어 중에서 고객에게 도움이 될 만한 것을 최대한 많이 모으고 이를 증폭시키는 능력이 통찰력Insight을 키워준다. 단순히 정보를 찾거나 외우고 패턴을 알아채는 일은 AI가 훨씬 더 잘할 수 있다. 영업직원의 오랜 현장 경험과 깊은 사유에서 나올 수 있는 이런 통찰력은 AI 기능으로는 보여줄 수 없는 것이다.

영업의 패러다임은 업종, 판매하는 제품이나 서비스, 영업직원의 솔루션에 따라 다를 수 있기 때문에 가치 창출이나 통찰력보다 여전히 관계를 기반으로 한 영업이 더 유효한 분야가 있을 수도 있다. 그러나 통찰력을 가진 영업직원은 그렇지 못한 경쟁사 영업직원에 비해 어떤 경우에도 유리할 것은 분명하다.

밀레니얼세대와 Z세대를 이해하라.

같은 시대를 살면서 동일한 문화를 경험하는 모든 사람을 세대별로 구분해보면 그들 동년배 집단이 갖는 일정한 특징을 발견할 수 있다. 1980년대 초에서 90년대 후반 사이에 출생한 세대를 우리는 밀레니얼Millennial 세대라고 부른다. X세대(1960년대 중반~1970년대 후반 출생)의 다음 세대라고 해서 'Y세대'라고도 하고, 정보기술IT에 친숙하다는 이유로 '테크 세대'라는 별명을 갖고 있기도 하다. 이들은 소셜네트워크서비스SNS 등을 능숙하게 사용하며 자기표현 욕구가 강하다는 특성이 있다. 파이낸셜타임스FT에 따르면 2018년에 밀레니얼 세대는 세계 인구의 4분의 1 수준인 18억 명에 달했고 2020년 이후에는 세계 노동인구의 35%를 차지하게 된다고 한다.

Z세대는 1990년대 중반 이후부터 2000년대 초반에 출생한 세대로, 디지털 환경에서 자란 '디지털 네이티브(디지털 원주민)'라는 특징이 있다. 이들은 2000년대 초반 정보기술 붐과 함께 유년 시절부터 인터넷과 스마트폰 등의 디지털 환경에 노출된 세대답게 신기술에 민감할 뿐만 아니라 소비 활동에도 소셜 미디어를 적극적으로 활용하고 있다.

밀레니얼 세대와 Z세대를 'MZ 세대'로 통칭하는데, 이들은 디지털 환경에서 자라났다는 공통점을 기반으로 최신 트렌드와 이색 경험을 추구한다는 특징이 있다. 이제 기업 경영에서 중추적인 역할을 수행하게 될 이들은 B2B 영업과의 접점에서 구매를 검토하고 의사 결정권자에게 의견을 제시함으로써 구매 의사 결정 과정에도 영향을 미치고 있다. MZ 세대를 고객으로 둔 B2B 기업이라면 이들의 합리적인 구매 검토를 위한 온·오프라인 채널 설계가 필수적이다. 그들은 기존 세대들과는 다른 독특한 사고와 행동 패턴을 보인다. 디지털 세대답게 디지털 채널을 활용해 구매 정보를 사전에 취득하고 구매를 진행한다. 대면 채널보다 디지털 기반의 비대면 채널을 선호하는 경향도 보인다. 영업직원은 이들을 이해하고 교감하며, 디지털 기술을 활용한 맞춤형 영업 활동을 해야 한다.

특히 타깃 고객 선정 후, 지속적인 리드Lead를 발굴하는 영업기회 개발 단계에서부터 디지털 채널과 밀접히 연결될 수 있어야 한다. 소셜 미디어 활용이 생활화된 세대이므로 기업의 홍보, 마케팅 그리고 영업 방식에도 획기적인 변화가 필요하다. 페이스북, 인스타그램, 트위터, 유튜브, 블로그, 링크트인, 이메일 등의 채널별 특성을 적절하게 활용해야 할 필요가 있다. 또한, MZ 세대는 '나만의 맞춤, 개인화Personalization'를 매우 중요한 니즈로 생각하기 때문에 마케팅 관점에서는 디지털 기술을 활용한 맞춤형 콘텐츠와 캠페인을 제공해 주어야 한다. 그리고 그들이 남긴 디지털 흔적을 지속해서 수집 분석하고, 그에 기반한 영업 전략을 수립해야 디지털 세대에게 공감을 얻는 영업 활동이 가능해진다.

급변하는 글로벌 경제 상황에 대응하기 위해 기업의 업무 환경은 갈수록 복잡해지고 있다. 최근의 영업 환경에서 가장 큰 변화 중 하나는 다양해진 고객 접점 채널의 변화다. 모바일 디바이스의 급속한 확산과 IOT와 같은 사물과의 접점에서 센싱 기술이 발전하면서 과거보다 훨씬 더 많은 고객 접점 채널이 생겨나고 있는 것이다.

디지털 기반 영업환경은 대기업뿐 아니라 중소기업에서도 국내 영업에 머물지 않고 해외 영업기회를 발굴하고 수주할 수 있는 기회를 가져다 줄 것이다. 따라서 해외 고객을 상대로 영업해야 하는 경우가 늘어날 것이므로 카카오톡 같은 국내용 소셜 미디어에만 머물러선 곤란하다. 왓스앱WhatsApp과 위챗WeChat 같은 해외용 메신저 앱을 사용하여 고객의 동향을 파악하고 그들의 눈높이에 맞춘 소통을 해야 할 것이다.

뉴노멀에 대한 상상력을 발휘하라

COVID-19 이후의 뉴노멀New Normal에 대한 상상력이 필요하다. 코로나바이러스가 가져다준 변화는 없어지는 것이 아니라 이후의 새로운 세상에서도 여전히 우리와 함께 존재하거나 또 다른 모습으로 바뀔 것이다. 영업이 맞이할 일상도 이전과는 확실히 다른 모습일 것이고 그다음 미래도 불확실한 건 마찬가지다. 이런 세상에서 살아남는 방법은 긍정적인 자세로 새로운 변화를 받아들이고 남보다 빨리 적응하는 것이다.

COVID-19는 원격 교육, 원격 근무, 생산과 물류 혁신 등을 통해 디지털 전환Digital Transformation을 가속화하고 있다. 영업 방식에도 당연히 변화가 있어야 한다. 고객의 업무수행 방식이 크게 바뀌고 있기 때문이다. 우리는 그 변화를 기민하게 파악하고 대처하기 위해 상상력을 발휘해서 새로운 기준을 만들어야 한다.

앞에서 언급한 맥킨지 조사에서, 대다수 B2B 의사결정권자들은 COVID-19 팬데믹을 계기로, 원격 및 디지털을 중심으로 한 새로운 영업 모델로의 변화가 팬데믹 이후에도 지속될 것이라고 전망했다. 또한, 이러한 변화를 기반으로 현재의 제품과 서비스를 장기적으로 지속 가능하게 만들고, 더불어 변화에 걸맞은 새로운 제품과 서비스를 시장에 내놓기 위해 노력을 집중할 것이라고 응답했다.

그렇다면 영업직원 입장에서는 변화된 일하는 방식에 어떻게 적응해야 할까? 우선 비대면 영업활동에 필요한 디지털 도구의 활용에 익숙한지, 적절한 교육을 통해 디지털 역량을 갖추고 있는지 확인해야 한다. 그리고 비대면 영업에 맞는 고객 접근 전략과 방법에 대한 자신의 기준과 원칙을 만들고, 마케팅팀이나 기술지원팀과 효과적으로 협업하여 콘텐츠를 생산할 수 있어야 할 것이다.

원격 영업에서는 화상회의, 이메일, 전화 그리고 소셜 미디어와 모바일 앱을 사용한 디지털 방식의 비대면 상호작용에 익숙해져야 한다. 가상 회의Virtual meeting를 통해 고객에게 영업 콘텐츠를 보다 간편하고 효과적으로 선보일 수 있다. 가상 회의에서는 솔루션 시연을 하다가 관련 자료나 프레젠테이션으로의 이동이 간편해 대면 회의보다 민첩하게 대화를 이끌 수도 있다. 이처럼 이메일, 소셜미디어, 웹 미팅 등 다양한 방법을 조합하면 고객의 구매 프로세스에 맞춘 최적의 콘텐츠와 전략을 준비할 수 있다.

그러나 콘텐츠 전달 방법에도 개선이 필요하다. 대면 환경에서 사용하던 자료와 전달 방식으로는 성공할 수 없다. 아날로그 방식의 상투적인 자료를 인포그래픽과 시연을 포함한 동영상으로 바꾸어 고객을 몰입시킬 수 있어야 한다. 또 다른 문제는 가상 환경에서는 '방 분위기'를 읽을 수 없다는 것이다. 기존의 대면 회의라면 일부 참가자가 관심을 보이지 않을 경우 프레젠테이션을 중단하고 화이트보드를 이용하는 등 다른 방법을 사용하여 주의를 환기하고 회의에 집중하도록 만들겠지만, 가상 환경은 다르다. 그러므로 영업직원은 참가자의 이해 여부나 수용 자세를 구두로 확인함으로써, 전달하는 콘텐츠가 지금 공감을 얻고 있는지 또는 궤도 수정을 해야 하는지 판단할 필요가 있다.

영업 환경이 가상 환경으로 옮겨가면서 영업시간의 10% 이상을 차지하던 이동 시간을 다른 실용적인 방법과 도구로 전환해 성과를 향상할 수 있게 됐다. 예를 들어, 회의 통화 녹음 또는 웹 회의 기술 같은 고급 기능을 고객과의 관계 향상을 위해 활용할 수 있다. 고객에게 양해를 구하고 전화 회의를 녹음한 후 이 내용을 원고로 작성한다면 영업직원은 정확한 대화록을 동료와 공유할 수 있고, 관리자의 코칭을 위한 중요한 세부 정보로 활용할 수도 있다. 이메일도 그 용도가 자료 전달과 안부 인사를 묻는 정도에서 고객과 접점을 만들고 관계를 향상시킬 뿐 아니라 신규 고객을 확보하는 수단으로 활용영역이 확장될 수 있다. '이에 따라 용도별로 전달하고자 하는 내용을 고객이 읽기 쉽고 빨리 주제를 이해할 수 있도록 효과적이고 논리적으로 작성할 수 있어야 한다.

그러나 환경이 어떻게 변해도 영업의 기본은 여전히 비즈니스를 위해 관계를 만들고, 키우고, 유지하는 행위다. 고객과 직접 대면할 기회가 줄어든 만큼 자주 전화를 하여 공감과 끈기를 보여줄 필요가 있다. 끊임없이 변화하는 새로운 환경에서도 언제나 고객과 친밀감을 창출한다는 긍정적인 평가를 받도록 선도적인 자세(자율, 개방, 교류, 협업)를 가져야 할 것이다. 시장에 접근하기 위한 전략Go-To-Market을 주기적으로 점검하고 다양한 채널을 활용하면서 협업하는 자세가 요구된다.

CHAPTER 5

새로운 기술과 기법을 포용하자

업스킬Up-skill과 리스킬Re-skill

기술은 일하는 방식과 일자리를 변화시키고 있다. 영업직무에서도 이런 변화는 비켜 갈 수 없다. 세계경제포럼 World Economic Forum 발표에 따르면, 2022년까지 현재 업무 수행 스킬의 42%가 달라질 것이며, 2030년에는 전 세계 3분의 1 가량의 직무가 기술에 의해 크게 변화할 것이라고 한다. 따라서 기존의 기술과 지식을 업그레이드하는 업스킬Up-skill과 새로운 기술을 배우고 익히는 리스킬Re-skill을 통해 기술 변화로 예상되는 격차를 줄여나가려는 노력이 요구된다. 영업직원은 AI와 데이터 분석 등 신기술이 적용된 시스템과 도구를 잘 활용하여 자신의 통찰력을 기를 수 있도록 대비할 필요가 있다. 소셜 미디어SNS나 화상회의 도구 등 비대면 영업 활동에 필요한 디지털 기술과 기법을 습득하고 남과 차별화된 적용 방법을 고민해야 한다. 화상회의에서 최적화된 프레젠테이션, 온라인 회의 진행, 온라인에서의 이미지 메이킹, 각종 소셜 미디어 도구 등의 활용능력이 요구된다. 비대면 환경에서 자기소개 방법과 라포Rapport 그리고 고객과의 영업 상담 스킬이 지금보다는 더 프로답게 업그레이드 돼야 한다. 또한 CRM과 RPA 같은 소프트웨어 기술을 최대한 활용할 수 있도록 역량을 쌓을 필요가 있다.

클라우드 컴퓨팅 기술은 제품과 서비스를 사고파는 방식에서 구독 비즈니스Subscription Business 모델로의 전환을 가속화하고 있다. 가전이나 IT 기기를 월정 사용료를 내고 빌려 쓰는 방식의 비즈니스가 이제 기업용 소프트웨어와 하드웨어뿐 아니라 자동차나 굴삭기 등 경제 전반으로 확산되고 있다. 구독 경제는 제품만 잘 만들면 된다는 사고방식에서 고객을 중심에 두고 생각하는 방식으로의 변화를 의미한다. 하루에 몇 대를 만들었느냐가 중요한 게 아니라 고객을 하루에 얼마나 만족시켰는지가 더 중요해진다는 얘기다. 고객이 가장 중요한 자산이고, 그 고객들은 공급자와 영업직원이 얼마나 믿을만한 존재인지 매일같이 판단한다. 따라서 장기적인 관계를 바탕으로 만들어진 신뢰가 고객 생애 가치 Customer Lifetime Value를 높여주는 절대적인 요인이 된 것이다. 이제 영업직원은 '더 파는'역할에다가 '더 사용하도록' 만드는 스킬도 갖춰야 하게 됐다.

디자인 싱킹Design Thinking과 애자일Agile 방법론

새로운 디지털 기술과 경영 기법을 공부하고 활용하는 것은 통찰력을 기르는 데 도움을 준다. 통찰력을 활용하는 영업Insight Sales에서 고객이 가진 이슈나 문제에 대한 '공감 능력'과 다양한 의사 결정자들의 니즈 변화에 대응하는 '민첩성'은 필수적인 역량이다. 이를 위해 고객과의 공감을 강조하는 '디자인 싱킹Design Thinking'과 변화에 민첩하게 대응하기 위한 '애자일Agile 방법론'을 B2B 영업에 적용할 것을 제안한다. 빠르게 변화하는 영업 환경, 고객의 구매 사이클과 니즈에 대처하기 위한 B2B 영업 혁신에 디자인 싱킹과 애자일 방법론은 최적의 대안이 될 수 있다.

디자인 싱킹은 디자인적 사고를 기업 내 다양한 분야에 혁신 방법으로 도입한 것으로 고객과의 공감을 바탕으로 한 창의적인 문제해결 방법론으로 크게 주목받고 있다. 전체 프로세스는 5단계로 이루어지는데, 1단계는 고객의 관점에서 진정한 요구를 알아내고 공감하기Empathize, 2단계는 공감을 통해 얻은 데이터를 정리하고 고객의 문제를 정의하기Define, 3단계는 창의적인 자신감과 집단지성으로 아이디어 찾

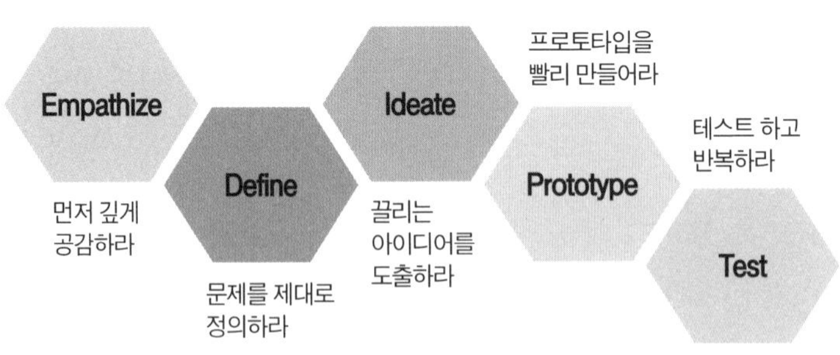

디자인 싱킹의 5단계 프로세스

기Ideate, 4단계는 저비용으로 빠르게 눈에 보이는 시제품 만들기Prototype, 5단계는 고객의 반응과 명확한 의견을 받아들이는 평가Test의 과정으로 이어진다.

B2B 영업 프로세스 중에서도 '고객 파악'과 '요구 정의' 및 '제안' 단계에 디자인 싱킹 프로세스를 적용하면 제안의 품질을 높일 수 있다. 즉, 영업 프로세스에 고객을 참여시켜 공감과 이해의 과정을 거치면 모호하게 정의된 문제도 정확히 파악할 수 있게 되므로 고객의 기대에 부응하는 정확한 가치 제안이 가능해진다. 먼저 고객이 느끼는 문제와 니즈를 이해하고 공감하기 위해서 고객과 라포를 형성한 후 설문, 인터뷰, 관찰, 리서치 등 디자인 싱킹 도구를 활용한다. 이렇게 얻은 내용을 종합해 최종적으로 문제를 정의하기 위해서 고객에게 되도록 다양한 질문을 한 후에 고객의 입장에서 보고, 듣고, 느끼고, 생각한 내용을 공감 지도Empathy Map 형식으로 작성해 보면 문제를 보다 명확하게 정의할 수 있다. 이제 고객 관점에서 핵심적인 요구사항과 문제를 하나의 문장으로 구체적으로 표현해 본다. 다음으로 관련 부서 전문가들의 집단 지성을 모아서 고객의 문제에 대한 창의적인 해결책을 고안할 때, '아이디어 찾기Ideate' 단계의 기법을 활용하는 방법으로 최적의 가치 제안서를 작성할 수 있다. 계약 이후에도 고객과 디자인 싱킹 워크숍을 가져서 프로젝트의 최종 이미지를 명확히 설정해 두면 납기와 만족도를 높일 수 있다.

애자일 방법론은 소프트웨어 개발에서 '모든 상황은 불확실하고 변할 수 있다'는 가정하에, 민첩하게 해결책을 만들어 고객과 시장의 상황을

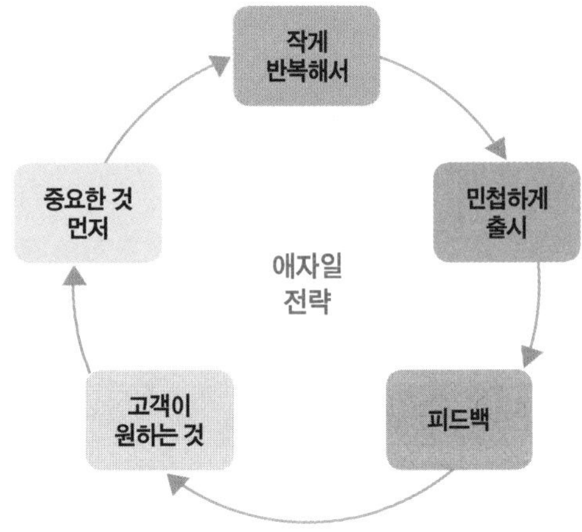

반영해 나가는 다양한 방법들의 통칭이다. 애자일은 민첩하게 일하는 방식으로, 시장과 고객의 요구사항을 빠르게 파악해서, 중요한 일부터, 작게 반복해서 실행하고, 고객의 피드백을 받아 가며, 고객이 원하는 가치를 제공하는 것이다. 구글, 넷플릭스, 아마존 등 유수의 글로벌 기업들이 도입해서 성과를 내고 있고, IT 분야 외에도 금융, 건설, 서비스 등 전 산업 분야에서 애자일 마인드셋Mindset과 문화, 그로부터 비롯된 업무수행 방식을 활발하게 적용하고 있다.

B2B 영업에도 민첩성과 안전성을 높일 수 있는 애자일 전략을 적용한다면, 영업 방식을 재정의하여 급변하는 고객의 환경과 기대치를 넘어서는 시장 접근 모델이 가능해질 것이다. 애자일 영업 조직은 지속해서 고객과 영업기회의 우선순위를 조정하고 어디에 더 투자할지를 신속하게 결정하게 된다. 우선 손쉽게 적용해 볼 수 있는 방법으로, '매일 서서하는 회의Daily Standup Meeting'가 있다. 요약하면, 매일 일정한 시각에 회

의를 열고 관련 팀원이 모두 참석해서 '어제 한 일, 오늘 할 일, 그리고 장애 요소와 도움이 필요한 사항'에 대한 세 가지 질문을 각자 돌아가며 짧게 이야기한다. 매일 같은 시간에 전원이 참여하는 것, 회의 시간이 15분을 초과하지 않는 것을 원칙으로 한다. 팀장은 수평적인 소통이 될 수 있도록 팀원의 발언을 지지하며 격려해 주고 그들이 요구하는 내용을 파악하고 피드백을 해주며 지원한다. 이 회의는 보고를 위한 자리가 되어서는 안 된다. 애자일 일일 회의는 팀의 목표 달성을 위해 각자의 활동을 공유하고, 해결책을 모색하는 자리가 돼야 한다. 이러한 영업 회의는 서로 협업해야 할 일이 무엇인지 알게 되면서 하나의 팀이라는 관계를 공고히 할 수 있는 방법이다.

실제 디자인 싱킹과 애자일 적용으로 경영 혁신에 성공하는 기업이 늘어나고 있다. 그러나 세상엔 완전히 같은 조직도, 완전히 다른 조직도 없다. 따라서 다른 조직이 성공한 방법을 우리 조직에 그대로 적용할 수는 없지만, 성공한 사례를 가져다 그 위에 새로운 시도를 해 볼 수는 있다. 계

일일 회의방법(Daily Standup Meeting)

속 실험하고 방법을 찾아가는 조직이 살아남을 것이다. 이러한 혁신 기법을 도입할 때는 경영자와 관리자의 의지도 중요하지만, 영업직원들의 충분한 이해와 실제적인 활용이 성공의 관건이다. 혁신 기법을 도입하더라도 이를 제대로 활용하지 못하면 무용지물이 되지만, 잘 이해하고 활용한다면 영업직원과 팀, 나아가 기업의 가치까지 높일 수 있다. 이것이 바로 혁신에 대한 영업직원의 적극적인 이해와 수용이 필요한 이유다.

기업을 둘러싼 환경은 빠르게 변화하고 있으며, 우리는 모두가 불확실한 것만이 확실한 시대에 살고 있다. 그러나 이러한 환경 속에서도 B2B 영업과 이를 주도하는 영업직원은 변화의 내용을 직시하고 수용하는 것과 동시에, 꼭 기억해야 할 불변의 법칙도 있다.

앞서 언급했듯이 이제는 AI, 로봇, 클라우드 기술 그리고 빅데이터와 데이터 분석 등 4차 산업혁명을 주도하는 신기술로 인해 많은 업무가 자동화될 것이다. 특히 신기술이 영업활동에 수반되는 반복적인 행정 업무를 처리해줌으로써, 영업직원은 가장 잘 할 수 있는 일 즉, 고객과 연관된 더욱 가치 있는 일에 집중하는 스마트한 영업을 하게 될 것이다. 새로운 디지털 기술이 영업직원의 위상을 높여주는 역할을 하게 된 것이다. 영업직원은 고객 최일선의 접점으로서 회사를 대표하면서 대고객 영업과 서비스와 관련된 모든 부서의 컨트롤 타워 역할을 해야 하므로, 전반적인 고객 경험을 중시하는 보다 세심한 리더십이 필요해졌다.

세계경제포럼WEF은 '2020년 미래 일자리 보고서'에서, 신기술이 기계에 의한 자동화를 계속 앞당기고 수많은 새로운 직무를 만들어 내는 가운데, 영업은 여전히 인간적인 상호작용의 중요성을 지속해서 보여주는 직업이라고 분석했다. 아울러 다른 배경 또는 다른 유형의 종사자들과 함께 그리고 편안하게 일할 수 있는 적성이 매우 중요한 직무라고 정의한다. 2016년과 2018년에 발표한 보고서에서도 영업은 마케팅 및 고객 서비스 등의 직무와 함께 인간관계 기술이 필요한 직업으로, AI가 아직 그 단계에 도달하지 못했고 앞으로도 그럴 것이라고 했던 분석과도 일맥상통하는 결과다. AI가 훈련을 통해 습득하지 못한 '창의력, 비판적 사고 및 설득'이 필요한 영역에서 자신을 재교육하고 기술을 업데이트할 필요가 있다는 것이다.

반면, 세계경제포럼은 신기술과 COVID-19의 영향으로 인해 영업 관련 직무와 기술에 관련된 요건은 상당히 변화할 것으로 내다봤다. 보고서에 따르면, 미래의 영업은 고객의 성공을 궁극적인 목표로 하는 고객 성공 전문가Customer Success Specialist와 영업 개발Sales development, 비즈니스 개발Business development, 협력사와 협업Partnership 담당 등의 영업직원들이 주도할 것이라고 한다. 다음 페이지의 도표에서 보듯이, 미래 영업 직무는 기존의 영업직원이 업스킬Up-skill과 리스킬Re-skill로 재무장하여 주도하는 동시에, 비즈니스 개발, 마케팅, 운영 지원, 프로젝트 관리 등의 인력이 적절한 리스킬로 전환하여 임무를 수행할 것으로 본다.[32] 이와 같은 분석 결과는, 이 책이 일관되게 강조하고 있는 '고객 가치에 기반을 두고 통

---

32 〈The Future of Jobs Report 2020〉, World Economic Forum, October, 2020

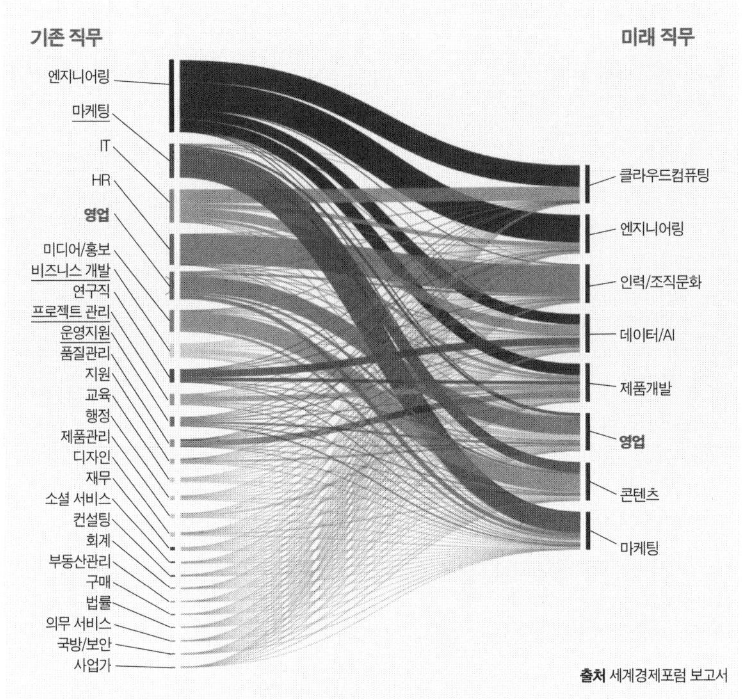

기존 직무에서 미래 직무로의 전환

찰력을 발휘하는 영업은 고객에게도 성공을 가져다 준다'는 품격 영업의 비전과 일맥상통함을 보여준다.

기술이 아무리 발전한다 해도 고객 관계 및 신뢰 형성 그리고 경쟁 상황에서의 전략 수립과 판단력 등 인간의 지력과 감성이 필요한 일을 결코 대체할 수는 없다. 전통적인 대면 중심 영업 활동 대신 화상 회의, 웹 세미나, 전화, 휴먼 챗봇 등 새로운 수단과 방법을 병행할 수 있겠지만, 원격 및 디지털 세계에서의 영업에서도 고객의 마음을 움직이는 결정적인 역할은 여전히 인간적인 터치가 가능한 영업직원의 몫이란 점은 변하지 않는다. 그러므로 고객의 마음을 읽고 고통 포인트를 찾아서 그들의 아픔에 공감하고 통찰력을 제시하는 영업은 불확실한 미래에 '품격있는 영업'이 되어 영업직원을 더욱 빛나게 할 것이다. 열린 마음으로 새로운 기술을 받아들이면서 자신의 기술과 역량을 향상하고 미래를 준비하며 환경 변화에 적응하는 한, B2B 영업직원의 장래는 밝다. 기업의 성장에 있어 그 어떤 역할보다 중요해지고 그 위상은 더욱 높아질 것이다.

자부심을 가지고 '품격을 갖춘 B2B 영업'에 도전하라!

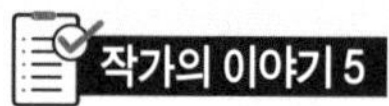

작가의 이야기 5

'나만의 원칙'을 세우다 !

최근 B2C에서 B2B 비즈니스로 전환하는 A사의 영업임직원을 대상으로 코칭기반의 역량 강화 프로그램을 개발할 기회가 있었다. A사는 B2C 시장에서의 제품과 서비스의 탁월성을 기반으로 고객에게 가치를 제공했던 성공 체험을 B2B 시장에서도 구현해내고자 승부를 걸고 있던 참이었다. 그러나 B2B 시장에서 성공하기란 기대만큼 쉬운 일이 아니었다. 그 이유 중 하나는 '영업방식의 차이'에 있었다.

나는 역량 강화 프로그램 개발을 위해 진행했던 인터뷰에서 그 해답을 찾을 수 있었다. A 사의 B2B 영업본부장은 동창회 주관 주말 골프 모임에서 대전에 있는 S 병원에 근무하는 친구를 만났다. 친구는 환자 친화적인 디지털 솔루션을 고민하고 있다며 영업직원이 병원 구매 부서를 방문해주면 좋겠다고 했다. 영업본부장은 월요일에 출근하여 지역영업부 김 책임에게 병원을 방문해 볼 것을 지시했다.

영업본부장: 대전에 있는 S 병원이 혁신을 리딩하는 병원인데 한번 방문해봐!

김 책임: 네, 알겠습니다. (그래, 어떤 영업 기회가 있는지 확인해봐야지!)

김 책임은 다소 흥분이 되었다. 대형병원이기에 구매 물량이 많을 것이고, 병원 특성상 단일 제품보다는 다양한 제품을 판매할 수 있을 것이라는 기대 때문이었다. 그러면서 실제 판매가 성사되면 어떤 방식으로 거래 조건을 맞춰줄지 기분 좋은 상상을 하면서 병원에 도착했다. 구매부서 담당자와 인사를 나눈 후, 주고받은 대화 내용은 다음과 같다.

김 책임: 저희 제품/솔루션을 통합 구매하신다면 다양한 혜택을 드릴 수 있습니다. 어떤 제품이 필요한지요?

고객: 저희 병원의 혁신을 위해 귀사의 제품/솔루션은 어떤 도움을 줄 수 있나요?

김 책임: (잠시 말을 잊은 채) 글쎄요…

상담을 마치고 돌아오는 내내 김 책임은 얼굴이 화끈거렸다. 글로벌 IT 기업에서 B2B 영업을 체계적으로 배우고 A 사에 경력사원으로 입사하여 나름 B2B 영업의 전문가라는 자부심이 있었는데, 여전히 제품/솔루션을 파는 거래조건 맞추기 영업을 하는 자신의 모습을 발견한 것이다. 김 책임은 익숙했던 기존의 영업방식에서 벗어나지 않으면 생존할 수 없다는 것을 피부로 느꼈다며 다음과 같이 성찰했다.

"영업의 첫 출발은, 자사 관점의 접근방식에서 벗어나 고객의 혁신 목표가 구현되도록 솔루션을 구체화해주어야 한다. 이번 고객 방문을 통해 패러다임과 영업 방식의 변화가 동시에 필요하다는 것을 느낄 수 있었다."

A사 B2B 영업본부 김 OO책임

첫 방문에서 너무 성급했다. 혁신을 고민하는 병원임을 인지했다면 병원 비즈니스는 물론, 혁신을 추구한 병원 사례를 공부하고 방문했어야 하지 않을까. 적어도 병원 업무와 의료진이 환자를 진단하고 치료하며 처방하는 환자/질환 관리 프로세스를 이해하고 방문했다면 고객과의 첫 만남이 많이 달라졌을 것이다.

영업에서 통찰력을 발휘한다는 것은 말처럼 쉽지 않다. 고객의 산업을 이해해야 하고, 고객이 가진 비즈니스 이슈가 무엇인지 팩트Fact 기반으로 파악하고 있어야 한다. 그들이 인식하지 못한, 그러나 언젠가는 쟁점이 될 수 있는 불편한 점Pain point을 파악하고 이를 자사가 가진 솔루션을 통해 해결하기까지 매우 고단하고 험난한 과정을 거쳐야 한다.

B2B 세일즈 임직원의 역량 강화와 일하는 방식의 전환을 돕고 있는 필자도 한편으로는 영업 사원이다. 영업 기회를 발굴하고 차별화된 가치 제안을 통해 수주해야 강의와 코칭비즈니스를 할 수 있다. 단순 지식전달보다는 인사이트를 주는 강의와 코칭 솔루션을 제공하고 싶어 '나만의 원칙'을 갖고 고객을 만나고 있다. 고객이 강의를 의뢰하면, 고객사의 산업과 비즈니스를 이해하기 위해 사내 교육용으로 활용하는 기업 소개자료(경영철학과 비전, 사업 현황, 주요 고객사, 매출 수익 추이, 제품과 솔루션, 비즈니스 이슈, 조직구조, 인재 육성 체계 등)를 받아 공부한다. 또한, 교육 과정 개발 시 항상 놓치지 않는 것은 교육에 기대하는 요구사항을 파악한 후 필요 역량과 맵핑Mapping하는 작업이다. 이때, 인사팀에서 고성과자를 추천받아 인터뷰한다. 고성과자들이 성과 창출을 위해 가지고 있는 태도와 동기 등 그들만의 고유한 행동 특성을 파악하기 위한 목적이다. 이런 과정을 통해 고객의 불명확한 니즈가 구체화되고, 학습 콘텐츠의 우선순위를 바꾸는 변화관리자 역할을 할 수 있게 된다. 또한, 영업직원의 영업 방식에는 어떤 이슈가 있고 바람직한 방식으로 전환하려면 필요한 역량이 무엇인지 나름의 인사이트Insight를 갖게 된다.

전통적인 거래 기반 영업방식에서 고객 가치 기반 영업으로 전환해야 하는 A사에서는 '나만의 원칙'이 포함된 고객 맞춤형 교육 제안을 기꺼이 수용해줬다. 3개월 동안 고객 비즈니스를 이해하는 시간을 가졌고, 고성과자 15명을 인터뷰하였다. BEIBehavior Event Interview:행동 사건 인터뷰 방식으로 핵심역량을 파악한 후, 고객의 사업 특성을 반영한 케이스스터디를 통해 문제 해결 방식으로 교육 과정을 개발했다. 이 과정에서 나는 A사의 사업과 영업 프로세스를 이해할 수 있었다. 덕분에 학습에 참여한 교육생들로부터 NPSNet Promoter Score: 순수 고객 추천 지수 95점을 받았고 B2B 영업의 미래지향적인 일하는 방식에 통찰력을 주는 교육으로 입소문 나면서 영업직원 전원이 필수로 듣는 교육 과정이 되었다. 고객사는 학습 효과성이라는 가치를 얻을 수 있었고 나는 새로운 산업 분야를 학습함으로써 서로 가치를 얻을 수 있었던 의미 있는 프로젝트였다. 통찰력Insight을 갖게 하

는 '나만의 원칙'을 지킬 기회를 준 고객에게 감사할 뿐이다

우리는 경험에서 배우는 것이 아니라

그 경험에 대해 생각하면서 배움을 얻는다.

- 캔 베인Ken Bain(《최고의 공부법》의 저자, 교수를 가르치는 교수)

PART 6

작가들의 경험 그리고 생각과 배움

우리들의 서툴렀던 시작

최고의 순간

최악의 기억

CHAPTER 1

우리들의 서툴렀던 시작

'초보' 영업대표, 노하우를 찾다!

IBM에서는 영업사원을 영업대표CR, Client Representative로 불렀다. 고객 앞에서 회사를 대표한다는 의미이다. 영업대표는 다른 직무에 비해 현저히 나은 대우를 받았기 때문에 행정업무나 기술업무를 하던 직원들이 영업부로 옮기는 경우가 종종 있었다. 필자 역시 남의 떡(영업 인센티브)이 커 보여 직무를 바꿔 영업 일을 시작했다. 하지만, 세상에 공짜는 없었다.

6년간 영업대표와 한 팀을 이뤄 시스템엔지니어로 고객에 관한 기술과 영업 지원을 담당하면서 바로 옆에서 지켜본 영업대표 업무는 별로 어렵지 않아 보였다. 하지만 곁에서 지켜본 영업과 직접 해 본 영업은 다른 점이 너무 많았다.

막상 영업을 시작해보니 너무 막막했다. 세일즈 단계별로 해야 하는 영업대표의 역할을 제대로 알지 못했고 고객 상담을 위한 사전지식과 기술, 경험도 없었다. 관계역량과 영업역량이 모두 부족했던 것이다. 영업은 처음이었지만 나름 고참 사원이라 동료의 도움을 구하지 않고 혼자 체계도 없이 일하다 보니, 일하는 루틴도 없었고 결국 여러 문제가 발생했다. '역시 B2B는 팀워크가 필요하구나!' 라는 결론에 도달했다.

역량 부족을 극복하기 위해서는 영업에 대한 자신감과 자존감을 가져야만 했다. 더 중요한 것은 회사의 교육 기회만 기다리기보단, 꾸준한 자기 학습을 해야 한다는 것이었다. 매일 계획을 세워 실행하고, 그 결과를 복기하면서 개선점을 찾아 반영하기로 했다. 영업을 잘하기 위해서는 나만의 루틴이 필요했던 것이다.

고객과 약속 잡기, 갈수록 쌓여가는 업무 처리, 이메일 회신, 회사 내부결제, 가격협상, 계약절차, 제품 납기 맞추기 등 영업단계별로 통제할 수 없는 일이 생각보다 많았다. 나는 해야 할 일들을 하나씩 정리하기 시작했다. 우선 '고객'이 누구인지 생각했다. 외부의 고객은 물론, 회사에서 나를 도와주는 지원 부서의 담당자도 내부에 있는 고객이었다. 영업부 직속 상사에게 타이밍 맞게 고객의 중요 안건을 보고하는 방문 보고서Call report를 작성하는 일과 매주의 활동계획과 예상 매출을 보고하는 주간 회의도 모두 부담스럽기만 했다. 특히 영업목표Quota 대비 예상 매출이 부족할 때는 어떻게 채워넣을까 고민도 많았다. 고객이 요청하는 자료를 준비할 때나 고객에게 응답해야 하는 일이 있을 때, 무리하게 일정에 맞추려다 자료의 품질이 떨어지거나 실수하는 일도 많았다.

여러 차례 어려움을 겪은 후엔 차츰 '나만의 노하우'가 생겼다. 고객이 자료를 요청하면 그 배경과 목적을 정확히 짚어 물어보고, 자료 준비 중 변수가 생길 것을 예상해 일정을 여유있게 잡았다. 또 자료제공이나 방문이 약속한 시간보다 늦어질 것 같으면 미리 고객에게 양해를 구하는 것이 '작은 약속'부터 지키는 신뢰 구축의 포인트임을 알게 됐다.

다음으로, 해야 할 일이 너무 많을 때 일의 우선순위를 정하고 시간을 배분하는 방법이 필요했다. 끝도 없이 쌓인 일을 처리하기 위한 해결방법은 아주 우연한 기회에 발견했는데 잠시 들른 고객사 지하 서점에서 토니 부잔Tony Buzan의 《마인드맵Mind Map》이란 책을 읽게 된 것이다. 이후 복잡한 생각을 빨리 정리하고 체계화시키는 데에 마인드맵을 아주 유용하게 활용했다. 고객과의 회의나 방문 보고서를 짧은 시간에 논리적으로 정리할 수 있게 돼 시간을 절약하는 효과도 얻었다. 고객사와 자사의 대표적인 소통수단인 이메일을 읽고 회신하는 것도 큰일 중에 하나였는데 외부 고객 방문에 치중하다 보면 회신 타이밍을 놓치는 경우가 많았다. 이런 경우에도 마인드맵으로 논리를 쉽게 만들고 최대한 당일에 피드백하니 고객의 반응이 달라졌다.

그 외에도 계약에 필요한 가격 제안, 협상과 이의제기Objection Handling 등 영업을 시작한 후로 문제들은 사사건건 끊임없이 이어졌다. 그때마다 마인드 맵을 이용하여 분류하고 우선순위를 정했다. 영업 클로징을 위해 사전에 끝내야 할 많은 업무를 매일 논리적으로 처리하다 보니 마인드맵 기반의 나만의 하루 루틴(PDCA, Plan/계획 - Do/실행 - Check/평가 - Action/개선)이 계속 진화하고, 발전하게 되었다.

엔지니어의 고군분투 영업 도전기

대학에서 전자공학을 전공한 나는 ROTC 장교로 임관하여, 육군본부 전산실에서 프로그램 장교로 복무하면서 IT와 운명적인 관계를 맺게 됐다. 제대 후엔 럭키금성그룹 기획조정실 소프트웨어 개발센터의 소프트웨어 엔지니어로 근무하면서 IT와의 인연을 이어가게 된다. 그룹의 조직 개편으로 근무하던 부서가 통째로 자회사로 편입되는 돌발 상황을 맞으며, 조직의 새로운 환경에 적응하는 방법을 익히면서도 엔지니어로서의 길은 변함없이 유지되고 있었다. 그러던 어느 날, 부장이 오라클에서 팩스가 왔다며 나에게 답장을 작성해보라고 했다. 이 작은 일이 나의 엔지니어로서의 운명을 바꿀 거라곤 나를 비롯해 누구도 예상하지 못했다.

사업부장인 상무가 회의실에서 내가 작성한 팩스 초안에 빨간 사인펜을 들고 몇 번에 걸쳐 수정을 지시하면서 유독 부사 단어 하나를 영 맘에 안 들어 했다. 흘끔흘끔 모니터 화면을 보며 지적하는 모습에 나도 모르게 화가 살짝 나서 퉁명스럽게 말했다. "그건 마이클이 써준 건데요." 마이클은 국제부에 근무하는 캐나다 교포였다. 그런 과정을 거쳐 팩스는 보내졌고 계절이 바뀌어 오라클의 대리점 계약을 추진하는 결과로 발전했다. 첫 팩스 문서를 작성한 인연은 계약 추진 보고서의 사장 결재를 받는 일로 이어졌다. 오라클 본사의 국제사업 담당이사가 우리 회사를 처음 방문하여 인사를 나누는 자리에서 사장은 벼락같이 대리점 계약서에 사인했다. 그때부터 나는 오라클 제품의 유통 사업 책임을 맡은 임원을 대신해 팩스 작성을 도맡아야 했고, 우리가 유통할 오라클 소프트웨어 제품의 수입 통관 업무도 지원하게 됐다. 또한, 사업 준비를 위한 제품의 테스트를 비롯하여, 한글화를 포함한 대부분 일들을 선임 엔지니어로서 주도적으로 이끌어야 했다.

두 명의 후배 엔지니어가 팀이 되었는데, 두 명 모두 소프트웨어 개발센터에 신입사원으로 입사해 나와 함께 직장생활을 시작한 인연들이다. 그들에게는 내가 첫 상사였다. 우리는 제품 기능 테스트를 비롯하여 사업의 미래를 그리는 일도 병행했다. 제품의 속성이나 기능에 대한 심도 있는 학습과 활용 사례를 습득하기 위해 오라클 본사의 교육 과정에 참여하고, 국제 사용자 회의Oracle International User Conference에 참가하기도 했다. 나를 비롯한 후배 엔지니어들은 사업부장을 도와 엔지니어로서 제품에 관한 기술 습득에 매진하는 것이 우리에게 주어진 책무라고 여기며 성실하게 하루하루 제품을 알아가는 재미에 빠져있었다. 제품 기능 테스트를 위해 사내의 다양한 장비 활용이 필요했을 때는, 나의 재능인 친밀감을 무기로 관련 부서장들의 협조를 받아내 불편 없이 배움의 욕구를 맘껏 채울 수 있었다.

그런데 언제부터인가 마음 한구석에 까닭모를 불편함이 자리잡기 시작했다. 그리고 어느 날, 드디어 이유를 알 수 있었다. 사업부장이 나를

부르더니 대뜸 이런 말을 던진 것이다

"김 과장은 사업은 언제 할 건데 제품에만 매달려 있는 거야?"

"네?"

"영업은 언제 할 거냐고?"

"영업 사원을 뽑아주시면 제가 사업을 해보겠습니다."

당당한 나의 외침에 메아리치듯 돌아온 답변은,

"당신이 벌어서 뽑아!" 였다.

이런 젠장, 이게 바로 나를 불편하게 했던 거였구나. 엔지니어인 내가 영업까지 해야 했던 것이다.

자리로 돌아온 나는 후배 엔지니어들과 진지하게 우리의 현실에 대해 의견을 나누며 대안을 찾기 위해 머리를 맞대고 골몰했다. 기획조정실에서부터 함께 일해온 히포(함께 미국 출장 중에 동물원에서 봤던 피그미히포를 빗대서 유난히 큰 덩치의 후배는 히포라고 불리는 걸 좋아했다.)나 또 다른 후배 엔지니어의 면모를 이리저리 뜯어봤으나 저들을 영업이라는 오지로 내몰 수는 없겠다는 생각이 들었다. 그래도 물어봤다.

"너희들 영업 해볼래?"

"……………………………."

"알겠어. 내가 나가서 영업할 테니 두 사람은 안에서 살림을 잘 맡아줘~"

나는 다소 무모하게 보일 수도 있었지만 영업을 해보겠노라 과감하게 선언했다. 몇 년 전 나의 첫 번째 관리자인 부장의 '나와 함께 영업해보지 않겠니?' 라는 제안에는 심드렁했던 내가 말이다!

나는 소프트웨어 엔지니어로서 만족스러운 삶을 살고 있었기에 선뜻 나서서 영업을 해야겠다는 생각은 전혀 없었다. 또한, 영업직원을 바라보는 나의 시각은 다소 부정적이었다. 전문성도 없이 폼이나 잡으면서 거들먹거리고 다니는 일부 영업직원의 모습이 마음에 들지 않았기 때문이다. 하지만, 사업부장을 도와서 오라클 사업을 준비하며 이 사업은 성공할 수 있다는 확신을 하게 되었고, 이와 더불어 사업 계획을 작성했던 나는 책임감과 함께 호기심을 떨쳐내기가 쉽지 않았다. 게다가 후배들보다는 그래도 내가 영업을 잘할 것 같아 무모하지만 과감한 선택을 한 것이다. 다소 무모한 선택일 수도 있었지만, 새로운 상황에 적응할 수 있다는 긍정적인 생각과 '나라면 할 수 있다'는 용기를 냈다. 그리고 위기를 돌파하며 극복해 보자는 도전 정신도 있었는데, 이는 내가 가진 경험과 재능에서 발현된 것이었다. 그룹 초임 관리자 교육을 통해 습득한 "팀의 지혜를 모아서 활용하면 충분히 가능하게 만들 수 있다."는 리더십에 대한 믿음도 나를 앞으로 나아가도록 해준 원동력이었다. 미래 지향적인 제품을 가진 벤처기업이었던 오라클이 성공할 수 있을 것이라는 나의 직관도 내 선택에 크게 이바지했다고 생각한다.

영업직원이 된 나는, 엔지니어 시절 갖고 있던 영업에 대한 부정적인 선입견도 확 바꾸게 되었다. 영업은 회사의 매출을 책임지고 고용을 창출할 뿐만 아니라 사업 비전을 현실화하는 막중한 미션을 수행하는 직무라는 것을 알게 되었다. 되돌아보면, 엔지니어에서 영업직으로 전환해 보겠다는 '무모한 선택'이 나의 숨겨진 재능을 발현할 기회가 되었고, 이제는 한 회사의 CEO가 된 나를 사업가로 한 단계 더 성장시키는 계기가 되어 주었던 것이다. 그때의 도전은 비즈니스를 이해하고 고객과 신뢰를 구축하는 방법을 배우는 전환점이 되어 준 소중한 기회였다. 소프트웨어 엔지니어였던 내가 영업에 도전하기로 했던 탁월한 선택에 스스로 박수를 보낸다.

'맨땅에 헤딩'이란 바로 이런 것!

"자넨 문과를 전공했으니 아무래도 엔지니어보다 영업대표를 하는 게 자연스럽겠지?"

6개월간의 신입사원 연수를 마칠 때쯤 매니저인 김 부장이 내게 물었다.

연수가 끝날 때쯤이면 배치 부서에 대해 상의를 하게 되는데, 영업부에 입사를 했더라도 그 안에서 다시 시스템 엔지니어Systems Engineer, SE로 일할지 영업대표로 일할지 선택해야 했다. 난 영업대표보다는 SE가 되고 싶다고 김 부장께 조심스럽게 이의 제기를 했다. '영업하려면 뭘 알아야 팔지'라는 생각이 들었던 나는 SE로서 IT에 관한 지식을 좀 더 쌓고 싶었다. 그런 희망이 받아들여져서 나의 사회생활은 SE로 첫발을 내딛게 됐다.

다행히 SE 업무는 나의 적성과도 잘 맞았다. 컴퓨터는 문과를 전공한 내게 매우 생경한 공학 분야였지만 하나 하나 배워나가는 게 그렇게 재미있을 수 없었다. SE의 역할은 새로운 하드웨어와 소프트웨어 제품과 관련된 지식을 바탕으로 영업대표와 한 팀이 되어서, 고객이 안고 있는 문제를 해결하거나 생산성 향상을 위한 시스템을 제안하고 잘 사용할 수 있도록 도와주는 것이다. 첨단 분야의 지식을 누구보다 먼저 접할 수 있고 그것을 다시 고객을 위해 활용한다는 게 호기심 많은 나에게 큰 만족감을 주었다. 게다가 해외여행이 자유화되기 전이었던 시절에도 매년 두세 차례 해외 교육의 기회까지 주어져서 친구들과 고객들의 부러움을 사곤 했다. 외국에서 교육을 받고 돌아오면 새로 익힌 내용을 기술 세미나나 설명회를 열어서 고객과 동료들에게 전달하면서 느끼는 자부심도 컸다.

3년 정도 SE로 일한 후에 제품 영업 전문가라는 새로운 업무에 도전해보기로 했다. 이제 어느 정도 컴퓨터가 뭔지를 알게 되었으니 회사에서 누구나 선망하는 영업직에 도전해보고 싶었던 것이다. 나는 소프트웨어 영업을 담당하게 됐고, 영업직원으로서 매출 목표Quota를 달성하는 책임을 지게 되었다.

그러나 하드웨어 중심이었던 당시의 영업 환경에서 소프트웨어 영업은 매우 생소한 업무였기 때문에 어떻게 영업을 시작해야 하는지 막막했다. 이전까지 소프트웨어는 하드웨어를 사면 무상으로 제공되기도 했고 업무용 소프트웨어는 자체 개발해서 사용하는 것이 일반적이었다. 그런 즈음에 유료화한 비즈니스용 소프트웨어를 본격적으로 영업하기 시작한 것이다. 영업부 내에서도 새로운 영역이었고 같은 업무를 경험한 선배도 없이 홀로 개척을 해야 했다. 말이 좋아 도전이지 시쳇말로 맨 땅에 헤딩이었다. 믿을 건 본사로부터 내려오는 영업지침 뿐이었다. 다행히도 이웃 일본 IBM이 우리보다 영업팀의 규모도 훨씬 크고 몇 년 앞서 시작해서 경험도 많고 관련 자료가 풍부하다는 사실을 알게 됐다. 일본을 방문해서 그들의 경험을 배우고 도움을 주겠다는 약속도 확보했다. 일본어로 된 자료를 참고하기 위해 그때부터 일본어 공부를 시작했다. 제품에 관한 공부를 나름 열심히 하면서, 일본 자료를 참고해서 고객 프레젠테이션과 제안 자료를 만들어 활용했다. 또한 국내외의 컴퓨터 관련 저널과 전문지를 읽으면서 최신 경향을 익히기 위해 노력했다. 산업별 고객을 담당하는 동료 영업대표를 상대로 내부 영업도 해야 했다. 그들의 협조를 받아 은행, 보험, 정유, 자동차, 조선, 전자 산업 등 다양한 산업의 고객들을 만나 제품을 소개하는 설명회를 가지고, 고객을 직접 방문하거나 회사로 초청해서 시연과 함께 제안 세미나를 열었다.

내가 하고 싶은 일을, 더구나 남들이 해보지 않은 새로운 분야에서 모든 걸 혼자 생각하고 만들어 나가면서 느끼는 즐거움에 정말 신나게 일했다. 정성을 다해 나무를 가꾸면 열매를 맺는 법이다. 결코, 길지 않은 시간이었지만 최선을 다한 결과로 그해 말 여러 고객사와 고가의 소프트웨어 라이선스 계약을 맺으면서 목표를 초과 달성할 수 있었다. 새로운 분야에서 좌충우돌하며 만든 성과여서 의미가 컸고 그만큼 보람을 느꼈다. 다음 해 봄, 전 세계 지사에서 목표를 초과 달성한 영업직원을 해외 유명 리조트로 초청해서 격려하는 전통적인 행사인 '헌드레드 퍼센트 클럽HPC: Hundred Percent Club'에 참석했다. 평소 이 행사에 참여하는 영업 대표 동료들을 부러워하다가 함께 참가해보니 '바로 이런 맛에 영업을 하는구나'하는 뿌듯함을 맛볼 수 있었다.

나의 첫 영업은 그렇게 시작되었다.

전쟁같았던 '영업의 세상'

국내 IT 회사에서 개발 업무를 하던 중, 하루아침에 영업 부서로 발령을 받았다. 개발부서에서 영업부서로의 업무 전환은 큰 충격이었지만 긍정적으로 받아들이기로 했다. 우리가 만드는 제품을 고객에게 판다는 것이 매력적으로 느껴졌기 때문이다. 그동안 개발부서에서 일하면서 내가 담당한 분야의 전문성에 목을 맸고, 개발 결과물은 내 분신인 양 소중히 여겼다. 개발자는 '내가 잘 할 수 있는 것에 집중하고 잘 만들자'라는 마인드를 가지고, 자신의 기술에 대한 자부심이 크다. 분명 필요한 마인드이고 중요하다. 우리 회사 제품에 그런 정도의 애정이 있었으니 고객에게 회사 제품을 더 잘 설명하고 잘 팔 수 있겠다는 생각이 들었다.

막상 개발자에서 영업직무로 전환해보니 개발자의 눈으로 본 그 세상이 전부가 아니었다. 용어도 익숙하지 않았고, 심지어 복장도 자유롭지 않아서 불편했다. 하루하루가 가끔은 전쟁터로 느껴졌고, 경쟁사는 정체를 알 수 없는 괴물 같이 느껴질 때도 있었다. 우리 제품을 구매한 고객 역시 경쟁에 시달리고 있었고, 고객이 우리 제품을 사용해서 경쟁력을 높일 수 있도록 해줘야 했다. 내 고객뿐만 아니라 고객의 고객을 이해할 수 있어야 했다. 고객이 살아야 우리도 살 수 있기 때문이다.

개발팀에서 나는 개발자와 이런 대화를 나눈 적이 있다.

나: "고객과 시장 상황을 파악해 보니 (이러이러한) 기능이 3개월 후에 제공되어야 합니다."

개발자: "그때까지 그 기능을 제공하기 위해서는 인력이 부족해요. 현재 인력으로 개발하려면 과제 우선순위를 변경하거나, 개발 기간을 2배로 늘려야 합니다."

나: "할 수 있는 것을 할 수 있는 만큼 하는 사람은 귀족입니다. 우리 회사 개발자가 개발 귀족이 되어서는 경쟁력이 없습니다. 시장과 고객은 기다려 주지 않습니다."

이제 나는 영업 일선에서 시장과 고객의 입장을 대변하면서 개발 부서를 독려하게 됐다. 육지 전투에 익숙한 군인이 이제 배를 타고 바다에서 싸우게 된 형국이었다. 튼튼한 성에서 두꺼운 갑옷을 두른 화려한 기마병은 바다에서 더는 강점이 될 수 없었다. 바다를 터전으로 살아가는 사람은 바다의 사계절과 조류, 바람 등 특성을 이해해야 하는 것처럼 나도 새로운 영업 환경에 적응해야 했다. 고객의 눈으로 시장을 보고, 고객의 귀로 세상 이야기를 들으려 애썼다. 고객보다 한발 앞서 시장과 경쟁사의 움직임을 알아내야 고객에게 진정 필요한 것을 제안할 수 있기 때문이다. "고객이 나에게 월급을 준다."고 이야기한 영업 선배의 이야기가 잊혀지지 않는다. 그래서였을까. 나는 고객과 약속이 있을 때는 약속 시각보다 빨리 장소에 도착했고, 어쩌다 고객이 약속된 시각에 늦으면 마음이 오히려 더 편해졌다. 마음에 여유가 있어야 대화에도 여유를 가질 수 있기 때문이다. 고객의 감정을 이해하는 데 집중하고, 그 감정에 대해 진정성 있게 반응하다 보면 속 깊은 이야기를 들을 수 있었다. 예를 들면, 고객이 판단하는 최근의 시장 동향과 추구하는 가치와 같은 것들이다.

어느날 고객인 김 과장과 석식 약속을 했는데 김과장이 약속 시간 보다 30분 늦게 도착했다.

김 과장 : "미안합니다. 약속 시간에 맞춰 퇴근하려는데 부장님이 회의를 끝내지 않았어요."

나: "과장님은 약속 시간을 맞추고 싶으셨는데 그러지 못해서 속상하셨겠어요. 중요한 회의라서 과장님이 꼭 필요하셨나 봅니다."

김 과장 : "맞아요. 요즘 갑자기 수출 물량이 늘어나는데 자재 수급은 안 되고 … 이번 물량을 소화해야 더 큰 기회가 있거든요. 바로 내가 담당하는 아이템인데 아직 해결을 못 하고 있어요."

약속에 늦은 이유를 설명하려는 김 과장과 짧은 대화를 통해, 고객의 상황을 자연스럽게 알 수 있었고 그의 고충을 해결해 주고자 노력한 것이 뜻하지 않게 영업기회로 연결됐다. 내가 그를 기다려준 상황이라서 얻은 경험이라 하겠다. 나 스스로 창출한 첫 영업기회이기도 했다.

좋은 상품만 만들면 팔리는 시대는 이미 지났고, 영업직원은 고객이 원하는 것을 함께 해결하는 파트너가 돼야 한다. 영업 활동 중에 발생하는 이슈는 다양하다. 상황이 바뀌면 해결책도 바뀌어야 한다. 모든 상황은 불확실하고, 언제든 변할 수 있다는 가정하에 민첩하게 해결책을 만들어서 변화에 대응해야 한다. 영업직원은 고객의 상황에 적합하고, 가치를 줄 수 있는 것이 무엇인지 알아차리기 위해 끊임없이 노력해야 한다. 영업 일선은 야생의 세계였지만, 나는 아직도 그때 함께 영업을 한 동료들, 그때 만났던 고객들을 여전히 만나고 있다. 영업하면서 많은 사람을 만났고, 많이 배울 수 있었다. 영업 경험이 지금의 나를 만들었다고 해도 과언이 아니다. 덕분에 개발자란 배경의 독특한 영업 경험으로 영업책을 쓰는 기회까지 생겼으니, 시작이 되어준 영업에 늘 감사한 마음이 든다.

CHAPTER 2

영업인으로서 자부심을 느꼈던 최고의 순간

2.5년간의 제안, 마침내 계약에 성공하다!

K사의 IT 아웃소싱 서비스 제안은 2년 이상이 걸렸던 대형 프로젝트였다. IT아웃소싱 사업을 수주하면 여러 해에 걸쳐 매년 상당 규모의 매출이 보장 되지만 제안 자체에 많은 인력과 투자가 필요하다. 당시 우리 영업본부는 매년 영업목표 달성이 밑 빠진 독에 물을 붓는 것처럼 어려웠다. K사의 아웃소싱 사업을 수주하면 콩쥐(영업팀)를 도와주는 두꺼비(큰 매출) 같은 존재를 만나는 것과 다름없었다. 아웃소싱 매출이 뒷받침되면 매년 영업목표 달성도 그만큼 쉬워지기 때문이었다.

아웃소싱 비즈니스는 시간이 오래 걸리기 때문에 당해년도의 단기 목표를 채우는 데는 큰 도움이 되지 않았지만, 그럼에도 불구하고 최선을 다했다. 단기 영업 목표를 달성하면서 장기영업 기회를 검토할 수 있었던 것은 긍정 마인드와 열정과 끈기가 있어서 가능했다. 나는 제안팀과 함께 고객사의 의사 결정 라인에 있는 임원들을 주기적으로 만나 요구사항을 듣고 정보를 취합한 후, 내부 팀과 경영층에 공유하면서 한 단계 한 단계 진도를 나아갔다. 그런데 영업팀이 제안팀에 정보를 꾸준히 제공했음에도 우리가 경쟁에서 불리하다는 정보를 입수했다. 나는 K사에 대한 종합적인 비즈니스 상황을 바탕으로 고객 니즈에 맞춘 우리의 강점과 차별화 포인트를 담은 20초짜리 짧은 스토리텔링을 만들었다. "IBM은 K사를 오래 지원해 왔기에 아웃소싱 이외에도 협력할 분야가 많습니다.", "아웃소싱으로 이직하는 K사의 직원들에게는 업체의 브랜드 인지도가 중요합니다.", "경쟁사보다 IBM 소속이 되는 것이 인사와 노사관계 측면에서 유리합니다." 등이 주요 내용이었다. 이 스토리를 바탕으로 고객에게 지속적이고 설득력있게 스토리텔링을 한 결과 제안 평가에 긍정적인 영향을 미쳐 마침내 IBM이 K사의 아웃소싱 파트너가 되었다.

고객이 아웃소싱을 하는 이유는 IBM같은 IT 전문업체가 대행하면서 효율을 높이고 비용을 낮추기 위한 목적이다. 수주를 위해서는 제안 타당성 조사, 프로젝트 성공 사례 분석, 고객사 CEO와 다수의 임원 의사 결정권자와의 관계구축, 경쟁사 대응 전략 실행, 고객 운영인력 인수 조건 제시, 서비스 제안과 제안설명회, 제안 TFT를 장기간 운영할 때 고객사와 회사 내 정보 공유와 이슈 처리 등을 충분히 검토하고 대응해야 한다. 우리는 아웃소싱 타당성 검토와 제안까지 2년 반에 걸친 어려운 고비를 넘기고 마침내 계약에 이르게 되었다. 글로벌 전담 제안팀이 투입되고, IBM 본사와 한국 IBM CEO, 그리고 관련 부서의 임직원들이 대거 투입되는 대형 프로젝트였다. 복잡한 진행과정은 다음과 같았다. 아웃소싱 타당성을 검토하는 작업은 업체와 고객사에서 소수의 인원이 투입되어 외부 장소에서 비밀리에 수개월에 걸치는 작업을 해야하는 세밀함도 요구된다. 아웃소싱 타당성 검토가 끝나면 고객사에서는 제안의향서Request for Intention, RFI를 여러 업체에 보내서 업체의 역량이 어느 정도인지 파악하게 된다. 업체 선정을 위해서는 3개 이상의 업체에 제안요청서Request for proposal, RFP를 보내게 된다. 제안서 검토가 끝나면 제안설명회를 진행하는데, 제안서를 토대로 상세한 제안 내용, 제안 조건 등을 검토하여 심사위원회에서 결정한 후 우선협상자를 선정한다. 10년 동안 진행될 서비스 계약이기에 계약서 작성과 검토에도 많은 시간이 걸린다. 검토가 끝난 후 협상을 진행하여 최종 계약을 진행한다.

이 프로젝트를 발굴하고 수주에 성공하기까지 기억에 남는 세 가지 있다. 첫째는 마케팅 활동의 일환으로 K사 CEO를 모시고 모나코에서 열린 세계 주요 금융사 경영자가 참석하는 글로벌 경영자 세미나에 참석한 것이다. CEO는 평소 글로벌 업계에 회사를 알리고 싶은 생각이 있었는데, 이 컨퍼런스에서 'K사의 혁신사례' 를 발표하는 기회를 얻게 된 것이다. 컨퍼런스 후 저녁에 열리는 만찬장 주빈석에 IBM 사장과 미국 시니어 부시 전 대통령 부부와 함께 앉을 세 장의 티켓을 두고 쟁탈전이 벌어졌다. 운이 좋았던 건지 지성을 다한 결과 였는지, 세계 여러 나라에서 온 쟁쟁한 고객들을 물리치고 K사 CEO부부를 모시게 되었다. K사 CEO는 컨퍼런스를 다녀와서 나에게 직접 전화를 걸어 컨퍼런스에서의 경험은 평생 잊을 수 없는 기억이라고 감사 인사를 전했다. 둘째는 제안서 제출과 설명회 전후로 정확성이 생명인 글로벌 동종 업계의 최신 동향 정보를 파악하여 공유한 것이다. 우리 회사의 글로벌 금융 시장에서의 폭넓은 리더십 덕분에 내용이 충실한 자료를 만들 수 있었고 평소 고객과의 관계도 잘 다져왔기에 경쟁사보다 유리할 수 있었다. 셋째는 계약 조건 협상에서의 역할이었다. 우리 회사 변호사와 K사 변호사간의 협의 과정에서 문제가 되는 문구나 조건이 나오면 영업팀으로서 대안을 제시하는 조정자 역할을 하여 어려운 고비를 넘기고 성공적으로 계약을 체결할 수 있었다.

되돌아 보면, 아웃소싱 수주를 위해 오랜 기간 동안 기울인 노력은 마치 4년간 땀흘려 훈련한 운동선수가 올림픽에서 금메달을 딴 것과 같은 큰 성취감과 보람을 느꼈다. 영업 팀의 지속 성장을 위해서는 당장의 영업목표 달성에 쫓겨 단기 목표에만 집중할 게 아니라 다년 간의 매출을 가져다줄 수 있는 장기 목표에도 시간과 노력을 기울여 균형을 유지할 필요가 있다.

 발바닥에 피나도록 뛰어다닌, 열정의 신입 영업사원!

영업 직무는 하루하루가 전쟁 같은 영업 현장에서 실적을 달성해야만

하기에 스트레스는 다른 분야보다 훨씬 더 클 것이다. 이런 까닭에 영업사원의 길로 입문하여 영업직무에서 성공적으로 안착하기는 쉽지가 않다. 개인의 실적은 여러 상황 변수로 인해 변동 폭이 크고, 함께 일하는 동료들의 이직도 잦다. 달성해야 할 목표가 있기에 실적에 대한 압박으로 매일매일을 치열하게 살아가야 한다. 그러다 보면, 목표달성에 민감하게 행동할 수밖에 없고 주어진 목표를 채우는 일이 일상이 되어 버린다. 잠재고객을 유입할 수 있게 하는 고객 발굴 활동을 하기보다는 운이 좋게 실적이 달성되기를 바라며 살아간다. 이는 마치 농부가 씨를 뿌리는 수고를 하지 않은 채 좋은 과실이 열리기만을 바라는 것과 다르지 않다. 다행히 필자의 조직은 지속 가능한 성과를 만들어 내는 시스템을 갖고 있었다. 이 시스템은 가망고객을 리스트업List-up한 후 돌발 방문하여 제품을 소개하는 콜드 캔버싱Cold-Canvassing으로 신규 고객 확보를 가능케 하는 일하는 방식이다. 이것을 나의 영업 활동으로 습관화할 수 있었던 것은 엄청난 행운이었다.

영업을 시작한 지 5개월이 되어 잠재 고객 리스트를 보니 계약으로 이루어질 확률 높은 고객은 보이지 않았다. 실적관리를 위해서는 가망고객 발굴을 위해 콜드 캔버싱을 해야만 하는 상황이었다. 신입사원이었던 나는 영업 환경이 열악한 서울 도심 외곽지역을 담당했다. 1주일 동안 지역을 나눠 집중적으로 콜드 캔버싱 계획을 수립한 후 현장으로 나갔다. 자사 제품이 필요한 잠재 고객을 찾아다니다 보면 1~2km는 걸어가야만 했다. 하루 50여 군데의 사무실을 방문하여 복사기 사용 여부, 교체 시기, 제품 구매 시 고려하는 요인 등에 대해 인터뷰를 하고 고객 방문 카드에 기재하며 다음 잠재 고객을 찾아 이동했다. 하루 10km는 족히 걸어야 했기에 저녁이 되면 다리가 붓고 아팠지만, 가망고객이 리스트업 되는 쾌감으로 지치거나 피로함도 잊은 채 활동을 이어 갔다.

매월 둘째 주 금요일이면 영업사원들의 사기를 고취하기 위해 영업소장 주관하에 저녁 회식을 했다. 나는 여느 때처럼 오후 5시경 고객 방문을 마무리하고 회식 장소로 이동했다. 신발을 벗고 들어서자 한 선배가 깜짝 놀라며 "너 발에서 피나!"라며 크게 외치는 것이 아닌가. 모든 시선이 내 발로 모였고, 그 광경을 지켜보시던 영업소장은 "발에 피가 나도록 고객 방문을 했냐"며 "앞으로는 몸도 살피면서 영업을 해라"고 말씀을 주셨다.

심리 현상 중 처음 형성된 인상이 기억에 더 큰 영향을 미치는 것을 '초두효과'라고 말한다. 실생활에서 자주 접하는 현상 중 하나이며 이는 인간관계에 큰 영향을 미친다고 한다. 나는 이 사건으로 인해 영업소에서 신뢰하는 성실한 영업사원이 되었고, 주도적으로 실적 관리를 하는 바람직한 영업의 전형으로 불리게 되었다. 실적이 잘 나오지 않을 때도 자신감 있는 영업을 할 수 있었다. 덕분에 1주일간의 콜드 캔버싱 만으로도 3~4분기에 부여받은 실적을 초과 달성하는 쾌거를 이뤄냈다.

신입 영업사원 시절 '초두 효과'는 나를 우수 영업사원의 길로 접어들게 한 시작점이었고, 본사에도 우수 신입 영업사원으로 이름을 알리는 계기가 되었다.

시장 선점으로 따낸 '금메달'

B2B 영업 성과는 조직의 힘과 팀워크로 이루어진다. 특히, B2B 사업에서 시장 선점을 하느냐 못 하느냐는 그 사업으로 집중하게 하는 무엇인가가 있느냐 없느냐에 달려 있기도 하다. B2B 영업의 특성상, 길고 긴 과정을 헤쳐나가야 한다. 사업을 성공시키기 위해서는 영업팀에게 시장 선점이 가져오는 비전과 열망을 갖게 해야 한다. 하지만 영업팀의 열망과 노력만으로는 부족하다. 영업은 시장 선점을 통해 얻는 효과를 숫자로 제시해서 경영진의 지지와 후원을 받아야 하고, 함께하는 이해 관계자에게 긍정적인 동기를 주어야 한다. 시장 선점을 하게 되면 경쟁사에 대한 진입장벽을 구축할 수 있고, 높은 성장성과 품질 안정화 그리고 운용 노하우를 가지게 된다. 이러한 이득은 시장 지배력을 갖게 하고 다음 사업 기회를 선점할 확률을 높여 준다.

필자가 담당했던 이동통신 장비 사업은 평균적으로 2년마다 국제표준 규격이 나오고, 그 규격에 따라 장비와 서비스가 개발되곤 했다. 1996년 이전의 우리나라 이동통신 장비 사업은 후진국 수준이었다. 모토로라, 루슨트, 에릭슨 등 글로벌 선진사가 이동통신 장비 시장을 주도하고 있었으며, 우리나라는 이들의 장비를 도입해서 사용하고 있었다. 그 당시 이동통신은 아날로그 기반이었는데, 사회 전반적으로 '아날로그에서 디지털로 전환'하자는 분위기가 있었다. 우리 회사는 이동통신 방식이 아날로그 방식에서 디지털 방식CDMA으로 전환될 때, '우리가 CDMA 세계 최초 상용화를 달성한다'는 목표를 세웠고, 필자는 초기 멤버로 참여했다. 글로벌 경쟁사를 이기기 위해, CDMA 국제 표준화1995년가 발표되기 2년 전부터 시행착오를 겪으며 준비했다. 실패를 통해 배우면서, 세계 최초 상용화1996년에 성공했다. 그 이후 국내 통신 3사와 협업한 이동통신 장비 사업은 눈부시게 발전했고, 글로벌 이동통신 장비 시장에서 우리 회사는 강자로 자리하게 되었다. 개인적으로는 효율적으로 일하는 방식과 역량이 엄청 향상되었고, 생각 보다 큰 인센티브를 얻었다.

2016년 필자를 비롯한 영업 팀원들은 다가올 5G 이동통신 사업을 준비하기 시작했다. 우리 회사는 5G 표준규격2018년이 나오기 2년 전부터 국내 이동통신 3사와 협업해서 세계 최초 상용화를 만든다는 영업 전략을 수립했다. 표준규격이 나오지 않은 상태에서 시장을 만들어 간다는 것은 오지를 탐험하는 것과 같다. 1996년의 CDMA 성공 스토리는 '5G 세계 최초 상용화'라는 목표 달성에 자신감을 주었다. 영업의 역할은 당장 수익이 나지 않는 사업에 개발과 통신사를 참여시키고, 사업 추진에 장애가 발생할 때마다 조율해 나가는 것이었다. 2018년 2월, 평창 동계 올림픽이 열렸고, 국내 통신사들은 서울과 평창 등 주요 도시에서 5G 상용 서비스를 시연하고 시범 서비스를 개시했다. 5G 시범 서비스는 성공적으로 동작했다. 대한민국의 5G 이동통신 시범 서비스가 세계의 관심사가 되었다. 필자가 마치 동계 올림픽에서 금메달을 딴 것 같았다.

2018년 9월, 5G 세계 표준화가 발표되었고, 이어서 2019년 4월에 우리나라가 '세계 최초 5G 상용 국가' 타이틀을 얻게 되었다. 에릭슨, 노키아, 화웨이 등 글로벌 장비회사와 치열한 경쟁이 있었지만, 평창 동계올림픽을 준비하면서 쌓은 노하우로 거뜬히 이길 수 있었다. 올림픽 경기에서 간발의 차이로 금, 은, 동메달이 결정되고, 세상은 금메달에 주목하는 것과 같은 현상이 일어났다. 대한민국이 5G 세계 최초 상용화의 영예를 갖게 되면서 우리회사는 5G 이동통신 장비시장의 주도권을 갖게 되었다. 시장 선점을 하면 B2B 기업은 기업 가치가 높아지고 후발 경쟁사 대비 경쟁력을 갖게 된다. 4차 산업혁명과 비대면 서비스 확대로 통신 네트워크의 수요가 증가할 전망이다. 차세대 이동통신의 근간이 되는 5G 시장이 더욱 성장할 것으로 기대하고 있다.

긴 역사의 흐름을 보면 영원한 강자는 없다는 것이 순리이다. 무너지지 않을 듯 강성한 기업도 예외 없이 쇠하고 준비된 후발 기업이 부상하게 된다. 시장 선점을 위해서는 긴 안목으로 방향을 제시하고 지원하는 경영자, 경쟁사를 능가하는 개발 집중력, 이해 당사자들을 규합하고 이끌어 가는 영업력이 필요하다. 긴요한 것은 시장 선점을 위해 지긋이 준비하면서 때를 기다리는 저력이다.

CHAPTER 3

좌절을 맛봐야 했던 최악의 기억

고객의 신뢰, 한순간에 무너지다

A사의 서버가 30분간 중단됐다. 물론, 이런 일은 드문 일이지만 얼마든지 일어날 수 있다. 사건의 중심에는 고객사의 신임 CEO가 있었다. 장애가 발생한 날 아침에 고객 CEO가 나의 상사인 부사장과 통화를 시도했는데, 마침 통화 중이어서 고객을 5분가량 기다리게 했다. 곧 연결이 됐지만, 고객은 이미 마음이 불편한 상태에서 서버 장애 문제를 제기했다. 그런데 '서버는 장애가 날 수도 있다'라는 외국인 부사장의 답변 태도에 그만 고객의 화가 폭발하고 말았다. 고객과의 공감과 소통의 중요성 측면에서 교훈을 준 사건으로, 그날의 대화를 아래와 같이 재구성해 보았다.

고객 : A 부사장님 자리에 계십니까?

비서 : 부사장님은 지금 통화 중이니 잠시만 기다려 주시기 바랍니다.

~ (5분 후)

부사장 : 아, 안녕하세요, A사장님 어쩐 일이십니까?

고객 : 귀사의 서버가 새벽에 장애가 나서 온라인 서비스를 못했는데 어떻게 된 겁니까?

부사장 : 죄송합니다만, 서버는 하드웨어라서 언제든지 고장이 날 수 있습니다. 그래서 서버 이중화가 필요한 겁니다. 특히 금융권은 서버를 이중화해 놓아야 하나의 서버에 장애가 발생해도 큰 문제가 생기지 않습니다.

고객 : 그건 그렇고, 도입한 지 몇 달 안 된 서버가 고장이 날 수도 있다는 얘기가 지금 고객에게 할 소리입니까?

부사장 : 서버 이중화는 여러 번 말씀드렸습니다. 제가 늘 말씀드린 건데요?

고객 : 아니 무슨 말씀이예요? 불난 집에 부채질합니까? 어쨌든 어떻게 할 건지 지금 당장 들어오세요.

그 날 오후, 외국인 부사장은 나와 함께 고객사를 방문했다. A사 CEO는 서버 장애 문제 보다도 오전의 전화 통화로 감정이 잔뜩 상해있었다. 대개 이런 경우는 장애 원인과 대책을 마련하는 선에서 이야기가 되는데, 이번에는 달랐다. 그는 서버 장애에 대한 손해배상을 재차 언급하였다.

당시 장애는 국내 기술진의 커버 범위 밖이어서 그로부터 시간이 좀 흐른 후 미국 연구소로부터 장애 리포트가 나왔다. 마이크로프로세서 프로그램을 업그레이드하지 않아 메인보드에 문제가 발생했다는 것이었다. 이 사실을 CEO에게 알리자 문제의 원인 규명과 조치에 불만을 제기하면서 업무 중단에 대한 손해배상을 더욱 강력하게 요구했다. 일반적으로 서버 장애로 인한 업무 중단에 대해 손해배상까지 한 적이 없었다. 온라인 서비스가 중요한 금융기관은 장애에 대비해서 서버와 네트워크 장비를 이중화해서 운영해야 하는 것이 원칙이다. 반면에 A사는 하나의 서버만 사용했기에 이런 문제가 발생할 확률이 높았던 것이 사실이었다.

계약상으로도 손해배상은 어렵다고 하자, CEO의 불만은 다른 비즈니스에도 영향을 미치기 시작했고 우리는 몇 달간 힘든 시간을 보내야 했다. 다만 고객 만족 차원에서 이리 저리 해결을 위한 노력을 한 끝에 다행히 회사 차원의 추가 서비스를 제공하기로 했고, 고객의 불만을 어느 정도 가라앉힐 수 있었다. 여기서 문제가 해결된 것처럼 보였지만, CEO는 감정 정리가 안 됐는지 몇 년 후 해당 사업을 경쟁사로 넘겨버린 최악의 상황으로 전개됐다. 부사장이 외국인이라 소통 문화의 차이로 인해 발생한 사건이라고 위안을 해보지만, 고객과의 신뢰는 쌓기는 어려우나 무너지는 건 한 순간임을 실감했다.

'신념을 잃으면' 원숭이도 나무에서 떨어진다.

한팀에서 함께 일하는 동료나 팀원들과 관계를 형성할 때 어떤 원칙을 갖고 있는가? 나는 모든 사람은 그들만의 고유한 특성을 갖고 태어난 개별적인 존재이기에 이에 맞추어 다르게 대해 주려는 노력을 해 왔다. 각자의 성향과 성장 배경 그리고 지향하는 가치관도 다를 수 있기에 세상에는 단 한 사람도 똑같은 사람은 없다고 나는 믿고 있다. 더구나 영업하다 보면 만나는 사람들은 저마다 강약점이 있고 조직의 특성도 다르기에 똑같은 방법으로 영업을 전개한다는 건 있을 수 없는 일이라고 생각한다. 이런 나도 커다란 실수를 하고 말았으니 참으로 어이없기도 하고 누구를 탓해야 하느냐고 멍하니 먼 산을 바라볼 때가 있었다.

갤럽Gallup의 클리프톤 강점Clifton Strengths 테마 중에는 개별화Individualization라는 것이 있는데 그에 대한 설명은 이러하다. '개별화 테마가 강한 사람들은 각 개인이 가지고 있는 고유한 개성에 흥미를 느낀다. 이들은 서로 다른 사람들이 어떻게 협력해서 생산적으로 일할 수 있는지를 알아내는 재능을 가지고 있다.' 또한, 최상화Maximizer 테마에 대해서는 '최상화 테마가 강한 사람들은 개인이나 단체의 탁월성을 끌어내기 위해 그들의 강점에 초점을 맞춘다. 이들은 우수한 수준을 최상의 수준으로 끌어올리는 것을 추구한다.'라고 설명한다. 나의 톱5 재능의 두 번째와 세 번째 재능이 개별화와 최상화다.

ERP 비즈니스를 진행하다 보면 프로젝트팀으로 일하는 경우가 빈번하다. 시작 단계를 넘어서면서 수많은 산업별 솔루션 전문가들과 제품

전문 인력들이 대거 투입된다. 각자 맡은 역할을 충실하게 수행해야 하고 활발한 소통을 통해 시시각각으로 일어나는 다양한 변화에 적극적으로 대처해야 한다. 특히 영업 임원은 프로젝트팀에 관여하는 모든 자원이 원활하게 운용 유지될 수 있도록 리더십을 발휘해야 한다. 마치 오케스트라 지휘자 처럼 모든 단원에 집중하여 관찰하고 최고의 곡이 연주될 수 있도록 눈 맞춤과 표정으로 격려하고 지지해 주는 것과 유사하다고 할 수 있다. 또한, 고객과의 접촉 대상이 매우 다양하다는 것도 일반 제품을 영업하는 것과는 크게 다른 점이다. 일반 제품 영업은 CIO Chief Information Officer나 CTO Chief Technology Officer가 최종 의사 결정권자인 경우가 대부분이지만 ERP 프로젝트의 경우는 CFO와 CEO까지 만나서 최종 의사 결정을 받아내야 하는 경우가 자주 일어난다. 또한, 글로벌 컨설팅 업체들과의 협업이 당연시되고 있었고, 국내 대형 SI 업체들과의 협업 또한 무시할 수 없는 상황이었다. 하나의 ERP 프로젝트를 수주하기 위해서는 영업임원을 중심으로 다양한 이해 당사자들이 원활하게 소통해야 원하는 성과를 낼 수 있게 되는 것이다.

당시에 나는 대기업을 대상으로 동시다발적으로 여러 개의 ERP 프로젝트를 진행하고 있었고, 하나둘씩 성공 사례를 만들어 가던 시기였다. 그 중 가장 먼저 H그룹에서 업체 선정 통보를 받았는데 영업대표가 마무리 계약 작업을 잘 수행해 주어서 나의 역할은 상대적으로 줄어들었고 다른 프로젝트에 전념할 수 있게 해줬다.

J그룹의 ERP 프로젝트를 마무리하면서 벌어졌던 일이다. 첫 만남을

통해 파악한 바로는, CIO인 K 상무는 우리 솔루션에 호의적이지 않았고, CSOChief Strategy Officer인 L 상무는 중립적인 입장이었다. 후발 주자였던 우리는 약점을 극복하기 위해서는 모든 이해당사자와 관계를 구축해야 할 필요가 있다고 판단했다. 주요 이해관계자를 중심으로 인맥 지도를 그려서 매일 상황 점검을 하며 새로운 정보를 공유했다. 나는 오라클 본사에 연락해서 성공사례를 찾았고, 컨설팅사 임원과의 협업도 긴밀하게 진행했다. CSO 일행과는 고객사 해외 출장에 동행하면서 수시로 제기하는 요구에 성실하게 응대하는 수고를 마다하지 않았다. CIO인 K 상무의 비호의적인 자세를 제외하고, 모든 이해당사자가 우리에게 호의적이어서 드디어 업체 선정 통보를 받기에 이르렀다. 우리는 승리의 기쁨을 나누며 마무리 작업에 들어갔다. 나는 영업대표에게 마무리 계약 작업을 하도록 권한을 위임했고, 평소와 같이 다른 ERP 프로젝트에 전념하였다. 그런데 시간이 지나면서 계약이 지연되고 있는 것이 나를 매우 불편하게 했다. K 상무가 계약 대상에 포함되어 있지도 않은 인사관리 모듈의 한글화 이슈를 제기한다는 것이었다. 제품 담당 임원과 컨설팅 담당 임원이 개발 일정을 설명하고, 기술 지원을 약속하면서 설득하는 노력을 기울였지만, 이 작은 이슈가 나비 효과를 일으켜 결국은 계약에 실패하고 말았다.

왜 나는 소비재 산업에서 교두보를 마련할 수 있는 중요한 프로젝트를 놓치게 된것일까? J그룹의 영업기회는 H그룹의 성공 사례와 프로젝트 진행 과정 면에서는 유사했지만, 들여다보면 너무 다른 상황이었다.

H그룹의 ERP 프로젝트의 마무리는 영업대표가 CIO와 호흡을 맞춰서 잘 수행했지만, J그룹은 영업대표가 CIO와 마무리하는 도중 경쟁사의 호미걸이 전략에 말려 나동그라지게 된 것이었다. H 그룹과 J그룹의 CIO와 영업대표는 전혀 다른 조합의 사람들이었고, 산업도 중공업과 소비재로 차이가 있어 기업 문화도 확연히 달랐음에도 왜 진작에 이런 '다름'을 고려하지 못했을까? 하물며 경쟁사의 경영진이 바뀐 상황을 너무도 잘 알고 있었음에도 좀 더 치밀하게 준비하지 못한 걸 생각하면 지금도 부끄럽고 아쉽다.

원숭이도 나무에서 떨어진다고 했던가. 내가 주장하고 실행하던 모토인 "모든 사람은 다르다"를 나 스스로 잊고 영업 활동을 했다는 것이 믿기지 않는다. 이 경험은 나의 영업 인생에서 가장 가슴 아픈 실패 사례로 꼽는 사건이다. 모든 사람의 성향과 역량이 같지 않다는 것을 충분히 고려하지 못했다. 이러한 차이점을 극복하기 위해서 팀으로 일하는 것인데 말이다. 아무튼 프로젝트 실패에 대한 책임을 져야 할 사람은 사업본부장인 나였다. 그래도 너무도 아팠던 이 경험이 나의 톱 5 재능의 두 번째와 세 번째인 개별화와 최상화 재능이 나의 강점으로 강화되도록 성찰하는 소중한 계기가 됐다고 위안을 해본다.

구성원을 울린 '기나긴 프로젝트'

IT 산업에서 '서비스'라는 개념은 다양하게 변해왔다. 1960년대 IBM에서 시스템/360이라는 메인프레임 컴퓨터가 나오면서 하드웨어와 소프트웨어가 처음으로 분리되었고, 이후 1980년대 후반 소프트웨어를 잘 사용하도록 도와주는 기술지원 서비스를 비롯해 시스템 구축을 위한 컨설팅과 어플리케이션 개발 업무도 유료 서비스로 제공되기 시작했다. 동시에 '서비스학'이라는 학문까지 새로 만들어지면서 이제 '서비스'란 더이상 무료만을 의미하는 단어가 아니었다.

그러면서 영업에도 서비스가 또 하나의 메뉴로 추가되었다. IT산업에서 시스템 통합SI, System Integration 사업이 태동한 것도 이 무렵이다. 프로세스를 개선하여 생산성을 획기적으로 높이고자 하는 기업의 혁신을 돕기 위해, 다양한 IT 기술을 조합하여 업무에 적용할 시스템을 구축해주는 사업이 시스템 통합이다. SI 영업이 막 시작되었을 때 기존 영업직원이 가진 역량으로는 당연히 한계가 있을 수 밖에 없었다. 제품 위주 영업과 달리, 투자 비용이 크고 장기 프로젝트로 접근해야 하는 SI 서비스 영업을 위해서는 임원급과 최고경영자까지를 상대해야 했고, 그들을 설득하거나 계약 협상을 위해서 높은 기술 능력이 요구되기도 했다. 이런 이유로 시스템 엔지니어 경력이 있는 영업 관리자였던 내가 B 고객에 SI 프로젝트를 영업하기 위한 제안 책임자Proposal Manager를 맡게 되었다.

SI 사업은 제안 협상이나 계약 과정이 복잡하여 영업의 사이클도 제품 영업에 비해 훨씬 길다. 약 1년에 걸친 각고의 노력 끝에 마침내 대형 SI 서비스 프로젝트를 수주하는 데 성공했다. 계약 금액도 컸지만 서비스 사업이 막 시작된 초창기라서 사내에서 많은 주목을 받았다.

하지만 문제는 거기서부터였다. 거의 최초의 대규모 SI 프로젝트이다 보니 시작부터 크고 작은 문제들의 연속이었다. 원래 프로젝트가 시작되면 프로젝트 관리자를 비롯한 수행팀에게 맡기고 영업팀은 다른 영업 기회를 좇는 것이 정상인데, 문제가 누적되고 갈수록 상황이 심각해지면서 담당 영업팀이 관여해야 할 부분이 늘어났다. 제안 책임자였으면서 담당 영업팀의 리더인 내가 나서야 할 일도 점점 많아졌다. 특히 임원 레벨의 협의가 필요할 경우는 내가 그 역할을 주도해야 했다.

어느 날 새벽, 곤히 자고 있는데 초인종이 울렸다. 눈을 비비고 시계를 보니 새벽 2시쯤이었다. 문 앞에는 설계 부문 프로젝트 리더인 김 차장이 넋이 나간 표정으로 우두커니 서 있었다. 당시 그는 설계 부문에서 감당해야 할 문제들이 너무 많고 심각해서 괴로워하고 있었다. 스트레스 때문에 잠이 오질 않아서 한밤중에 정처 없이 거리를 배회하다가 우리 집까지 찾아오게 됐다고 했다. 프로젝트를 어떻게 마무리해야 할지 모르겠다며 너무 힘드니 제발 프로젝트팀에서 빼달라고 호소를 했다. 얘기 도중 자신의 감정을 털어놓다가 펑펑 울기도 해서 무척 당황스러웠다. 스트레스가 얼마나 심했으면 그랬을까하는 마음에 이해도 됐다. 한편으로 이런 프로젝트를 계약까지 이끈 당사자로서 미안한 생각도 들었다. 2시간 정도 달래준 후 숙소로 돌려보냈다. 잠을 설치고 출근해서 만난 김 차장은 언제 그런 일이 있었냐는 듯 문제 해결을 위한 회의에서 열변을 토하고 있었다. 다행이었다.

이후로도 생산 등 다른 부문에서도 끊임없이 문제가 생기고 해결되는 일의 연속이었다. 그런 문제해결 과정에서 고객과의 소통을 돕고 만족도를 점검하고 관리하는 일은 영업팀의 몫이었다. 일부 고객 임원은 문제가 생기고 일정이 지연되었으니 지체보상금을 지불해야 한다고 언성을 높이기도 했다. 그럴 때마다 영업팀이 나서서 프로젝트 수행팀의 고충을 이해시키면서 달래야만 했다. 문제는 해결하라고 있는 거라고 큰소리치면서 자신있는 척해보기도 하고 프로젝트가 성공한 후에 가지게 될 효과와 이익을 주지시키려 노력했다. 급기야 우리 회사 내에서도 말썽만 일으키는 프로젝트를 누가 계약했느냐는 비난의 목소리가 들리기도 했다. 이런 사면초가의 소용돌이 속에서 만약 결과가 잘못될 경우 내가 져야 할 책임감의 무게가 너무 컸던 나머지 나도 회사를 그만둬버릴까 하는 생각까지 들었다.

오로지 우리를 믿고 선택해 준 고객에게 약속한 걸 지키겠다는 사명감과 책임감으로 영업팀과 프로젝트팀이 버틴 끝에 결국 프로젝트는 예정된 종료일보다 6개월이나 지연된 끝에 마무리되었다. 그 때문에 우리로서는 예산을 초과하며 큰 적자를 봤지만, 다행히도 프로젝트 결과가 좋아서 고객은 이 프로젝트로 다음 해 생산성 대상을 수상하기도 했다.

만약 문제 해결을 자신하며 안심시키려는 우리를 고객이 믿어주지 않았더라면 결과를 보지 못한 채 큰 실패로 끝날 뻔했던 프로젝트였다. 우리 쪽 사유인 만큼 중도에 계약이 파기되었더라면 어떻게 됐을까 생각만 해도 끔찍한 일이고, 아마 영업팀으로서도 상당 부분 책임을 져야 했을 것이다. 서비스 비즈니스의 초기에 피할 수 없었던 시행착오 때문에 영업 경력 중 최악의 시간으로 기억되는 프로젝트이지만, 영업이 왜 사후관리Follow-up까지 최선을 다해야 하는가를 교훈으로 깊이 되새기게 해주는, 이젠 잊을 수 없는 추억으로 남았다.

 영업 현장에서 쏟아진 고객의 쓴소리

신입사원 연수 중에 영업 경험을 했다. 그룹 신입사원 연수 프로그램 중에 라마드LAMAD : Life Adjustment & Marketing Ability Development활동이 있었다. 라마드는 신입사원이 하루 동안 회사 제품을 무연고 지역의 고객들에게 직접 판매하면서 시장과 고객을 경험하는 영업 활동이다. 판매 금액과 이익 금액에 따라 평가를 받게 되는 프로그램이었다. 그 당시 판매할 제품은 휴대형 녹음기와 가정용 무선 전화기 종류였고, 지역은 지방 도시, 영업 기간은 1일이었다.

나는 영업 활동을 시작하기 전에 나름대로 판매 전략을 구상했다. '사람들이 많이 왕래하는 곳에서 판다. 팔 제품에 대해서 모든 것을 완벽하게 파악한다. 누구와의 대화에서도 자신감 있게 대한다. 고객이 우리 제품에 대해 어떤 생각을 하고 있는지 파악한다.'

양손에 회사 물건을 가득 들고 지방 소도시의 번화한 상가 지역에 우선 자리를 잡았다. 상가 밀집 지역에서 큰소리로 가두판매를 하다가 주변 전자제품 대리점 사장님에게 혼나고 쫓겨나기도 했다. 대로변의 행인들에게 목청 높여 판매 권유를 했지만, 나의 제품 설명에 귀 기울여 주는 사람이 없었다. 그렇게 절망스러운 오전을 보내고 나서 오후에는 번화한 상가 지역과 대로변을 벗어나 아파트 밀집지역으로 장소를 바꿨다. 아파트 경비 아저씨에게 사정을 이야기하고, 아파트 정문에서 제품을 홍보했다. 지나다니는 아파트 주민을 대상으로 우리 회사 제품의 특징과 경쟁사 대비 좋은 점을 설명했다. 주민들이 호기심 어린 눈으로 말을 걸어왔다. 어느 회사 물건이야? 물건값은 시중 가격보다 얼마나 싸게 파는 거냐? 등의 질문으로 관심을 보였다. 그러던 중 판매하는 제품이 S사 제품인 것을 알게 된 일부 주민들이 불만이 가득한 채로 목청을 높였다.

"S사 무선 전화기를 쓰고 있는데 고장이 자주 난다."

"고쳐도 또 고장이다. 서비스가 엉망이다."

"다시는 S사 물건 안 산다."

이어지는 고객의 냉엄한 평가는 그야말로 충격이었다. 얼굴이 화끈거렸다. 하루 종일 가두 판매한 결과는 휴대용 녹음기 2대 뿐이었다. 휴대용 녹음기는 품질 문제가 없었고 일본 제품 대비 가격 경쟁력이 있었다. 가정용 무선 전화기는 경쟁사 대비 기능은 다양했으나 품질 문제가 많은 게 사실이었다. 경쟁사보다 품질이 좋으면서도 가격이 싸야 팔릴 수 있다는 것을 생생하게 체험했다. 영업은 그런 기반 위에서 더 많이 팔고, 더 많은 이윤을 남기는 것이라고 스스로 정의했다.

이후 나는 연수를 마치고 개발부서로 배치받았다. 라마드에서의 치욕적인 경험을 한 탓에 개발업무를 하면서 '품질과 타협하지 않는다.'는 신념을 가지게 되었고, 개발자로 일하는 동안 이를 한시도 잊은 적이 없었다.

지금 돌이켜 보면 직장 생활 중에 여러 가지 사건들이 많이 있었다. 그 중에서 특히 라마드에서 받았던 고객의 냉엄한 평가는 나의 직장 생활 전반에 영향을 주었다. 개발 업무를 하면서도 고객 관점에서 불만은 없는지를 늘 자문했고, 고객의 목소리를 직접 듣는 것을 중요하게 생각했다. 그러다 어느 날 개발에서 영업으로 전환을 하게 되었을 때도 나는 자연스럽게 받아들일 수 있었다. 첫 영업의 경험은 최악의 기억이었지만, 그런 값진 경험이 지금의 나를 있게 한 최고의 순간이 아니었을까 싶다.

작가 소개_ 5가지 질문

강창호

Q 어떤 신념과 원칙을 가지고 있습니까?

A '사람은 무한한 능력을 갖추고 있고, 스스로 해결책을 갖고 있다'라는 신념을 가지고 있습니다. 인생의 축소판, 오늘 하루에 집중한다. 가장 중요한 것을 먼저 한다. 어제보다 더 나은 삶을 산다. 위의 3가지 원칙을 갖고 있습니다.

Q 어떤 일을 합니까?

A (주)인사이트리드 공동대표로 기업 지속성장에 필요한 코칭, 자문, 컨설팅을 하고 있습니다. 연세대 국제교육원 영업마케팅 최고위 과

정 자문위원과 동국대 행정대학원 남북경협 최고위 과정 주임교수입니다. 동국대 역량개발센터 인생 설계, 대학원 스포츠 비즈니스 커뮤니케이션 강의를 합니다. 우리모두복지재단 이사, 한국장학재단 사회리더 대학생 멘토링 멘토 및 운영위원으로 봉사하고 있습니다. BBS 불교방송 후원사업인 365일 부처님 말씀 유료 문자 서비스 작가로서 '강창호 교수의 행복동행 코칭'의 타이틀로 매일 글을 쓰고 있습니다.

Q 무엇을 가치 있게 생각합니까?

A 핵심가치는 '재미', '가족', '차이', '활동', '명성'입니다. '재미'를 중요하게 생각하는 이유는 행복을 주기 때문입니다. '가족'은 나에게 가장 편안한 안식처입니다. '차이'는 남과는 다른 나만의 차별점을 갖자는 생각에서 나온 가치입니다. '활동'은 생각의 결과를 만들어내기에 중요하게 생각합니다. '명성'은 열심히 활동하고 남들을 도운 결과로 얻을 수 있는 것이기에 중요한 가치입니다.

Q 어떤 사람으로 기억되고 싶습니까?

A 주변에서는 저를 "포용력 있어 편안하다", "자신의 경험과 지식을 나누는 사람", "자신을 객관화하여 자기경영에 능한 사람"이라고 평가합니다만, 저는 개인적으로 한국의 마샬 골드스미스Marshall Goldsmith; 경영컨설턴트, 코치로 불리는 최고의 코치로 기억되고 싶습니다. 가진 재능을 모두 발휘하여 행복한 삶을 살았다고 자평할 수 있기를 바랍니다.

Q **앞으로 무엇을 할 계획입니까?**

A '성공 코드', '행복 코드'와 '프로티언(Protean, 자기 주도적으로 자신의 가치에 기초하여 경력 개발하는 개인의 태도)커리어'를 연구하면서, 직원이 행복한 기업이 성공할 수 있도록 돕는 (주)인사이트리드를 발전시키려 합니다.

김진영

Q **어떤 신념과 원칙을 가지고 있습니까?**

A 내가 진정성을 갖고 투명하게 생각하고 행동하면 남들도 나를 제대로 이해하며, 내가 원하는 방향으로 뜻을 모아 협력해준다고 믿습니다. 눈앞의 이익을 쫓기보단 아들에게 부끄럽지 않은 삶을 살되, 명분과 실리 중에 선택해야 하는 상황을 맞는다면 명분을 선택한다는 원칙을 가지고 있습니다.

Q **어떤 일을 합니까?**

A 나만의 콘텐츠-지식, 경험, 네트워크 등-를 코칭이라는 컨테이너에 담아서 젊은 CEO들이 리더십을 향상시키고 효과적인 의사 결정을 위한 잠재능력을 발휘할 수 있도록 돕고 있습니다. 나아가 그들이 더욱 성장하고 더 큰 성과를 낼 수 있게 하는 일을 합니다.

Q 무엇을 가치 있게 생각합니까?

A 내가 가진 다양한 형태의 자원-지식, 경험, 네트워크 등-을 다른 사람과 나눔으로써 인류의 삶에 기여하는 것을 가치 있게 여기고 있습니다.

Q 어떤 사람으로 기억되고 싶습니까?

A 인류의 더 나은 삶을 위해 기여한 양식 있는 어른으로 기억되고 싶습니다.

Q 앞으로 무엇을 할 계획입니까?

A 젊은 CEO를 비롯한 청년들이 꿈을 찾고 이룰 수 있도록 도와주고 응원하는 코치로서의 삶을 지속할 계획입니다.

김태영

Q 어떤 신념과 원칙을 가지고 있습니까?

A 기본에 충실한다는 원칙을 바탕으로, 정성을 다하면 결과는 만들어진다, 남을 배려하고 장점을 보고자 노력하자, 호기심을 가지고 많은 경험을 시도해보자는 신념을 가지고 있습니다.

Q 어떤 일을 합니까?

A 세상을 바꾸는 기술, 특히 4차 산업혁명을 이끄는 IT 신기술에 호기심을 가지고 공부하면서, 기업의 경영진을 비롯한 조직 구성원 그리고 미래의 리더인 청년들은 이런 신기술을 어떻게 이해하고 수용해야 하는가에 대한 생각을 나누고 있습니다. 또한 조직 문화를 혁신하고 성과를 향상할 수 있도록 돕는 리더십 코치로 봉사하고 있습니다.

Q 무엇을 가치 있게 생각합니까?

A 내가 누군가에게 도움을 줄 수 있을 때, 그리고 함께 무언가를 이루었을 때 큰 보람을 느낍니다. 혼자보다는 함께 만드는 가치를 소중하게 여깁니다.

Q 어떤 사람으로 기억되고 싶습니까?

A 진지하게 그리고 재미있게 행복한 인생을 산 사람, 그리고 누구보다 많은 사람과 삶의 가치를 나눈 사람으로 기억되고 싶습니다.

Q 앞으로 무엇을 할 계획입니까?

A 기술이 주도하는 세상의 변화를 한발 앞서 공부하여 조직이나 개인이 디지털 리터러시Digital Literacy를 갖추도록 돕고, 리더십 코치로서 조직문화를 혁신하는 일을 지원하면서 영업의 품격과 영업인의 역량을 높이는 일에 기여하고자 합니다.

박응규

Q 어떤 신념과 원칙을 가지고 있습니까?

A '탁월성', '재미', '의미'를 추구할 때 비로소 행복해질 수 있다는 신념을 갖고 있습니다. 나와 함께하는 사람들이 탁월성을 발견하고, 재미있게 일하고, 의미 있는 삶을 살아가도록 돕는 것이 사명이며 삶의 원칙입니다.

Q 어떤 일을 합니까?

A XEROX, LG CNS에서 영업, 컨설턴트, 기획 업무 경험을 하였고 LG 인화원에서는 인재 육성 분야의 전문위원이 되어 리더십을 연구한 바 있습니다. 영업 및 컨설팅 그리고 HRDHuman Resource Development 업무 경험을 기반으로 구성원의 성장과 조직의 지속 가능한 성과 창출을 돕는 비즈니스 코치로 활동하고 있습니다.

Q 무엇을 가치있게 생각합니까?

A 나와 관련된 모든 사람이 탁월성을 최대한 발휘할 수 있도록 협조자로 행동할 것입니다. 이는 '사람은 모든 자연법칙과 조화해서 살 수 있어야 의미가 있다'는 '조화'와 '의미' 있는 삶에 최우선 가치를 두고 있기 때문입니다.

Q 어떤 사람으로 기억되기를 바라는가?

A 나의 변화, 조직의 변화, 사회의 변화를 이끌어 가는 변화 전문가

이자 성과향상 코치로 기억되기를 바랍니다.

Q 앞으로 무엇을 할 계획입니까?

A 사업 리더들이 선한 영향력을 발휘할 수 있도록 진단과 역량기반의 리더십 코치Leadership Coach로 활동하고자 합니다. 또한, 성과향상 코치Performance Coach로서 B2B 영업직원들이 영업 전문가로 성장하고 영업팀이 지속 가능한 성과를 창출하도록 돕고 싶습니다.

정진수

Q 어떤 신념을 가지고 있습니까?

A 사람은 제각각 다르고, 다르기 때문에 시너지를 낸다는 신념을 가지고 있습니다. 동일한 부모에게서 난 자녀들도 서로 다른 성격과 강점, 약점을 가지고 살아갑니다. 서로 다름을 인정하고 받아들이는 것이 공동체 일원으로 성숙한 태도라 생각합니다. "나"가 아니라 "우리"로 살아가며, 남을 배려하고 생각해 줄 수 있는 능력과 태도를 키워가고 있습니다.

Q 어떤 일을 합니까?

A 삼성전자에서 33년간 개발과 마케팅 & 영업 업무를 했고, 퇴직 후 애자일과 코칭, 창업 멘토링을 연구하면서 비즈니스 컨설팅과 코칭을 했습니다. 지금까지 경험하고 연구한 내용을 바탕으로 기업의 성장을

돕는 일을 하고 있습니다.

Q 무엇을 가치있게 생각합니까?

A 긍정적인 생각을 가치 있게 생각합니다. 사람은 이미 귀한 존재이고 소중한 씨앗을 품고 있습니다. 우리가 바라는 만큼, 생각하는 시간의 양만큼 이루게 됩니다. 뭔가를 더 많이 생각하면 그게 우리에게 다가 옵니다.

Q 어떤 사람으로 기억되고 싶습니까?

A 도전하는 삶을 산 사람으로 기억되었으면 좋겠습니다. 불가능을 가능케 하는 긍정 마인드로 끊임없이 전진하고자 합니다.

Q 앞으로 무엇을 할 계획입니까?

A 60대에는 기업 성장을 위한 일을 하고 싶고, 70대 이후부터는 지역 사회에 공헌하는 일을 하고 싶습니다. 더 많이 공부하고, 더 많은 사람들을 만나고, 조직과 개인의 긍정적인 변화와 성장을 위해 도움을 주고 싶습니다.

이 책을 추천합니다. 그것도 강력하게 추천합니다. 출판사 대표로서가 아니라, 이 책의 프로젝트 매니저(저자들은 저를 선생님, 스승님, 멘토님이라고 호칭합니다.)로서가 아니라, 그냥 한 개인으로 강력하게 추천합니다.

저에게 주어진 마지막 미션은 이 책의 클로징입니다. 제가 감히 글을 쓸 수 있을까 싶어 고사하다가 몇 번의 부탁에 펜을 들었습니다. 시작하는 글을 쓰는 것도 어렵지만 나오는 글을 쓰는 것도 역시 어렵습니다. 어떻게 클로징해야 하는가? 클로징 글의 시작을 어떻게 해야 하는가? 마지막 문장은 무엇을 써야 하는가? 이런 고민의 시간이었습니다. 빈 종이를 앞에 놓고 펜을 들었다 놓았다 반복했습니다. 머릿속에 뒤엉켜져 있는 말을 글로 옮기는 것은 역시 쉬운 일이 아닌 듯합니다. 이 책은 그 쉽지 않은 일을 포기하지 않아서 완성된 것입니다. 제가 에필로그 글을 포기하지 않을 때 완성되는 것처럼요. 생각해보면 '영업'이라는 일이 그러합니다. 시작과 끝맺음을 잘해야 하는 일이지요. 시작하는 일, 과정을 올바르게 진행하는 일, 깔끔하게 클로징하는 일에 대해서 이렇게 정확하게 다룬 책은 이제까지 없습니다. 그래서 이 책을 추천합니다.

다섯 명의 저자는 쉽지 않은 일을 해냈습니다. 혼자 쓰기가 아닌 함께 쓰기 방식으로 말입니다. 이 책은 한 사람이 한 챕터를 담당하는 방식이 아니라 모두가 함께 쓰고, 논의하고, 다시 쓰고, 다시 논의하고를 반복해서 탄생했습니다. 경험을 녹여낸 책을 쓰고 싶은 것과 써내는 것은 다른 일입니다. 특히 다섯 명의 경험을 통합하는 일은 어려운 일이었습니다. 현명한 숙고와 논의의 과정을 통해서 핵심만을 뽑아서 설명하고 있습니다. 여러 명의 생각을 분절하지 않고 이렇게 고스란히 녹여낸 책은 없습니다. 그래서 이 책을 추천합니다.

책을 내고 싶은데 도움을 달라고 찾아오셨을 때, 다섯 분의 어벤져스(저는 저자들을 감히 어벤져스 군단이라 칭합니다.)를 처음 뵈었을 때, 다섯 분과 함께 논의를 하는 동안, 함께 여행을 하는 동안 내내 머리를 떠나지 않았던 것은 '결이 다른 분들, 격이 다른 분들'이었습니다. 즉, 품격있는 분들이었습니다. 이 책의 제목은 그렇게 태어났습니다. 좋은 선배님들이었고, 본받고 싶은 어른이었습니다. 결이 다른 사람, 격이 다른 사람들의 이야기는 그렇게 시작됩니다. 품격이 있다는 것은 세 가지 의미를 가집니다. 1)그들의 150년 이야기를 들어보면 퍼포먼스 자체에 품격이 있었습니다. 물론 모두 자랑이 아닌 겸손으로 그것을 얘기했습니다. 그래서 저는 품격이 있다 생각을 했습니다. 2)저자들의 품격있음은 자신만을 위한 것이 아닌 자신의 일과 자신의 속한 조직의 품격을 높이는 것으로 증명했습니다. 저는 B2B 영업이 얼마나 가치로운 것이며, 실제 큰 가치를 만든다는 것을 저자들을 통해 배웠습니다. 3)진짜 품격있음은 저자들이 모든 것을 내어놓았다는 것입니다. 후배들을 위해서 자신의 경험과 지식을 남김없이 꺼냈습니다. 특히 마지막 순간에 부끄럽지 않은 책을 만들어 내기 위해 그들의 모든 에너지를 태웠습니다. 깔끔한 클로징이란 무엇인가를 솔선하여 보여주었습니다. 그래서 이 책을 추천합니다.

함께 했던 순간들을 통해서 저 또한 결이 다른 존재, 격이 다른 존재로 성장하고 성숙했던 시간이었습니다. 〈바야흐로 품격영업〉이라는 이 책이 당신의 삶에 가치를 더하고, 당신의 일에 의미를 더하고, 당신의 조직에 더 큰 성취를 제공하는 최고의 바이블이 되길 바랍니다.

플랜비디자인 최익성

이미지 출처

- **P.206** 출처: 《영업의 미래》 최용주, 김상범 지음(2014) 참조 후 재구성
- **P.246** 출처: 동아비즈니스리뷰
- **P.251** 출처: Forrester Research
- 나머지 이미지들은 특정 출처를 찾을 수 없을 정도로 구글에서 일반적으로 검색 및 사용되는 것들이라 특별히 표시할 필요가 없다고 생각합니다.